Mathias Hütwohl

Einführung in das Recht

Einführung in das Recht

Grundzüge des Rechtssystems und der Rechtsmethodik

von

Dr. iur. Mathias Hütwohl

Professor an der Hochschule des Bundes für öffentliche Verwaltung
Fachbereich Finanzen, Münster

2. Auflage 2022

Zitiervorschlag: Hütwohl Einführung Recht § Rn.

www.beck.de

ISBN 978 3 406 78871 0

Druck: Druckerei C.H.Beck
(Adresse wie Verlag)

Satz: Fotosatz Buck,
Zweikirchener Straße 7, 84036 Kumhausen

Umschlaggestaltung: Martina Busch Grafikdesign, Homburg Saar
© Elena Genova, iStockphoto

Gedruckt auf säurefreiem, alterungsbeständigem Papier
(hergestellt aus chlorfrei gebleichtem Zellstoff)

Vorwort

Seit dem Erscheinen der ersten Auflage sind etwa zwei Jahre vergangen, in denen der Grundriss dankenswerterweise viel positive Resonanz erfahren hat. Auch die zweite Auflage verfolgt unverändert und uneingeschränkt die bereits im Vorwort der Erstauflage formulierten Ziele und Ansätze, auf die verwiesen werden darf. Neben allfälligen Aktualisierungen von Schrifttum, Rechtsprechung und Rechtsvorschriften (jeweils Stand März 2022) gehen mit der Neuauflage bewusst nur moderate Erweiterungen einher. Unter Wahrung des verfolgten Gesamtansatzes didaktischer Reduktion hat einerseits das 1. Kapitel (Recht und Rechtssystem) bündige Ergänzung erfahren, aber auch in das 3. Kapitel (Fallbearbeitung und Klausurtechnik) waren aus gegebenen Anlässen andererseits weitere Ergänzungen und Warnhinweise einzupflegen. Alle Anpassungen sind durch einen Zweck verbunden: Die (erstmalige) Befassung mit dem Recht sowie die Bearbeitung entsprechender Klausurleistungen sollen erleichtert, das Grundverständnis für rechtliche Zusammenhänge geschult werden.

Wiederum und weiterhin gilt: Hinweise, Anregungen und konstruktive Kritik sind höchst willkommen und dürfen gerne an Mathias.Huetwohl@bwz.bund.de gesendet werden.

Münster, im März 2022 *Mathias Hütwohl*

Vorwort zur 1. Auflage

Dieser Grundriss richtet sich in erster Linie an Studierende der Hochschulen für öffentliche Verwaltung und Polizei sowie der Fachhochschulen mit juristischen Ausbildungsinhalten.

Seine rein didaktische Zielsetzung ist die kompakte Vermittlung von Grundlagenwissen, das benötigt wird, um sich vor allem im anfänglichen Studien- und Prüfungsalltag mit den **Grundbegriffen und -strukturen des Rechts** zurechtzufinden und adäquat mit ihnen agieren zu können. Insoweit möchte er Studienanfängerinnen und Studienanfängern zunächst zu einer **„rechtsanwendungsbezogenen Handlungsfähigkeit"** verhelfen, die in jedem Studium mit rechtswissenschaftlichem Bezug von Beginn an zwingend ist. Diese kann dann die Basis für die im Laufe des Studiums natürlich noch zu erwartenden rechtsfachspezifisch-vertiefenden Inhalte und Methoden bilden.

Der souveräne Umgang mit dem Recht verlangt auch von „Nicht-Juristen" (dh kein mit Staatsprüfung abgeschlossenes klassisches rechtswissenschaftliches Studium) nicht nur eine sehr gute Orientierung in der Rechtsordnung, sondern auch das Beherrschen des juristischen „Handwerkszeugs". So sind Rechtsanwendung und Rechtsfindung als ihr Ergebnis das Produkt gedanklicher Arbeit, bei der jedoch einige „Spielregeln" beachtet werden müssen (1. Kapitel. Recht und Rechtssystem und 2. Kapitel. Grundriss juristischer Arbeitsweise). Die **juristische Methodik** dient der Erlangung einer argumentativen und legitimierten Trittsicherheit, die es insbesondere in der Praxis der Rechtswendung unter Beweis zu stellen gilt. Um auf dieser Stufe agieren zu können, müssen aber verschiedene Hürden, insbesondere **Prüfungsleistungen**, genommen werden. Insoweit erleichtern gewisse methodische und strategische Überlegungen den Umgang mit juristischen Aufgabenstellungen (3. Kapitel. Fallbearbeitung und Klausurtechnik). Daneben soll auch die Frage des **Zugangs zu Recht und Rechtswissen** in den Blick genommen werden (4. Kapitel. Juristische Recherche).

Recht und Rechtsleben sind komplex und anfangs unbekannt. Mithin benötigt man einen Kompass, den man sich individuell, durch Fleiß und Übung erarbeiten muss und kann: denn Rechtsanwendung und Rechtsfindung (als ihr Ziel) sind Übungssache. Diese Darstellung kann keine Übungen ersetzen, sie jedoch unterstützen und als Wegweiser dienen. Es liegt zwar in der Natur der Sache, sei aber trotzdem erwähnt, dass ein einführender und rein didaktisch ausgerichteter Grundriss nicht alle möglichen Konstellationen abschließend behandeln, sondern nur mit beispielhaften Denkanstößen arbeiten kann (und will).

Die Darstellung orientiert sich hierbei an der für die (Verwaltungs-)Praxis maßgeblichen **Rechtsprechung**, um eine möglichst klare Linie zu zeichnen, da gerade im Bereich der juristischen Methodenlehre (aber auch in anderen Feldern) hauptsächlich in Lehre und Schrifttum viel Uneinigkeit und zuweilen Streit über Begriffe, Inhalte und systematische Fragen herrscht.

Abschließend sei kurz darauf hingewiesen, dass aus Gründen der besseren Lesbarkeit im Text grundsätzlich das generische Maskulinum verwendet wird. Anregungen und konstruktive Kritik – gerne übermittelt an mathias.huetwohl@bwz.bund.de – sind herzlich willkommen.

Münster, im Februar 2020 *Mathias Hütwohl*

Inhaltsverzeichnis

Abbildungsverzeichnis

Abkürzungsverzeichnis

aA .... anderer Ansicht
Abb. .... Abbildung
ABl. .... Amtsblatt
AEntG .... Gesetz über zwingende Arbeitsbedingungen für grenzüberschreitend entsandte und für regelmäßig im Inland beschäftigte Arbeitnehmer und Arbeitnehmerinnen (Arbeitnehmer-Entsendegesetz)
AEUV .... Vertrag über die Arbeitsweise der Europäischen Union
aF .... alte Fassung
AG .... Amtsgericht/Aktiengesellschaft
AktG .... Aktiengesetz
AllgVerwR .... Allgemeines Verwaltungsrecht
Alt. .... Alternative
Anm. .... Anmerkung
AO .... Abgabenordnung
ArbG .... Arbeitsgericht
ArbGG .... Arbeitsgerichtsgesetz
ArbZG .... Arbeitszeitgesetz
Art. .... Artikel
AsylG .... Asylgesetz
AT .... Allgemeiner Teil
AÜG .... Gesetz zur Regelung der Arbeitnehmerüberlassung (Arbeitnehmerüberlassungsgesetz)
AufenthG .... Aufenthaltsgesetz
AufenthV .... Aufenthaltsverordnung
Aufl. .... Auflage
AWG .... Außenwirtschaftsgesetz
AWV .... Außenwirtschaftsverordnung

BAG .... Bundesarbeitsgericht
BAnz. .... Bundesanzeiger
BauGB .... Baugesetzbuch
BauNVO .... Verordnung über die bauliche Nutzung der Grundstücke (Baunutzungsverordnung)
BayVerfGH .... Bayerischer Verfassungsgerichtshof
BBG .... Bundesbeamtengesetz
Bd. .... Band
BeckOK BGB ..... Beck'scher Online Kommentar zum Bürgerlichen Gesetzbuch, hrsg. von Hau, W./Poseck, R.
BeckOK VwVfG ... Beck'scher Online Kommentar zum Verwaltungsverfahrensgesetz, hrsg. von Bader, J./Ronellenfitsch, M.
BeckRS .... Beck-Rechtsprechung (beck-online)
Beschl. .... Beschluss
BFH .... Bundesfinanzhof

BGB .... Bürgerliches Gesetzbuch
BGBl. .... Bundesgesetzblatt
BGH .... Bundesgerichtshof
BGHSt .... Entscheidungen des Bundesgerichtshofs in Strafsachen
BGHZ .... Entscheidungen des Bundesgerichtshofs in Zivilsachen
BierStV .... Verordnung zur Durchführung des Biersteuergesetzes (Biersteuerverordnung)
BImSchG .... Gesetz zum Schutz vor schädlichen Umwelteinwirkungen durch Luftverunreinigungen, Geräusche, Erschütterungen und ähnliche Vorgänge (Bundes-Immissionsschutzgesetz)
BJagdG .... Bundesjagdgesetz
BMJV .... Bundesministerium der Justiz und für Verbraucherschutz
BNotO .... Bundesnotarordnung
BORA .... Berufsordnung der Rechtsanwälte
BPolG .... Gesetz über die Bundespolizei (Bundespolizeigesetz)
BRAO .... Bundesrechtsanwaltsordnung
BRD .... Bundesrepublik Deutschland
BR-Drs. .... Bundesrats-Drucksache
BSG .... Bundessozialgericht
BT-Drs. .... Bundestags-Drucksache
BtMG .... Gesetz über den Verkehr mit Betäubungsmitteln
BVerfG .... Bundesverfassungsgericht
BVerfGE .... Amtliche Sammlung der Entscheidungen des BVerfG
BVerfGG .... Gesetz über das Bundesverfassungsgericht (Bundesverfassungsgerichtsgesetz)
BVerwG .... Bundesverwaltungsgericht
BVerwGE .... Amtliche Sammlung der Entscheidungen des BVerwG

DÖV .... Die öffentliche Verwaltung (Zeitschrift)
DRiG .... Deutsches Richtergesetz
DRV .... Deutsche Rentenversicherung
DStR .... Deutsches Steuerrecht (Zeitschrift)
DStRE .... Deutsches Steuerrecht – Entscheidungsdienst (Zeitschrift)
DV .... Dienstvorschrift
DV FkS .... Dienstvorschrift Finanzkontrolle Schwarzarbeit

Ed. .... Edition
EG .... Europäische Gemeinschaft (jetzt: Europäische Union)
EGBGB .... Einführungsgesetz zum Bürgerlichen Gesetzbuche
EGMR .... Europäischer Gerichtshof für Menschenrechte
EGStGB .... Einführungsgesetz zum Strafgesetzbuch
EGStPO .... Einführungsgesetz zur Strafprozessordnung
EGZPO .... Gesetz, betreffend die Einführung der Zivilprozessordnung
EL. .... Ergänzungslieferung
EMRK .... Europäische Konvention zum Schutze der Menschenrechte und Grundfreiheiten
EU .... Europäische Union
EuGH .... Europäischer Gerichtshof

EUV .... Vertrag über die Europäische Union idF des Vertrags von Lissabon
EuZW .... Europäische Zeitschrift für Wirtschaftsrecht
E-VSF .... Elektronische Vorschriftensammlung der Bundesfinanzverwaltung

f. (ff.) .... folgend(e)
FA .... Finanzamt
FamFG .... Gesetz über das Verfahren in Familiensachen und in den Angelegenheiten der freiwilligen Gerichtsbarkeit
FG .... Finanzgericht
FGO .... Finanzgerichtsordnung
FKS .... Finanzkontrolle Schwarzarbeit
Fn. .... Fußnote
GastG .... Gaststättengesetz
gem. .... gemäß
GewO .... Gewerbeordnung
GG .... Grundgesetz
GGO .... Gemeinsame Geschäftsordnung der Bundesministerien
GmbH .... Gesellschaft mit beschränkter Haftung
GmbHG .... Gesetz betreffend die Gesellschaften mit beschränkter Haftung
GVG .... Gerichtsverfassungsgesetz

HBO .... Hessische Bauordnung
HdB .... Handbuch
HGB .... Handelsgesetzbuch
HK .... Handkommentar
hM .... herrschende Meinung
Hs. .... Halbsatz
HSOG .... Hessisches Gesetz über die öffentliche Sicherheit und Ordnung
HwO .... Gesetz zur Ordnung des Handwerks (Handwerksordnung)

idF .... in der Fassung
idR .... in der Regel
IGH .... Internationaler Gerichtshof
IGHS .... Statut des Internationalen Gerichtshofs
insbes. .... insbesondere
iSd .... im Sinne des/der
iSv .... im Sinne von
IStGH .... Internationaler Strafgerichtshof
IStGHG .... Gesetz über die Zusammenarbeit mit dem internationalen Strafgerichtshof
iVm .... in Verbindung mit

JA .... Juristische Arbeitsblätter (Zeitschrift)
JGG .... Jugendgerichtsgesetz
JURA .... Juristische Ausbildung (Zeitschrift)
JuS .... Juristische Schulung (Zeitschrift)

JustG NRW .... Gesetz über die Justiz im Land Nordrhein-Westfalen (Justizgesetz Nordrhein-Westfalen)
JZ .... Juristenzeitung (Zeitschrift)

KG .... Kammergericht/Kommanditgesellschaft
KK-StPO .... Karlsruher Kommentar zur Strafprozessordnung, hrsg. von Hannich, R.
KriPoZ .... Kriminalpolitische Zeitschrift
KSchG .... Kündigungsschutzgesetz

lat. .... lateinisch
lit. .... litera (Buchstabe)
Ls. .... Leitsatz
LG .... Landgericht

mAnm .... mit Anmerkung
MiLoG .... Gesetz zur Regelung eines allgemeinen Mindestlohns (Mindestlohngesetz)
MMR .... Zeitschrift für IT-Recht und Recht der Digitalisierung
MüKoBGB .... Münchener Kommentar zum Bürgerlichen Gesetzbuch
MüKoStGB .... Münchener Kommentar zum Strafgesetzbuch, hrsg. von Joecks, W./Miebach, K.
mwN .... mit weiteren Nachweisen

Nachw. .... Nachweise
NATO .... North Atlantic Treaty Organization
NJOZ .... Neue Juristische Online-Zeitschrift
NJW .... Neue Juristische Wochenschrift (Zeitschrift)
NJW-RR .... NJW-Rechtsprechungs-Report (Zeitschrift)
NK-BGB .... Nomos-Kommentar BGB, hrsg. von Dauner-Lieb, B./Langen, W.
NK-VwGO .... Nomos-Kommentar Verwaltungsgerichtsordnung, hrsg. von Sodan, H./Ziekow, J.
NLÖffVZG .... Niedersächsisches Gesetz über Ladenöffnungs- und Verkaufszeiten
NRWOBG .... Gesetz über Aufbau und Befugnisse der Ordnungsbehörden (Ordnungsbehördengesetz) – NRW
NRW Verf .... Verfassung für das Land Nordrhein-Westfalen
NStZ .... Neue Zeitschrift für Strafrecht
NStZ-RR .... NStZ-Rechtsprechungs-Report Strafrecht (Zeitschrift)
NVwZ .... Neue Zeitschrift für Verwaltungsrecht
NVwZ-RR .... NVwZ – Rechtsprechungsreport
NWLImschG ..... Gesetz zum Schutz vor Luftverunreinigungen, Geräuschen und ähnlichen Umwelteinwirkungen (Landes-Immissionsschutzgesetz)
NZA .... Neue Zeitschrift für Arbeitsrecht
NZA-RR .... NZA-Rechtsprechungs-Report Arbeitsrecht (Zeitschrift)
NZWiSt .... Neue Zeitschrift für Wirtschafts-, Steuer- u. Unternehmensstrafrecht

OHG .... Offene Handelsgesellschaft
OLG .... Oberlandesgericht

OVG .... Oberverwaltungsgericht
OWiG .... Gesetz über Ordnungswidrigkeiten

PAG .... Polizeiaufgabengesetz
PolG NRW .... Polizeigesetz des Landes NRW
PSP .... Polizei Studium Praxis (Zeitschrift)

RL .... Richtlinie
Rn. .... Randnummer
RPflG .... Rechtspflegergesetz
RsprEinhG .... Gesetz zur Wahrung der Einheitlichkeit der Rechtsprechung der obersten Gerichtshöfe des Bundes

S./s. .... Seite/siehe
SchwarzArbG .... Gesetz zur Bekämpfung der Schwarzarbeit und illegalen Beschäftigung (Schwarzarbeitsbekämpfungsgesetz)
SGB .... Sozialgesetzbuch
SG .... Sozialgericht
SGG .... Sozialgerichtsgesetz
StBp .... Die steuerliche Betriebsprüfung (Zeitschrift)
StGB .... Strafgesetzbuch
StPO .... Strafprozessordnung
StraBuDV .... Dienstvorschrift für das Straf- und Bußgeldverfahren
StrWG NRW ...... Straßen- und Wegegesetz des Landes Nordrhein-Westfalen
StVG .... Straßenverkehrsgesetz
StVO .... Straßenverkehrs-Ordnung
SvEV .... Verordnung über die sozialversicherungsrechtliche Beurteilung von Zuwendungen des Arbeitgebers als Arbeitsentgelt (Sozialversicherungsentgeltverordnung)

TierSchG .... Tierschutzgesetz
TVG .... Tarifvertragsgesetz

UAbs. .... Unterabsatz
UNO .... United Nations Oganization
Urt. .... Urteil
UWG .... Gesetz gegen den unlauteren Wettbewerb
UZK .... Verordnung (EU) Nr. 952/2013 des Europäischen Parlaments und des Rates vom 9. Oktober 2013 zur Festlegung des Zollkodex der Union (Unionszollkodex)

Var. .... Variante
VersG .... Gesetz über Versammlungen und Aufzüge (Versammlungsgesetz)
VersG NRW....... Versammlungsgesetz des Landes Nordrhein-Westfalen
VerwArch .... Verwaltungsarchiv (Zeitschrift)
VerwRspr .... Verwaltungsrechtsprechung in Deutschland
VG .... Verwaltungsgericht
VGH .... Verwaltungsgerichtshof
vgl. .... vergleiche
VO .... Verordnung der EU

VPlBeschlG ...... Gesetz zur Beschleunigung der Planung für Verkehrswege in den neuen Ländern sowie im Land Berlin (Verkehrswegeplanungsbeschleunigungsgesetz, außer Kraft)
VwGO .... Verwaltungsgerichtsordnung
VwVfG .... Verwaltungsverfahrensgesetz

WRV .... Verfassung des Deutschen Reichs v. 11.8.1919
WÜD............. Wiener Übereinkommen über diplomatische Beziehungen v. 18.04.1961

ZDRW .... Zeitschrift für Didaktik der Rechtswissenschaft
ZIS .... Zeitschrift für Internationale Strafrechtsdogmatik
ZJS .... Zeitschrift für das Juristische Studium
ZollV .... Zollverordnung
ZPO .... Zivilprozessordnung
zT .... zum Teil

Literaturverzeichnis

A. Lehrbücher (Auswahl)

Adomeit, K./Hähnchen, S., Rechtstheorie mit Juristischer Methodenlehre, 7. Aufl. 2018 (zit.: Adomeit/Hähnchen Rechtstheorie)

Albrecht, E./Küchenhoff, B., Staatsrecht, 3. Aufl. 2015 (zit.: Albrecht/Küchenhoff StaatsR)

Bartmeier, A./Holzberg, R./Nibbeling, J./Smoydzin, J., Staatsrecht, 3. Aufl. 2020 (zit.: Bartmeier/Holzberg/Nibbeling/Smoydzin StaatsR)

Beaucamp, G./Beaucamp, J., Methoden und Technik der Rechtsanwendung, 4. Aufl. 2019 (zit.: Beaucamp/Beaucamp Methoden)

Bialon, J./Springer, U., Eingriffsrecht, 6. Aufl. 2020 (zit.: Bialon/Springer EingriffsR)

Bongartz, M./Schröer-Schallenberg, S., Verbrauchsteuerrecht, 3. Aufl. 2018 (zit.: Bongartz/Schröer-Schallenberg VerbrauchStR)

Bringewat, P., Methodik der juristischen Fallbearbeitung, 4. Aufl. 2020 (zit.: Bringewat Methodik)

Brox, H./Walker, W.-D., Allgemeiner Teil des BGB, 45. Aufl. 2021 (zit.: Brox/Walker BGB AT)

Bülte, J., Ordnungswidrigkeitenrecht, 6. Aufl. 2020 (zit.: Bülte OWiR)

Detterbeck, S., Allgemeines Verwaltungsrecht, 19. Aufl. 2021 (zit.: Detterbeck AllgVerwR)

Engisch, K., Einführung in das juristische Denken, 12. Aufl. 2018 (zit.: Engisch Einführung)

Engländer, A., Examens-Repetitorium Strafprozessrecht, 10. Aufl. 2020 (zit.: Engländer StrafProzR)

Gassner, K., Ordnungswidrigkeitenrecht, 1. Aufl. 2021 (zit.: Gassner OWiR)

Gast, W., Juristische Rhetorik, 5. Aufl. 2015 (zit.: Gast Rhetorik)

Gußen, L., Wissenschaftliches Arbeiten im Jurastudium: Eine Einführung in die juristische Arbeitstechnik, 1. Auf. 2020 (zit.: Gußen Wissenschaft. Arbeiten Jura)

Haase, R./Keller, R., Grundlagen und Grundformen des Rechts, 11. Aufl. 2003 (zit.: Haase/Keller Grundlagen)

Haug, V. M., Fallbearbeitung im Staats- und Verwaltungsrecht, 9. Aufl. 2018 (zit.: Haug Fallbearbeitung)

Hecker, B., Europäisches Strafrecht, 6. Aufl. 2021 (zit.: Hecker EurStrafR)

Herdegen, M., Europarecht, 23. Aufl. 2022 (zit.: Herdegen EuropaR)

Herdegen, M., Völkerrecht, 20. Aufl. 2021 (zit.: Herdegen VölkerR)

Herresthal/Weiß, Fälle zur Methodenlehre, 1. Aufl. 2020 (zit.: Herresthal/Weiß Fälle Methodenlehre)

Hildebrand, T., Juristischer Gutachtenstil, 3. Aufl. 2017 (zit.: Hildebrand Gutachtenstil)

Horn, N., Einführung in die Rechtswissenschaft und Rechtsphilosophie, 6. Aufl. 2016 (zit.: Horn Einführung)

Ipsen, J./Kaufhold, A./Wischmeyer, T., Staatsrecht I, 33. Aufl. 2021 (zit.: Ipsen/Kaufhold/Wischmeyer StaatsR I)

Kingreen T./Poscher, R., Polizei- und Ordnungsrecht, 11. Aufl. 2020 (zit.: Kingreen/Poscher POR)

Kock, K.-U./Stüwe, R., Öffentliches Recht und Europarecht, 8. Aufl. 2020 (zit.: Kock/Stüwe ÖffR/Bearbeiter)

Kohler-Gehrig, E., Einführung in das Recht – Technik und Methoden der Rechtsfindung, 2. Aufl. 2017 (zit.: Kohler-Gehrig Einführung)

Kramer, E. A., Juristische Methodenlehre, 6. Aufl. 2019 (zit.: Kramer Methodenlehre)

Krüper, J., Grundlagen des Rechts, 4. Aufl. 2021 (zit.: Krüper Grundlagen/Bearbeiter)

Kühl, K./Reichold, H./Ronellenfitsch, M., Einführung in die Rechtswissenschaft, 3. Aufl. 2019 (zit.: Kühl/Reichold/Ronellenfitsch Rechtswissenschaft)

Lagodny, O., Gesetzestexte suchen, verstehen und in der Klausur anwenden – Eine praxisorientierte Anleitung für rechtswissenschaftliches Arbeiten im Strafrecht, Öffentlichen Recht, Zivilrecht, 2. Aufl. 2012 (zit.: Lagodny Gesetzestexte)

Larenz, K./Canaris, C.-W., Methodenlehre der Rechtswissenschaft, 3. Aufl. 1995 (zit.: Larenz/Canaris Methodenlehre)

Mann, T., Einführung in die juristische Arbeitstechnik, 5. Aufl. 2015 (zit.: Mann Jur. Arbeitstechnik)

Manssen, G., Staatsrecht II, 18. Aufl. 2021 (zit.: Manssen StaatsR II)

Maurer, H./Waldhoff, C., Allgemeines Verwaltungsrecht, 20. Aufl. 2020 (zit.: Maurer/Waldhoff AllgVerwR)

Maurer, H., Staatsrecht I, 6. Aufl. 2010 (zit.: Maurer StaatsR I)

Medicus, D./Petersen, J., Bürgerliches Recht, 28. Aufl. 2021 (zit.: Medicus/Petersen BürgerlR)

Möllers, T. M., Juristische Arbeitstechnik und Wissenschaftliches Arbeiten, 10. Aufl. 2021 (zit.: Möllers Arbeitstechnik)

Möllers, T. M., Juristische Methodenlehre, 4. Aufl. 2021 (zit.: Möllers Methodenlehre)

Muthorst, O., Grundlagen der Rechtswissenschaft, 2. Aufl. 2019 (zit.: Muthorst Grundlagen)

Nimtz, H., Strafrecht für Polizeibeamte, Band 1, 7. Aufl. 2021 (zit.: Nimtz StrafR I)

Nolden, W./Palkovits, F./Dittert, S./Pichocki, F., Grundstudium Strafrecht, 5. Aufl. 2021 (zit.: Nolden/Palkovits/Dittert/Pichocki StrafR)

Oberheim, R., Zivilprozessrecht für Referendare, 14. Aufl. 2021 (zit.: Oberheim ZivilProzR)

Puppe, I., Kleine Schule des juristischen Denkens, 4. Aufl. 2019 (zit.: Puppe Jur. Denken)

Putzke, H., Juristische Arbeiten erfolgreich schreiben, 7. Aufl. 2021 (zit.: Putzke Jur. Arbeiten)

Reimer, F., Juristische Methodenlehre, 2. Aufl. 2020 (zit.: Reimer Methodenlehre)

Rengier, R., Strafrecht Allgemeiner Teil, 13. Aufl. 2021 (zit.: Rengier StrafR AT)

Robbers, G., Einführung in das deutsche Recht, 7. Aufl. 2019 (zit.: Robbers Einführung)

Röhl, K.F./Röhl, H. C., Allgemeine Rechtslehre, 3. Aufl. 2008 (zit.: Röhl/Röhl Rechtslehre)

Roxin C./Greco L., Strafrecht Allgemeiner Teil Band 1 – Grundlagen, Aufbau der Verbrechenslehre, 5. Aufl. 2020 (zit.: Roxin/Greco StrafR AT I)

Rüthers, B./Fischer, C./Birk, A., Rechtstheorie, 12. Aufl. 2022 (zit.: Rüthers/Fischer/Birk Rechtstheorie)

Sauerland, T., Allgemeines Verwaltungsrecht, 3. Aufl. 2022 (zit.: Sauerland AllgVerwR)

Schönknecht, M./Küchenhoff, B., Lehrbuch Abgabenrecht für Zölle und Verbrauchsteuern, 3. Aufl. 2019 (zit: Schönknecht/Küchenhoff AbgabenR)

Schwab, D./Löhnig, M., Einführung in das Zivilrecht, 20. Aufl. 2016 (zit.: Schwab/Löhnig ZivilR)

Schwacke, P., Juristische Methodik, 5. Aufl. 2011 (zit.: Schwacke Methodik)

Schwerdtfeger, G./Schwerdtfeger, A., Öffentliches Recht in der Fallbearbeitung, 15. Aufl. 2018 (zit.: Schwerdtfeger/Schwerdtfeger ÖffR)

Valerius, B., Einführung in den Gutachtenstil, 4. Aufl. 2017 (zit.: Valerius Gutachtenstil)

Wank, R., Die Auslegung von Gesetzen, 6. Aufl. 2015 (zit.: Wank Auslegung)

Wank, R., Juristische Methodenlehre, 1. Aufl. 2020 (zit.: Wank Methodenlehre)

Wienbracke, M., Juristische Methodenlehre, 2. Aufl. 2020 (zit.: Wienbracke Methodenlehre)

Witte, P./Wolffgang, H-M., Lehrbuch des Zollrechts der Europäischen Union 10. Aufl. 2021 (zit.: Witte/Wolffgang EU-ZollR/Bearbeiter)

Wörlen, R./Metzler-Müller, K., BGB AT, 15. Aufl. 2019 (zit.: Wörlen/Metzler-Müller BGB AT)

Wolff, H./Bachof, O./Stober, R./Kluth, W., Verwaltungsrecht I, 13. Aufl. 2017 (zit.: Wolff/Bachof/Stober/Kluth VerwR I/Bearbeiter)

Zippelius, R., Einführung in das Recht, 7. Aufl. 2017 (zit.: Zippelius Einführung)

Zippelius, R., Juristische Methodenlehre, 12. Aufl. 2021 (zit.: Zippelius Methodenlehre)

B. Kommentare und sonstige Literatur (Auswahl)

Dreier, H., Grundgesetz, Bd. 1, 3. Aufl. 2013; Bd. 2, 3. Aufl. 2015 (zit.: Dreier GG/Bearbeiter)

Dürig, G./ Herzog, R. / Scholz, R., Grundgesetz, 95. EL Juli 2021 (zit.: Dürig/Herzog/Scholz/Bearbeiter)

Epping, V./Hillgruber, C., Beck'scher Online Kommentar zum Grundgesetz, 49. Ed., Stand 15.11.2021 (zit.: BeckOK GG/Bearbeiter)

Model, O./Creifelds, C., Staatsbürger-Taschenbuch, München, 34. Aufl. 2018 (zit.: Model/Creifelds Staatsbürger)

Säcker, F. J./Rixecker, R./Oetker, H./Limpberg, B., Münchener Kommentar zum BGB, 9. Aufl. 2021 (Bd. 7, 8. Aufl. 2020) (zit.: MüKoBGB/Bearbeiter)

Schönke A./Schröder, H., Strafgesetzbuch, 30. Aufl. 2019 (zit.: Schönke/Schröder/Bearbeiter)

Staatslexikon Görres-Gesellschaft, Band 1, 8. Aufl. 2017 (zit.: Oberreuter Staats-Lex/Bearbeiter)

Stelkens P./Bonk, H. J./Sachs, M., Verwaltungsverfahrensgesetz, 9. Aufl. 2018, (zit.: Stelkens/Bonk/Sachs/Bearbeiter)

v. Mangoldt, H./Klein, F./Starck, C., Grundgesetz, Bd. 1–3, 7. Aufl. 2018 (zit.: v. Mangoldt/Klein/Starck/Bearbeiter)

1. KAPITEL. Recht und Rechtssystem

§ 1 Begriff und Funktionen des Rechts

A. Begriff des Rechts

I. Grundlegendes

Menschliches Zusammenleben erfordert Regulierung und steuernde Organisation durch verhaltensleitende und -lenkende Normen (dh Regeln, die bestimmen, dass oder wie etwas sein soll). 1

Da hierbei relevante **Sozialnormen** – zB Sitte (= im Sinne von Gewohnheit, Brauchtum) und Moral – lediglich einen sozialen Druck bzw. eine gesellschaftliche Missachtung bedingen und daher häufig nicht konsequent und nachhaltig genug wirken können, bedarf es einer legitimierten und transparenten, **durch den Staat** notfalls **mit Zwang durchsetzbaren Ordnung.**[1] Eine entsprechende (auch vorbeugend, im Vorfeld der Zwangsanwendung wirkende) Ordnungsmacht bietet das Recht, das – als systematische Ordnung ausgestaltet – verschiedene **Rechtsnormen** bereithält. 2

Das Recht ist in seiner Gesamtheit in einem sozialen Gefüge (zB innerhalb eines Staates) für den Einzelnen und alle Rechtsunterworfenen daher **verbindlich.**[2] Der Aspekt der Verbindlichkeit bezeichnet den unumstößlichen und durch staatliche Stellen (zB Behörden, Gerichte) durchsetzbaren (= erzwingbaren) Geltungsanspruch von Rechtsnormen für jeden Rechtsunterworfenen einer bestimmten Rechtsordnung (zB Bundesrepublik Deutschland als Staat). 3

In einem **Rechtsstaat** gilt mithin allein das Recht als allgemeingültiger Verhaltens- und Entscheidungsmaßstab.[3] Niemand (dh nicht der Bürger und auch nicht der Staat) im Geltungsbereich des Rechts kann sich demnach frei aussuchen, ob er dieses für oder gegen sich gelten lassen will. 4

Merke: Das Recht will daher als Ausdruck eines gemeinschaftlichen Werte-Konseses

- das Miteinander zwischen Bürgern,
- das Verhältnis des Bürgers zum Staat sowie
- das staatliche Gefüge

!

1 Zu Sitte, Moral und weiteren Sozialordnungen vgl. Haase/Keller Grundlagen Rn. 3 ff.; Kock/Stüwe ÖffR/Kock Rn. 6 ff. Zum Begriff des Staates s. Ipsen/Kaufhold/Wischmeyer StaatsR I § 1 Rn. 6 ff.

2 Vgl. Albrecht/Küchenhoff StaatsR Rn. 5 f., Larenz/Canaris Methodenlehre S. 71; Möllers Methodenlehre § 2 Rn. 3; Zippelius Einführung S. 51.

3 Schwacke Methodik S. 5 f.

regulieren, um Interessenkonflikte präventiv zu vermeiden und – falls bereits entstanden – aufzulösen.

II. Objektives Recht

5 Eine umfassend anerkannte Definition des Rechts existiert nicht.[4] Formal betrachtet kann aber unter Recht im objektiven Sinne die **„Summe der geltenden Rechtsnormen"** verstanden werden.[5] Gemeint ist also eine strukturierte Ordnung als Rechtsordnung, die sich aus unterschiedlichen vom Staat gesetzten und/oder von ihm anerkannten Rechtsnormen (= Rechtsvorschriften) zusammensetzt.[6]

!

Subjektive Rechte als individuelle Berechtigungen

Das objektive Recht gewährt dem Einzelnen (als Subjekt) bestimmte Rechtspositionen zur Wahrung seiner Interessen. So umfasst der Begriff des Rechts auch eine durchsetzbare (dh gerichtlich einklagbare) individuelle Befugnis (zB das Recht, von einem anderen ein Tun oder Unterlassen zu verlangen = **Anspruch**[7]), die als **subjektives Recht** bezeichnet wird.[8] Da sich ein solches subjektives Recht aus einer Rechtsvorschrift ergeben muss, lässt es sich als Rechtsposition zwangsläufig nur aus dem objektiven Recht ableiten.[9]

Beispiele für subjektive Rechte:

- Anspruch eines Beamten auf Dienstbezüge (subjektives Recht) auf Grundlage der einschlägigen Besoldungsgesetze (objektives Recht).
- Aufgrund der §§ 985 ff. BGB (Bürgerliches Gesetzbuch) (als Rechtsvorschriften des objektiven Rechts) hat der Eigentümer (Eigentum = volle *rechtliche* Sachherrschaft) eines Fahrrads unter bestimmten Voraussetzungen die Befugnis, von dessen Besitzer (Besitz = *tatsächliche* „Gewalt" über eine Sache) die Herausgabe des Fahrrads (subjektives Recht) zu verlangen.[10]
- Art. 14 GG (Grundgesetz) – Eigentumsgarantie als objektives Recht – wird als subjektiv-öffentliches Abwehrrecht des Bürgers gegen staatliche Eingriffe (subjektive Rechtsposition) aufgefasst.[11]
- Abgrenzungsbeispiel: Art. 22 Abs. 2 GG („Die Bundesflagge ist schwarz-rot-gold") ist objektives, beinhaltet aber kein subjektives Recht.[12]

[4] S. auch Kock/Stüwe ÖffR/Kock Rn. 1; Wörlen/Metzler-Müller BGB AT Rn. 4; Rüthers/Fischer/Birk Rechtstheorie Rn. 51 und 48 ff. sowie Adomeit/Hähnchen Rechtstheorie Rn. 5 zu Definitionsansätzen.

[5] Vgl. Rüthers/Fischer/Birk Rechtstheorie Rn. 53, 61.

[6] S. Muthorst Grundlagen § 2 Rn. 2; Rüthers/Fischer/Birk Rechtstheorie Rn. 55 ff. Die Begriffe Rechtssatz, Rechtsvorschrift, Rechtsnorm, Gesetzesbestimmung bzw. -vorschrift werden weitgehend synonym verwendet, vgl. Wienbracke Methodenlehre Rn. 8. S. aber auch Maurer/Waldhoff AllgVerwR § 4 Rn. 4 und § 24 Rn. 2 f. Zum Begriff der Rechtsnorm im rechtstheoretischen Sinne aber auch Adomeit/Hähnchen Rechtstheorie Rn. 20.

[7] S. § 194 BGB. Zu weiteren Formen subjektiver Rechte im Privatrecht und Öffentlichen Recht (zu diesen Begriffen → § 2 Rn. 77 ff.) s. Haase/Keller Grundlagen Rn. 58 ff.

[8] Vgl. Rüthers/Fischer/Birk Rechtstheorie Rn. 63.

[9] S. Engisch Einführung S. 49; Rüthers/Fischer/Birk Rechtstheorie Rn. 63.

[10] Zur Differenzierung von Eigentum und Besitz Brox/Walker BGB AT § 28 Rn. 17. S. auch § 903 BGB und § 854 BGB.

[11] BVerfGE 24, 367 (400) = NJW 1969, 309; BVerfGE 31, 229 (239) = NJW 1971, 2163. Zu Grundrechten insgesamt Manssen StaatsR II Rn. 28 ff.; Haase/Keller Grundlagen Rn. 70.

[12] Muthorst Grundlagen § 13 Rn. 52.

Gerade für den Rechtsanwender – also die Person, die mit dem Recht aktiv umzugehen hat – ist es daher entscheidend zu wissen, welche Rechtsnormen überhaupt gelten und in der konkreten von ihm zu bearbeitenden Fallsituation anwendbar, schlussendlich also für seine Rechtsfindung relevant sind.[13] 6

Vereinfacht entstammen geltende Rechtsnormen vorwiegend 7

- dem **geschriebenen Recht** (vor allem) und
  dem **ungeschriebenen Gewohnheitsrecht** (weniger häufig).

Für einen Rechtsstaat wesentlich ist insbesondere das in **„Gesetzen"** schriftlich niedergelegte Recht.[14] Die regelmäßig in umfassenden Regelwerken (zB GG, BGB, Strafgesetzbuch = StGB) mit anderen ihrer Art zusammengefasste (= kodifizierte) niedergeschriebene Rechtsvorschrift ist hierbei zentrales Element. Geschriebene staatliche „Gesetze" und ihre Rechtsvorschriften als Einzelregelungen entstehen nicht von selbst, sondern kommen in einem staatlich geregelten Verfahren zustande.[15] 8

Merke: Als **positives Recht** (vom lat. positum = gesetzt, abgeleitet) soll die Summe aller geltenden Vorschriften bezeichnet werden, die eine gesetzgebende Institution geschaffen („gesetzt") hat.[16] !

Anders als die kodifizierte Rechtsordnung der BRD (= vorrangige Bindung an Rechtsvorschriften) agiert das anglo-amerikanische Rechtssystem: Dort ergibt sich das Recht vorwiegend, aber nicht ausschließlich, aus Gerichtsentscheidungen („Fall-Recht" oder **„Case-Law"**), welchen damit herausragende Bedeutung mit Blick auf Bindungswirkung und Reichweite zukommt.[17] 9

Naturrecht !

Stets diskutiert werden Existenz und Geltungsanspruch eines **„Naturrechts"**.[18] Der Begriff „Naturrecht" kann dem Ansatz zugeordnet werden, bestimmte fundamentale Rechtspositionen losgelöst vom menschlichen Willen oder menschlicher Entscheidung, also **von Natur aus** gelten zu lassen; eines Gesetzgebers

13 Hierzu → § 2 Rn. 7 ff. und → § 2 Rn. 53 ff. Vereinzelt stellt(e) sich die Frage nach der Unterscheidung von Recht und staatlichem Unrecht und somit nach der Geltung bestimmter Rechtsnormen: Zur Anwendung übergesetzlicher Normen durch das Bundesverfassungsgericht bei „unrichtigem Recht" unter Heranziehung der **Radbruchschen Formel** (benannt nach Gustav Radbruch) insbesondere im Hinblick auf Vorschriften der DDR und des nationalsozialistischen Regimes s. etwa Albrecht/Küchenhoff StaatsR Rn. 15 mwN; Herresthal/Weiß Fälle Methodenlehre Rn. 49 ff.; Muthorst Grundlagen § 8 Rn. 52 f. („Unverbindlichkeit krass ungerechter Rechtsnormen").

14 S. aber auch Rüthers/Fischer/Birk Rechtstheorie Rn. 56 und 217 ff. Zum „Gesetzesbegriff" → § 2 Rn. 40 ff. und zu den Rechtskreisen → § 2 Rn. 15 ff.

15 Rüthers/Fischer/Birk Rechtstheorie Rn. 55. S. zB zur Gesetzgebung und zum Gesetzgebungsverfahren auf Bundesebene Albrecht/Küchenhoff StaatsR Rn. 298 ff.; Kock/Stüwe ÖffR/Jansen/Salewski Rn. 452 ff. und Model/Creifelds Staatsbürger S. 261.

16 Kock/Stüwe ÖffR/Kock Rn. 3; Muthorst Grundlagen § 2 Rn. 16.

17 Vgl. Adomeit/Hähnchen Rechtstheorie Rn. 64; Haase/Keller Grundlagen Rn. 19. S. auch Engisch Einführung S. 252 f. Zu verschiedenen Arten der Kodifikationen Schmidt JuS 2003, 649 (650). Zur Bedeutung hiesiger Gerichtsentscheidungen → § 2 Rn. 55.

18 Weiterführend zum Naturrecht etwa Kohler-Gehrig Einführung S. 23; Möllers Methodenlehre § 2 Rn. 3, 128 ff.; Robbers Einführung Rn. 27; Rüthers/Fischer/Birk Rechtstheorie Rn. 262 ff., 411 ff. jeweils mwN.

bedürfe es nicht, vielmehr kontrolliere und beschränke der Bestand ewiger, unveräußerlicher Grundwerte bzw. Rechtsgüter als verbindliche Rechtsregeln (des **„übergesetzlichen Rechts"** oder „überpositiven Rechts") gerade den Gesetzgeber bei der Schaffung positiven Rechts.[19] **Beispiele** für diskutierte naturrechtliche Positionen sollen etwa die Menschenwürde, das Recht auf Leben oder das Freiheitsrecht sein.[20]

Naturrechtliche Ansätze haben zwischenzeitlich an vielen Stellen Eingang in die (geschriebene) Rechtsordnung gefunden, zB werden die im GG verankerten Grundrechte als normiertes (= positives) Naturrecht verstanden.[21] Nicht normiertes Naturrecht soll nach verbreiteter Auffassung insbesondere mangels Greif- und Bestimmbarkeit sowie ernstzunehmenden Geltungsgrundes nicht als Rechtsquelle herangezogen werden, der Rechtsanwender kein geltendes Recht aus ihm schöpfen können.[22]

10 Auch das **ungeschriebene Gewohnheitsrecht** wird als eigenständige Quelle des objektiven Rechts anerkannt.[23] Es entstammt keiner förmlichen Rechtsetzung (wie das geschriebene Recht), sondern einer gleichmäßigen, ständigen, andauernden tatsächlichen Übung (dh eine Regel wird „gewöhnlich" über lange Zeit befolgt – etwa Tradition, Verkehrssitte oder Umgangsform), die sich durch Hinzutreten einer Rechtsüberzeugung zum rechtlich relevanten ungeschriebenen Rechtssatz „verdichtet".[24] Im innerstaatlichen Recht der BRD spielt das Gewohnheitsrecht aufgrund des großen Umfangs und damit der Rechtweite des geschriebenen Rechts nur eine untergeordnete Rolle; größere Bedeutung hat es indes im Völkerrecht.[25] Ob ein gewohnheitsrechtlicher Rechtssatz vorliegt und welchen Inhalt er hat, können in einem Rechtsstaat verbindlich nur die Gerichte entscheiden.[26]

B. Funktionen des Rechts

11 Es lassen sich **bestimmte Aufgaben und Ziele des Rechts** besonders hervorheben.[27]

[19] Vgl. Rüthers/Fischer/Birk Rechtstheorie Rn. 262 ff.; Haase/Keller Grundlagen Rn. 44; Röhl/Röhl Rechtslehre S. 291.

[20] Hierzu und zu weiteren Beispielen Haase/Keller Grundlagen Rn. 42 ff.; Möllers Methodenlehre § 2 Rn. 138.

[21] Möllers Methodenlehre § 2 Rn. 139; Rüthers/Fischer/Birk Rechtstheorie Rn. 269. Zu Grundrechten → § 2 Rn. 84.

[22] Beaucamp/Beaucamp Methoden Rn. 389; Rüthers/Fischer/Birk Rechtstheorie Rn. 262 ff. (insbes. 269) zu naturrechtlichen Argumentationsfiguren und Ableitungen in älteren bundesgerichtlichen Entscheidungen jeweils mwN.

[23] Herresthal/Weiß Fälle Methodenlehre Rn. 57; Robbers Einführung Rn. 24; Rüthers/Fischer/Birk Rechtstheorie Rn. 232 f.; Wörlen/Metzler-Müller BGB AT Rn. 5 ff.; → § 2 Rn. 53 ff.

[24] Vgl. BVerfGE 22, 114 (121) = NJW 1967, 2051; Haase/Keller Grundlagen Rn. 32.

[25] Beaucamp/Beaucamp Methoden Rn. 419; Engisch Einführung S. 71; Haase/Keller Grundlagen Rn. 33; Rüthers/Fischer/Birk Rechtstheorie Rn. 232. Zum Völkerrecht → § 2 Rn. 28 ff.

[26] Rüthers/Fischer/Birk Rechtstheorie Rn. 233. S. auch BGH BeckRS 2020, 4032. Zu Beispielen für Gewohnheitsrecht → § 2 Rn. 53 und zu Gerichten → § 3 Rn. 12 ff.

[27] Vgl. zu Nachfolgendem Kock/Stüwe ÖffR/Kock Rn. 9 ff.; Rüthers/Fischer/Birk Rechtstheorie Rn. 72 ff.

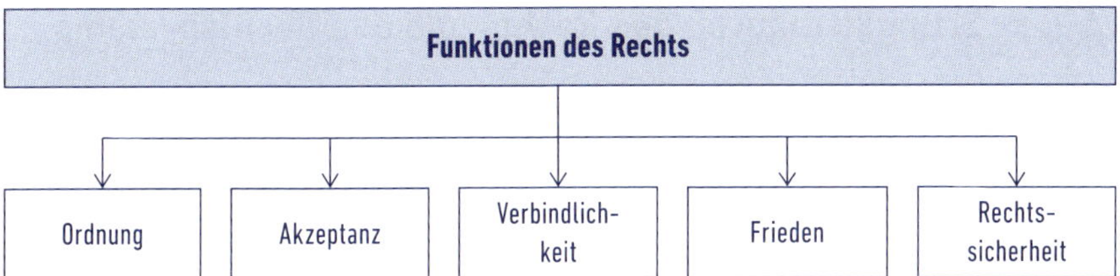

Abb. 1 Funktionen des Rechts

Die **Ordnungsfunktion** bezweckt insbesondere die Regelung, Steuerung und Berechenbarkeit des sozialen Zusammenlebens der Gemeinschaft durch Verhaltensvorgaben und verlangt, sich bei Konflikten an die staatlichen Gerichte zu wenden und keine Selbstjustiz zu üben. 12

Das Recht muss vom Rechtsunterworfenen (Staat und Bürger im weiteren Sinn) als maßgeblich anerkannt werden, um funktionsfähig zu sein.[28] Deshalb bietet es im Gegenzug zB Freiheitssicherung, Gleichberechtigung, Schutz vor staatlicher Macht und Willkür und spiegelt zudem den Willen des Volkes als Ausdruck eines demokratischen Prozesses wider (**Akzeptanz**). 13

Über die Funktion der **Verbindlichkeit** erfolgt die Abgrenzung des Rechts zu sozialen Mechanismen (sittliche und moralische Normen). Ziel ist die Schaffung einer allgemeinverbindlichen Ordnung, die nur so und allein von staatlichen Organen (Gerichte und Verwaltung) durchgesetzt werden kann, da das Gewaltmonopol beim Staat liegt („Erzwingbarkeit“). 14

Das Recht will den Ausgleich verschiedener gesellschaftlicher Interessen leisten, dh Konflikte befrieden, beilegen und im besten Fall überhaupt nicht entstehen lassen (**Friedensfunktion**). Dies gelingt auch durch eine dynamische Anpassung des Rechts als Folge demokratischer Entwicklungen. 15

Außerdem will das Recht **Rechtssicherheit** schaffen. Dies soll insbesondere dadurch gewährleistet sein, dass 16

- Rechtsvorschriften der Öffentlichkeit zugänglich gemacht werden sollen,[29]
- Rechtsvorschriften klar und bestimmt sein sollen,[30]
- belastende (dh in Rechten einschränkende) Rechtsvorschriften nicht rückwirkend erlassen werden dürfen (Rückwirkungsverbot),[31]
- Rechtsstreitigkeiten abschließend geklärt werden und ein Ende finden sollen.[32]

28 Rüthers/Fischer/Birk Rechtstheorie Rn. 84; Kohler-Gehrig Einführung S. 13.

29 BVerfGE 65, 283 (291) = NVwZ 1984, 430. Bundesgesetze werden etwa im Bundesgesetzblatt veröffentlicht, das jedem (zB über das Internet) zugänglich ist. S. auch → § 2 Rn. 72.

30 Hierzu etwa BVerwG NVwZ 2013, 1614 ff. und BVerfGE 134, 141 (184 ff.) = BeckRS 2013, 56594; → § 8 Rn. 13 ff.

31 Vgl. zur Rückwirkung BVerfGE 30, 250 (267) = NJW 1971, 1603 und BVerfG NVwZ-RR 2018, 169 (172). S. auch Albrecht/Küchenhoff StaatsR Rn. 142 ff.

32 Zum Ganzen auch Kock/Stüwe ÖffR/Kock Rn. 14; Kohler-Gehrig Einführung S. 14 ff. Vgl. auch BVerfGE 7, 194 (196) = NJW 1958, 97.

§ 2 Grundstrukturen des Rechts und des Rechtssystems

A. Rechtsstaat und Staatsfunktionen

1 Ein **Rechtsstaat** zeichnet sich dadurch aus, dass politische und gesellschaftliche Herrschaft nur aufgrund und im Rahmen des Rechts ausgeübt wird.[33] In ihm ist alle Staatsgewalt rechtlich gebunden; hoheitliches Handeln (= Einsetzen staatlicher Machtmittel) wird durch Recht sowohl begrenzt als auch gewährleistet.[34]

2 Das Grundgesetz – als Verfassung und somit Grundordnung der BRD – beherbergt daher mit dem **Rechtsstaatsprinzip** ein fundamentales Staatsstrukturprinzip, das sich aus verschiedenen Bestandteilen zusammensetzt.[35]

3 Ein solcher elementarer Bestandteil und Kernstück jeder rechtsstaatlichen Verfassung ist der **„Grundsatz der Gewaltenteilung"** im Sinne einer Trennung insbesondere der Staatsfunktionen (= funktionelle Gewaltenteilung) mit entsprechender Zuweisung dieser Funktionen an verschiedene Staatsorgane (= organisatorische oder institutionelle Gewaltenteilung).[36]

! „Alle Staatsgewalt geht vom Volke aus. Sie wird vom Volke in Wahlen, Abstimmungen und durch besondere Organe

- der Gesetzgebung,
- der vollziehenden Gewalt und
- der Rechtsprechung

ausgeübt".[37]

4 Die – nicht in Reinform verwirklichte[38] – Gewaltenteilung ist ein **tragendes Organisationsprinzip** des GG, dessen Bedeutung vor allem in der politischen Machtverteilung, dem Ineinandergreifen der drei Gewalten und der daraus resultierende gegenseitige Kontrolle und Begrenzung mit der Folge der Mäßigung der Staatsherrschaft liegt.[39] Sie zielt auch darauf ab, „dass staatliche Entscheidungen möglichst richtig, das heißt von den Organen getroffen werden, die dafür nach ihrer Organisation, Zusammensetzung, Funktion und Verfahrensweise über die besten Voraussetzungen verfügen".[40]

[33] Vgl. Dreier/Schulze-Fielitz GG Art. 20 (Rechtsstaat) Rn. 1; BeckOK GG/Huster/Rux, 49. Ed. 15.11.2021, Art. 20 Rn. 138. S. auch Art. 28 Abs. 1 S. 1 GG.

[34] Voßkuhle/Kaufhold JuS 2010, 116; → § 5 Rn. 39 f.

[35] Vgl. Kock/Stüwe ÖffR/Jansen/Salewski Rn. 297 ff.; Voßkuhle/Kaufhold JuS 2010, 116 (117). Zur normativen Herleitung des Rechtsstaatsprinzips vgl. BVerfG NVwZ 2003, 1241 (1247); NJW 1979, 1925; 1977, 1525 (1530). Zur Verfassung und Verfassungsrecht → § 2 Rn. 35 ff. und Rn. 79 ff.

[36] BVerfG NJW 2011, 836 (837); BeckOK GG/Huster/Rux, 49. Ed. 15.11.2021, Art. 20 Rn. 155; Ipsen/Kaufhold/Wischmeyer StaatsR I § 14 Rn. 1 ff. und Voßkuhle/Kaufhold JuS 2012, 314 jeweils auch zu personeller Funktionentrennung. S. auch Albrecht/Küchenhoff StaatsR Rn. 119 ff. Zur vertikalen Gewaltenteilung vgl. Voßkuhle/Kaufhold JuS 2010, 873 (874).

[37] Art. 20 Abs. 2 GG. Nach Art. 28 Abs. 1 S. 1 GG findet der Grundsatz der Gewaltenteilung auch auf der Ebene der Bundesländer Anwendung.

[38] Zu Einzelheiten der Überschneidung von Funktionen und Organen Ipsen/Kaufhold/Wischmeyer StaatsR I § 14 Rn. 13 ff.

[39] BVerfGE 3, 225 (247) = NJW 1954, 65; BVerfG NVwZ 2015, 1434 (1439).

[40] BVerfG NVwZ 2015, 1434 (1439).

Dem Grunde nach soll[41] 5

- die **Legislative** zur Normsetzung berufen sein (auf Bundes- und Landesebene erfüllen diese Aufgabe insbesondere die Parlamente[42]),
- der **Exekutive** vor allem das Regieren und Verwalten obliegen (während die *Regierung = Gubernative* für die politische Gestaltung zuständig und parlamentarisch verantwortlich ist, ist die *Verwaltung = Administrative* idealtypisch mit der Aufgabe des Gesetzesvollzugs im Einzelfall betraut[43]),
- die **Judikative** insbesondere in einem förmlichen Verfahren, verbindlich und abschließend konkrete Streitfälle entscheiden (die rechtsprechende Gewalt ist den Richtern anvertraut, ausgeübt wird sie von den Gerichten des Bundes und der Länder, denen die Richter angehören[44] – dh Gerichte entscheiden am Maßstab des Rechts, ob Rechtsvorschriften beachtet, eingehalten und richtig angewendet wurden).[45]

Die **Rechtsbindung** (der Organe) der Staatsgewalten folgt insbesondere aus Art. 20 Abs. 3 GG: „Die Gesetzgebung ist an die **verfassungsmäßige Ordnung**, die vollziehende Gewalt und die Rechtsprechung sind an **Gesetz und Recht** gebunden."[46] 6

B. Die Rechtsordnung: Aufbau und Kategorien

I. Rechtsvorschriften als Kernelement

Die für einen Rechtsstaat maßgebliche Rechtsordnung setzt sich vor allem aus einer Vielzahl insbesondere geschriebener Rechtsvorschriften zusammen. 7

Solche Rechtsvorschriften sind die **„Elementarteilchen" der Rechtsordnung**.[47] In aller Regel sind die über sie transportierten, für jedermann zu beachtenden, Regeln in 8

- **Paragrafen (§)** und/oder
- **Artikeln (Art.)**

abgefasst.

[41] Zum Ganzen BVerfGE 103, 111 (137 f.) = NJW 2001, 1048; BVerfG NVwZ 2015, 1434 (1439); Dürig/Herzog/Scholz/Hillgruber GG Art. 92 Rn. 61; Ipsen/Kaufhold/Wischmeyer StaatsR I § 14 Rn. 3 ff.; Voßkuhle/Kaufhold JuS 2012, 314.

[42] S. zB Art. 77 Abs. 1 S. 1 GG („Die Bundesgesetze werden vom Bundestage beschlossen"); → § 4 Rn. 23.

[43] Zum Begriff der (öffentlichen) Verwaltung Sauerland AllgVerwR § 1 Rn. 2 ff. Zum Verwaltungsverfahren → § 3 Rn. 39 ff.

[44] Vgl. Art. 92 Hs. 1 GG. Zur Rechtsprechung auch → § 3 Rn. 12 ff., zu Richtern → § 4 Rn. 24 f.

[45] Voßkuhle/Kaufhold JuS 2012, 314 (315).

[46] Die Formulierung **„Gesetz und Recht"** soll das GG, die formellen Gesetze, Rechtsverordnungen und Satzungen sowie das ungeschriebene Gewohnheitsrecht (→ § 2 Rn. 18 f., 35 ff.) erfassen (vgl. Maurer StaatsR I § 8 Rn. 16). Der Begriff „Recht" wird als ein Hinweis darauf verstanden, dass sich „Gesetz und Recht zwar faktisch im allgemeinen, aber nicht notwendig und immer decken", sodass Recht auch sein könne, was „seine Quelle in der verfassungsmäßigen Rechtsordnung als einem Sinnganzen besitzt und dem geschriebenen Gesetz gegenüber als Korrektiv zu wirken vermag", vgl. BVerfGE 34, 269 (286 f.) = NJW 1973, 1221 und Dürig/Herzog/Scholz/Grzeszick GG Art. 20 Abs. 3 Rn. 60 ff. Zum Ganzen auch Albrecht/Küchenhoff StaatsR Rn. 127 ff. mwN und Herresthal/Weiß Fälle Methodenlehre Rn. 39 ff. Zur Gesetzmäßigkeit der Verwaltung und deren Reichweite s. Kock/Stüwe ÖffR/Jansen/Salewski Rn. 303 ff.; Sauerland AllgVerwR § 6 Rn. 1 ff. und → § 5 Rn. 40.

[47] Rüthers/Fischer/Birk Rechtstheorie Rn. 92.

Hierbei sind diese regelmäßig strukturell in verschiedene Ebenen (Absatz, Satz, Nummer etc) unterteilt.[48]

9 Paragrafen und Artikel sind, wie bereits erwähnt, in aller Regel wiederum inhaltlich gesammelt und in ein bestimmtes Regelwerk (als Sammlung) eingeordnet (bereits → § 1 Rn. 8). Im innerstaatlichen Recht sind solche Regelwerke vor allem formelle Gesetze – hier von herausragender Bedeutung das GG der BRD (→ § 2 Rn. 35 ff.) – und Rechtsverordnungen (→ § 2 Rn. 38 ff.).

Beispiele:

- Art. 1 GG: „(1) Die Würde des Menschen ist unantastbar. Sie zu achten und zu schützen ist Verpflichtung aller staatlichen Gewalt.
  (2) Das Deutsche Volk bekennt sich darum zu unverletzlichen und unveräußerlichen Menschenrechten als Grundlage jeder menschlichen Gemeinschaft, des Friedens und der Gerechtigkeit in der Welt.
  (3) Die nachfolgenden Grundrechte binden Gesetzgebung, vollziehende Gewalt und Rechtsprechung als unmittelbar geltendes Recht.
  Art. 1 GG ist als einzelner Artikel Teil des Regelwerks Grundgesetz und setzt sich aus drei Absätzen zusammen. Art. 1 Abs. 1 GG hat zwei (durch einen Punkt getrennte) Sätze."
- Das StGB enthält als Regelwerk verschiedene Paragrafen. Zu diesen Paragrafen zählt die „Beleidigung" (§ 185 StGB: „Die Beleidigung wird mit Freiheitsstrafe bis zu einem Jahr oder mit Geldstrafe und, wenn die Beleidigung mittels einer Tätlichkeit begangen wird, mit Freiheitsstrafe bis zu zwei Jahren oder mit Geldstrafe bestraft."), wobei sich dieser Paragraf nicht aus verschiedenen Absätzen zusammensetzt, sondern nur aus einem einzigen Satz besteht.

!

Klammerprinzip

Einzelne wichtige Regelwerke folgen in ihrer Struktur einem der Mathematik entlehnten Gedanken: Es gilt das „Klammerprinzip" (auch: „Ausklammerungsmethode"). Hierbei wird ein wichtiger Teil der Vorschriften in einem Regelwerk „vor die Klammer" gezogen, um zu vereinfachen und Übersichtlichkeit zu gewinnen.[49] Zum Beispiel wurde im **StGB** der Allgemeine Teil vor die Klammer gezogen und soll für alles gelten, was sich in der Klammer befindet (Besonderer Teil).[50] Im Allgemeinen Teil des Bürgerlichen Gesetzbuchs – **BGB** (1. Buch) ist das vorangestellt, was für die Bücher 2–5 des BGB gemeinsam gelten soll.[51]

10 Eine Rechtsvorschrift ist meistens eine **abstrakt-generelle Anordnung**.[52]

48 Zu Bezeichnungs- und Zitierweise von Rechtsvorschriften → § 5 Rn. 2 ff.

49 S. auch Durner NVwZ 2015, 841 (844) und Kock/Stüwe ÖffR/Stüwe Rn. 1038 zum Verwaltungsrecht.

50 Vgl. Lagodny Gesetzestexte S. 30. S. zum Strafrecht und StGB → § 2 Rn. 96 ff.

51 Brox/Walker BGB AT § 2 Rn. 19 ff. auch zur weiteren Geltung des Klammerprinzips innerhalb des BGB sowie Wörlen/Metzler-Müller BGB AT Rn. 64.

52 Kohler-Gehrig Einführung S. 17.

In diesem Zusammenhang bedeutet 11

- **abstrakt**, dass die Anordnung für eine unbestimmte Vielzahl von Sachverhalten Geltung beansprucht (Gegenbegriff: konkret = Einzelfall) und
- **generell**, dass die Anordnung für eine unbestimmte Vielzahl von Personen gilt (Gegenbegriff: individuell = Einzelperson oder bestimmbare Personengruppe).[53]

> **Beispiel:** § 303 Abs. 1 StGB (Sachbeschädigung): „Wer rechtswidrig eine fremde Sache beschädigt oder zerstört, wird mit Freiheitsstrafe bis zu zwei Jahren oder mit Geldstrafe bestraft". Diese Rechtsvorschrift ist abstrakt, dh losgelöst von einem bestimmten Lebensvorgang, da es unerheblich ist, auf welche Art und Weise eine fremde Sache beschädigt oder zerstört wird. Sie ist auch generell, da idR jedermann bestraft wird, der die genannten Voraussetzungen erfüllt.

Rechtsvorschriften müssen daher von rechtlichen **Einzelfallmaßnahmen** abgegrenzt werden, die in einer bestimmten Situation eine bestimmte Konstellation für Einzelne regeln.[54] 12

Solche Einzelfallmaßnahmen müssen aber zwangsläufig auf Rechtsvorschriften beruhen: Die Aufgabe des Rechtsanwenders (etwa der staatlichen Verwaltung) besteht darin, auf der Grundlage einer abstrakt-generellen Rechtsvorschrift eine passende Einzelfallentscheidung zu treffen. 13

> **Beispiele für Einzelfallentscheidungen:**
> - Steuerbescheid einer Verwaltungsbehörde auf Grundlage der Steuergesetze
> - Auf einem Landespolizeigesetz beruhender Platzverweis eines Polizeibeamten

Rechtsvorschriften sind letztlich in ein Gesamtsystem der Rechtsordnung eingebettet, dem man sich vom Großen zum Kleinen auf verschiedene Art und Weise systematisch nähern kann. Sie lassen sich als kleinstes Element der Rechtsordnung in verschiedene Kategorien einordnen bzw. bildlich gesprochen in „Schubladen stecken". So sind als Kategorien zunächst Rechtskreise und Rechtsquellen, sodann die innerstaatlichen Rechtsgebiete und anschließend die Differenzierung von formellem und materiellem Recht in den Blick zu nehmen. 14

II. Rechtskreise

Es lassen sich zunächst unterschiedliche Rechtskreise differenzieren, 15

- das innerstaatliche Recht,
- das Recht der Europäischen Union (Unionsrecht) und
- das Völkerrecht.[55]

[53] Vgl. auch Detterbeck AllgVerwR Rn. 89; Wienbracke Methodenlehre Rn. 12.

[54] Zu sog. „Einzelfallgesetzen" vgl. BVerfGE 25, 371 (399) = NJW 1969, 1203 und Albrecht/Küchenhoff StaatsR Rn. 138 ff. S. auch Art. 19 Abs. 1 S. 1 GG.

[55] BVerfGE 111, 307 (318) = NJW 2004, 3407.

16 In diesen Rechtskreisen existieren verschiedene Rechtsquellen.[56] Wiederum erst innerhalb der Ebene der Rechtsquellen finden sich die grundsätzlich unmittelbar verbindlichen Rechtsvorschriften als kleinstes Element mit Regelungskern.

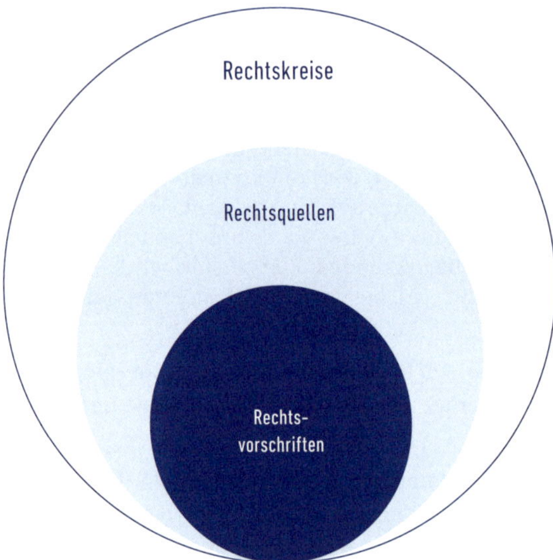

Abb. 2 Rechtskreise, Rechtsquellen und Rechtsvorschriften

17 Die unterschiedlichen Rechtskreise mit ihren Rechtsquellen bilden damit ein System, um Rechtsvorschriften nach ihrer Herkunft und im Ergebnis ihrem Geltungsanspruch zu ordnen.[57] Dies ist unter anderem deshalb erforderlich, weil Rechtsprechung und Verwaltung an „Gesetz und Recht" gebunden sind und somit eindeutig sein muss, welche Rechtsvorschriften sie als verbindliches Recht anzuwenden haben.[58] Um insoweit Klarheit zu erlangen (gerade vor dem Hintergrund, dass verschiedene Rechtsvorschriften unterschiedlicher Ebenen auch miteinander unvereinbar sein können), ist für den Umgang mit dem Recht nachfolgend auch die Frage zu klären, in welchem Verhältnis die Rechtsvorschriften der verschiedenen Rechtsquellen und die Rechtskreise zu einander stehen (hierzu → § 2 Rn. 59 ff.).

[56] Zum Begriff der Rechtsquelle etwa Herresthal/Weiß Fälle Methodenlehre Rn. 58 ff.; Muthorst Grundlagen § 13 Rn. 2 ff.; Rüthers/Fischer/Birk Rechtstheorie Rn. 217 ff. Zur Einordnung von **Tarifverträgen** (zu diesen auch → § 2 Rn. 94) vgl. BAG NZA 2011, 1105 ff.; Beaucamp/Beaucamp Methodenlehre Rn. 417 f. und 444; Möllers Methodenlehre § 3 Rn. 61; Richardi/Bayreuther, Kollektives Arbeitsrecht, 4. Aufl. 2019, § 4 Rn. 2 ff. und § 9 Rn. 1 ff.; Rüthers/Fischer/Birk Rechtstheorie Rn. 273.

[57] Zum Geltungsbereich rechtlicher Regelungen → § 2 Rn. 71 ff.

[58] Vgl. neben Art. 20 Abs. 3 GG und → § 2 Rn. 5 auch Beaucamp/Beaucamp Methoden Rn. 385.

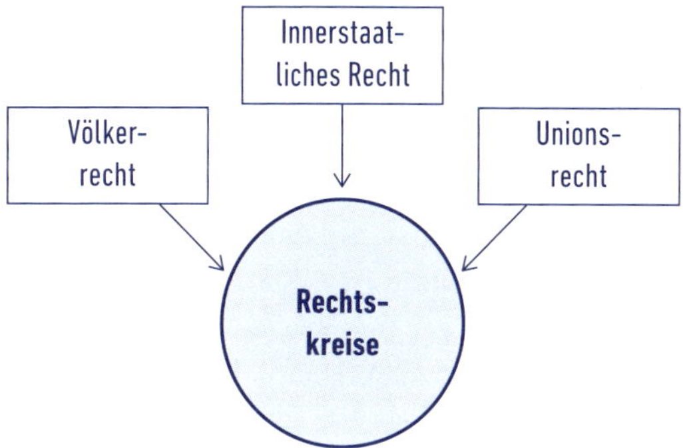

Abb. 3 Rechtskreise

1. Innerstaatliches Recht

Von herausragender Bedeutung für den Rechtsanwender in der BRD ist zwangsläufig der Rechtskreis des innerstaatlichen (nationalen) Rechts. In diesem entstehen verschiedene klassische (wesentliche) Rechtsquellen, die für die tägliche Rechtsanwendung und -findung zu beachten sind:[59] 18

- Verfassungen des Bundes und der Länder,
- (Formelle) Gesetze,
- (Innerstaatliche) Rechtsverordnungen,
- Satzungen,
- Gewohnheitsrecht.

Diese Normkategorien werden im Folgenden noch im Einzelnen betrachtet (→ § 2 Rn. 35 ff.). Ferner bedarf es daneben eines kurzen Blickes auf die **Verwaltungsvorschriften** (→ § 2 Rn. 56 ff.). 19

Merke: Die BRD ist ein Bundesstaat (Art. 20 Abs. 1 GG). Neben der staatlichen Ebene des Bundes besitzen die einzelnen Länder eigene Staatsgewalt und haben unter anderem die Kompetenz, bestimmte Bereiche des Rechts selbst zu regeln.[60] Innerstaatliches Recht kann in der BRD daher sowohl auf der Ebene des Bundes (**Bundesrecht**) als auch von den Bundesländern (**Landesrecht**) gesetzt werden. Darüber hinaus sind auch weitere Stellen in bestimmtem Maße zur eigenen Rechtsetzung befugt (zB Gemeinden, Bundesagentur für Arbeit).[61] !

2. Unionsrecht (Recht der Europäischen Union)

Ein in der täglichen Rechtspraxis für den Rechtsanwender ebenso relevanter Rechtskreis ist das Unionsrecht (Recht der Europäischen Union oder EU-Recht). 20

[59] Vgl. auch Beaucamp/Beaucamp Methoden Rn. 390 f.; Rüthers/Fischer/Birk Rechtstheorie Rn. 223 ff.

[60] Albrecht/Küchenhoff StaatsR Rn. 64; BeckOK GG/Huster/Rux, 49. Ed. 15.11.2021, Art. 20 Rn. 1 ff.; Huber NVwZ 2019, 665 (666); Voßkuhle/Kaufhold JuS 2010, 873 ff. Vgl. zB Art. 20 GG, Art. 30 GG und die Art. 70 ff. GG.

[61] Zu Satzungen → § 2 Rn. 48 ff.

21 Als überstaatliche Organisation mit eigener Rechtspersönlichkeit und eigenen Organen ist die **Europäische Union (EU)** Trägerin eigener Rechte und Pflichten.[62] Nach dem Austritt des Vereinigten Königreichs sind 27 Länder Mitglieder der EU, darunter Deutschland. Diese Mitgliedstaaten haben der EU – als Staatenverbund[63] – in Teilbereichen Hoheitsrechte (also staatliche Hoheitsgewalt) übertragen, etwa die Befugnis zur eigenständigen, aber begrenzten[64], Rechtsetzung.

22 Aus diesem Grund tritt neben die Rechtsordnung der Mitgliedstaaten der EU eine – die innerstaatlichen Rechtsordnungen beeinflussende – autonome Rechtsordnung eines **supranationalen** (= überstaatlichen) „Gesetzgebers“, der im Rahmen seiner Zuständigkeit in der Lage ist, eigenständig Recht zu setzen. Dieses Unionsrecht kann das innerstaatliche Recht harmonisieren (= in allen Mitgliedstaaten angleichen), es ergänzen oder sogar ersetzen.[65]

23 Die Rechtsquellen innerhalb des Rechtskreises Unionsrecht unterteilt man insbesondere in **primäres und sekundäres Unionsrecht**.

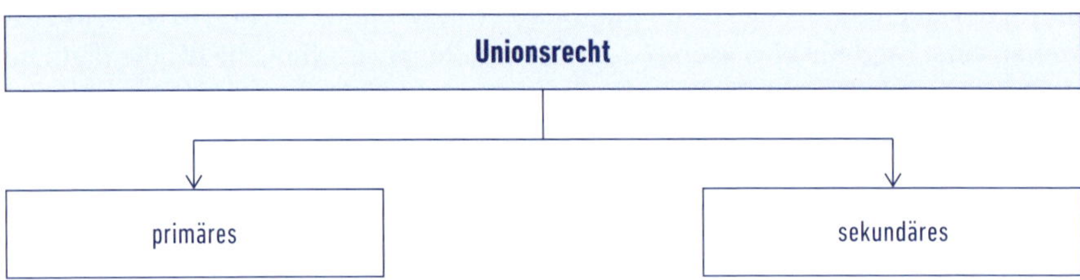

Abb. 4 Primäres und sekundäres Unionsrecht

24 Das **primäre Unionsrecht** umfasst an seiner Spitze vor allem den Vertrag über die Europäische Union (**EUV**) und den Vertrag über die Arbeitsweise der Europäischen Union (**AEUV**), das **sekundäre Unionsrecht** die Rechtsakte der Unionsorgane, die aufgrund und nach Maßgabe der Unionsverträge erlassen worden sind.[66]

! **Merke:** Die sekundärrechtlichen Handlungsformen sind in Art. 288 Abs. 2–5 AEUV aufgeführt:

- Verordnungen
- Richtlinien

62 Vgl. Art. 47 EUV und Hecker EurStrafR § 4 Rn. 1. Zur Entwicklung der europäischen Integration und des entsprechenden Rechts Kock/Stüwe ÖffR/Schulte Rn. 700 ff.

63 Vgl. BVerfG NJW 2009, 2267 (2271 und 2279); BVerfGE 89, 155 = NJW 1993, 3047 (3051) und Leitsatz 3a. („Verbund demokratischer Staaten“).

64 Nach dem **Grundsatz der begrenzten Einzelermächtigung** wird die EU nur innerhalb der Grenzen der Zuständigkeit tätig, die die Mitgliedstaaten ihr in den Verträgen zur Verwirklichung der darin niedergelegten Ziele übertragen haben. Alle der Union nicht in den Verträgen übertragenen Zuständigkeiten verbleiben bei den Mitgliedstaaten (Art. 5 Abs. 2 EUV).

65 Model/Creifelds Staatsbürger S. 77 (auch zu solchem Recht, das dem Primärrecht angenähert sei); Wörlen/Metzler-Müller BGB AT Rn. 26. Zum Verhältnis des innerstaatlichen Rechts zum Unionsrecht → § 2 Rn. 61, 69.

66 Zu Unionsorganen s. Art. 13 Abs. 1 EUV. Zu weiteren Rechtsquellen des primären und sekundären Unionsrechts, ihrer Zuordnung, Rechtsetzungsverfahren und Einzelfragen s. etwa Herdegen EuropaR § 8 Rn. 1 ff. sowie Hecker EurStrafR § 4 Rn. 2 ff.

- Beschlüsse
- Empfehlungen und Stellungnahmen

Aufgrund ihrer Bedeutung aus dem sekundären Unionsrecht hier hervorzuheben sind Verordnung und Richtlinie. 25

Die **EU-Verordnung** – die strikt von innerstaatlichen Rechtsverordnungen zu trennen ist – hat allgemeine Geltung, ist in allen ihren Teilen verbindlich und gilt unmittelbar in jedem Mitgliedstaat (Art. 288 Abs. 2 AEUV). Sie ist daher in ihrer (Durchgriffs-)Wirkung für den Einzelnen mit einem innerstaatlichen Gesetz vergleichbar.[67] 26

Beispiele EU-Verordnung:

- Unionszollkodex (UZK)[68]
- EU-Visum-VO[69]
- Soziale Sicherungssysteme-Koordinierungs-VO I[70]

Die europäische **Richtlinie** hingegen ist für jeden Mitgliedstaat, an den sie gerichtet wird, hinsichtlich des zu erreichenden Ziels verbindlich, überlässt jedoch den innerstaatlichen Stellen die Wahl und Form der Mittel (Art. 288 Abs. 3 AEUV). Dies bedeutet, dass Richtlinien mit Verbindlichkeit für die Mitgliedstaaten erlassen werden (Stufe 1) und sodann auf innerstaatlicher Ebene erst normativ (dh durch formelles Gesetz oder innerstaatliche Rechtsverordnung) umgesetzt werden müssen (Stufe 2).[71] Einen der EU-Richtlinie vergleichbaren Rechtsakt auf nationaler Ebene gibt es daher nicht.[72] 27

Beispiele für eine europäische Richtlinie:

- Im Bereich des Verbrauchsteuerrechts (dies betrifft zB Tabak und Alkohol) soll ein europäisches Harmonisierungskonzept die nationalen Verbrauchsteuergesetze angleichen.[73] Die **Verbrauchsteuer-System-RL**[74] schreibt daher die

67 Herdegen EuropaR § 8 Rn. 52; Kühl/Reichold/Ronellenfitsch Rechtswissenschaft § 17 Rn. 5.

68 VO (EU) Nr. 952/2013 des Europäischen Parlaments und des Rates vom 9. Oktober 2013 zur Festlegung des Zollkodex der Union (ABl. 2013 L 269, 1).

69 VO (EU) 2018/1806 des Europäischen Parlaments und des Rates vom 14. November 2018 zur Aufstellung der Liste der Drittländer, deren Staatsangehörige beim Überschreiten der Außengrenzen im Besitz eines Visums sein müssen, sowie der Liste der Drittländer, deren Staatsangehörige von dieser Visumpflicht befreit sind (ABl. 2018 L 303, 39). S. auch VO (EU) 2019 I 592 (ABl. 2019 L 103 I, 1).

70 VO (EG) Nr. 883/2004 des Europäischen Parlaments und des Rates vom 29. April 2004 zur Koordinierung der Systeme der sozialen Sicherheit (ABl. 2004 L 166, 1).

71 EuGH NVwZ 1991, 866 ff.; Beaucamp/Beaucamp Methoden Rn. 403 mwN; Herdegen EuropaR § 8 Rn. 53. Zu formellen Gesetzen und innerstaatlichen Rechtsverordnungen → § 2 Rn. 38 ff.

72 S. auch Kühl/Reichold/Ronellenfitsch Rechtswissenschaft § 17 Rn. 5. Zu Ausnahmefragen der Wirkung von Richtlinien Herdegen EuropaR § 8 Rn. 53 ff. Zur unionrechtskonformen Auslegung → § 9 Rn. 37 f.

73 Hierzu im Einzelnen Bongartz/Schröer-Schallenberg VerbrauchStR Rn. A1 ff. und B1 ff.

74 RL 2008/118/EG des Rates vom 16. Dezember 2008 über das allgemeine Verbrauchsteuersystem und zur Aufhebung der Richtlinie 92/12/EWG (ABl. 2009 L 9, 12). S. aber die RL (EU) 2020/262 des Rates vom 19. Dezember 2019 zur Festlegung des allgemeinen Verbrauchsteuersystems (ABl. 2020 L 58, 4).

Grundlagen des innergemeinschaftlichen Verbrauchsteuersystems für Energieerzeugnisse und elektrischen Strom, Alkohol, alkoholische Getränke und Tabakwaren fest. Im deutschen Verbrauchsteuerrecht wurden die Vorgaben der EU durch das Verbrauchsteuer-Binnenmarktgesetz vom 21.12.1992 in nationales Recht umgesetzt (etwa durch Anpassung des Tabaksteuergesetzes und des Alkoholsteuergesetzes – bei dem Verbrauchsteuer-Binnenmarktgesetz handelt es sich um ein Artikelgesetz[75]).

- Die **Vierte Geldwäsche-RL**[76] wurde durch das „Gesetz zur Umsetzung der Vierten EU-Geldwäscherichtlinie, zur Ausführung der EU-Geldtransferverordnung und zur Neuorganisation der Zentralstelle für Finanztransaktionsuntersuchungen" vom 23.6.2017 insoweit in nationales Recht umgesetzt, als insbesondere das bestehende nationale Geldwäschegesetz neu gefasst wurde.[77]

3. Völkerrecht

28 Das Völkerrecht soll insbesondere die Gesamtheit der rechtlichen **Regeln über die Beziehungen von Staaten** und anderen Völkerrechtssubjekten (einschließlich internationaler Organisationen, zB UN/UNO, NATO) untereinander umfassen, soweit diese Regeln ihren Geltungsgrund in der internationalen Gemeinschaft (und nicht etwa im innerstaatlichen Recht) haben.[78]

! **Merke:** Völkerrecht ist insbesondere **zwischenstaatliches Recht.**

29 Zentrale Instanzen, die verbindlich Recht setzen und auch durchsetzen können, existieren im Völkerrecht nicht; zwar gibt es den Internationalen Gerichtshof (IGH) in Den Haag (sozusagen das oberste Gericht der UN/UNO), dieser ist jedoch nur in sehr begrenztem Umfang zuständig für Streitigkeiten zwischen Staaten, die sich seiner Gerichtsbarkeit unterworfen haben.[79]

30 **Rechtsquellen** des Völkerrechts sind

- völkerrechtliche **Verträge** und
- **Völkergewohnheitsrecht**,
- ergänzt durch die von den zivilisierten Staaten anerkannten **allgemeinen Rechtsgrundsätze**.[80]

[75] Zum Begriff des Artikelgesetzes → § 2 Rn. 43.

[76] RL (EU) 2015/849 des Europäischen Parlaments und des Rates vom 20. Mai 2015 zur Verhinderung der Nutzung des Finanzsystems zum Zwecke der Geldwäsche und der Terrorismusfinanzierung, zur Änderung der Verordnung (EU) Nr. 648/2012 des Europäischen Parlaments und des Rates und zur Aufhebung der Richtlinie 2005/60/EG des Europäischen Parlaments und des Rates und der Richtlinie 2006/70/EG der Kommission (ABl. 2015 L 141, 73).

[77] S. BT-Drs. 18/11555. Vgl. auch das Gesetz zur Umsetzung der Änderungsrichtlinie zur Vierten EU-Geldwäscherichtlinie v. 12.12.2019 (BGBl. 2019 I 2602), das der Umsetzung der RL 2018/843/EU (ABl. 2018 L 156, 43) dient.

[78] Dürig/Herzog/Scholz/Herdegen GG Art. 25 Rn. 30 mwN; Herdegen VölkerR § 1 Rn. 4; Stichwort: Völkerrecht; Robbers Einführung Rn. 14.

[79] S. Herdegen VölkerR § 1 Rn. 15; Model/Creifelds Staatsbürger S. 122.

[80] Vgl. Muthorst Grundlagen § 13 Rn. 23; Wienbracke Methodenlehre Rn. 16. S. hierzu auch **Art. 38 Abs. 1 lit. a–c des Statuts des Internationalen Gerichtshofs**. Lit. d wird als Hilfsmittel zur Ermittlung von Völkerrechtsquellen verstanden (Rechtserkenntnisquelle), vgl. Herdegen VölkerR § 14 Rn. 2.

Diese Völkerrechtsquellen können auf unterschiedlichem Wege Relevanz im innerstaatlichen Recht entfalten.[81] Herausragende Vorschriften sind in diesem Zusammenhang **Art. 59 Abs. 2 GG** und **Art. 25 GG**. 31

Das Völkervertragsrecht ist innerstaatlich nicht unmittelbar als geltendes Recht zu behandeln.[82] Zwischen Staaten geschlossene **völkerrechtliche Verträge** erzeugen also regelmäßig keine unmittelbaren Rechte und Pflichten auf der Ebene des innerstaatlichen Rechts, diese entstehen erst durch innerstaatliche Akte der „Gesetzgebung“.[83] 32

Merke: Art. 59 Abs. 2 S. 1 GG verlangt daher etwa bei bestimmten völkerrechtlichen Verträgen ein formelles Bundesgesetz, das auch als **„Zustimmungs- oder Vertragsgesetz“** bezeichnet wird.[84]

Soweit im Falle des Art. 59 Abs. 2 S. 1 GG alle innerstaatlichen Erfordernisse und übrigen Anforderungen erfüllt sind, sollen entsprechende völkerrechtliche Verträge den Rang eines einfachen Bundesgesetzes einnehmen.[85]

Beispiele für völkerrechtliche Verträge:

- EMRK – Europäische Menschenrechtskonvention
  „Die Europäische Menschenrechtskonvention und ihre Zusatzprotokolle sind völkerrechtliche Verträge. Die Konvention überlässt es den Vertragsparteien, in welcher Weise sie ihrer Pflicht zur Beachtung der Vertragsvorschriften genügen. Der Bundesgesetzgeber hat den genannten Übereinkommen jeweils mit förmlichem Gesetz gemäß Art. 59 Abs. 2 GG zugestimmt ([86]). Damit hat er sie in das deutsche Recht transformiert und einen entsprechenden Rechtsanwendungsbefehl erteilt. Innerhalb der deutschen Rechtsordnung stehen die Europäische Menschenrechtskonvention und ihre Zusatzprotokolle – soweit sie für die Bundesrepublik Deutschland in Kraft getreten sind – im Range eines Bundesgesetzes (...). Diese Rangzuweisung führt dazu, dass deutsche Gerichte die Konvention wie anderes Gesetzesrecht des Bundes im Rahmen methodisch vertretbarer Auslegung zu beachten und anzuwenden haben.“[87]

[81] Zum Ganzen und (rechtstechnischen) Theorien Will JURA 2015, 1164 ff. Zudem Talmon JZ 2013, 12 ff.

[82] BVerfGE 111, 307 (318) = NJW 2004, 3407.

[83] Ipsen/Kaufhold/Wischmeyer StaatsR I § 21 Rn. 3 f.; Röhl/Röhl Rechtslehre S. 541; Wienbracke Methodenlehre Rn. 16 mwN. S. auch Holterhus/Mittwoch/El-Ghazi JuS 2018, 313 (314 f.). Zu völkerrechtlichen Verträgen auch Herdegen VölkerR § 15 Rn. 1 ff.

[84] BVerfG NVwZ 2007, 1039 (1040 f.); Dürig/Herzog/Scholz/Nettesheim GG Art. 59 Rn. 90; Schmahl JuS 2013, 961 (964); Will JURA 2015, 1164 (1171). Zu formellen Gesetzen → § 2 Rn. 38 ff.

[85] Vgl. BVerfGE 111, 307 (316 f.) = NJW 2004, 3407; Beaucamp/Beaucamp Methoden Rn. 394, 397 mwN; Detterbeck AllgVerwR Rn. 140 (auch zum Fall des Art. 32 III GG); Lepsius JuS 2018, 950 (952); Will JURA 2015, 1164 (1172 f.). Zur Normenhierarchie → § 2 Rn. 59 ff.

[86] „Gesetz über die Konvention zum Schutze der Menschenrechte und Grundfreiheiten vom 7. August 1952, BGBl II S. 685; die Konvention ist gemäß der Bekanntmachung vom 15. Dezember 1953, BGBl 1954 II S. 14 am 3. September 1953 für die Bundesrepublik Deutschland in Kraft getreten; Neubekanntmachung der Konvention in der Fassung des 11. Zusatzprotokolls in BGBl 2002 II S. 1054“.

[87] BVerfGE 111, 307 (316 f.) = NJW 2004, 3407. Im Rahmen des Art. 20 Abs. 3 GG sollen alle deutschen Staatsorgane (also auch die Verwaltung) gebunden sein, vgl. auch Holterhus/Mittwoch/El Ghazi JuS 2018, 313 (315); Wissenschaftliche Dienste des Bundestages, WD 2 – 3000 – 104/16, 13, 14 mwN. Zur Auslegung → § 9 Rn. 1 ff.

- Vertrag zwischen der BRD und dem Königreich der Niederlande über die grenzüberschreitende polizeiliche Zusammenarbeit und die Zusammenarbeit in strafrechtlichen Angelegenheiten v. 2.3.2005 (BGBl. 2006 II 194).
- Abkommen zwischen der BRD und Australien über Soziale Sicherheit v. 13.12.2000 (BGBl. 2002 II 2306).

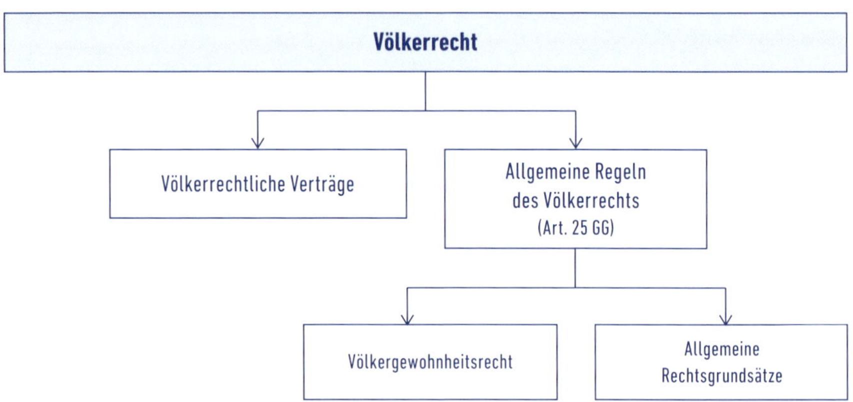

Abb. 5 Völkerrecht

!

Art. 25 GG

„Die allgemeinen Regeln des Völkerrechtes sind Bestandteil des Bundesrechtes. Sie gehen den Gesetzen vor und erzeugen Rechte und Pflichten unmittelbar für die Bewohner des Bundesgebietes."

33 Das **Völkergewohnheitsrecht** und die **allgemeinen Rechtsgrundsätze des Völkerrechts** finden als „**allgemeine Regeln des Völkerrechts**" hingegen über **Art. 25 GG** (ohne Umsetzungsakt) unmittelbar Eingang in die deutsche Rechtsordnung.[88]

34 Insoweit gehen sie als Bestandteil des Bundesrechts den formellen Bundesgesetzen vor und erzeugen Rechte und Pflichten unmittelbar.[89]

Beispiele für allgemeine Regeln des Völkerrechts (Art. 25 GG):

- **Völkergewohnheitsrecht**: Verbot von Folter und Sklaverei[90]; Voraussetzungen für die Staatsqualität, die Anerkennung eines Staates, die Grundinhalte der territorialen Souveränität[91]; Staatenimmunität[92]

88 Vgl. BVerfGE 6, 309 (363) = NJW 1957, 705; BVerfGE 31, 145 (177 f.) = NJW 1971, 2122; BVerfGE 96, 68 (86) = NJW 1998, 50; Detterbeck AllgVerwR Rn. 138 f.; Muthorst Grundlagen § 13 Rn. 22; Schmahl JuS 2013, 961 (963); Talmon JZ 2013, 12.

89 Hierzu BVerfGE 6, 309 (363) = NJW 1957, 705 und im Einzelnen Dürig/Herzog/Scholz/Herdegen GG Art. 25 Rn. 82 ff. sowie Will JURA 2015, 1164 (1170). Zur Normenhierarchie → § 2 Rn. 59 ff.

90 Dürig/Herzog/Scholz/Herdegen GG Art. 25 Rn. 32.

91 Herdegen VölkerR § 16 Rn. 1.

92 BVerfGE 92, 277 (321) = NJW 1995, 1811.

- **Allgemeine Rechtsgrundsätze des Völkerrechts** (als Grundsätze, die sich in fast allen nationalen Rechtsordnungen finden und die deshalb auf das Völkerrecht übertragen werden können[93]): Haftung für Rechtsverletzungen mit der Pflicht zum Ausgleich des entstandenen Schadens; Prinzip von Treu und Glauben; Bindungswirkung rechtskräftiger gerichtlicher Entscheidungen; Gebot des rechtlichen Gehörs für Streitparteien.[94]

III. Wesentliche Rechtsquellen des innerstaatlichen Rechts

1. Verfassungen des Bundes und der Länder

Für die innerstaatliche Rechtsordnung fundamental sind zunächst die Verfassungen – also 35

- das **Grundgesetz** für die BRD und
- die **Landesverfassungen** der Bundesländer.

Verfassungen enthalten (als formelle Gesetze) alle grundlegenden Regeln für 36

- das Funktionieren und die Organisation des Staates,
- die Werte und Ziele des Staates und
- das Verhältnis der Bürger zu ihrem Staat und umgekehrt.[95]

Sie stellen also **herausragende Grundordnungen** dar, an denen sich die Setzung, Anwendung und Auslegung des ihnen nachgeordneten Rechts zu orientieren hat.[96] 37

2. Formelle Gesetze

Formelle Gesetze sind nur solche Hoheitsakte, die vom Bundestag oder einem Landesparlament als Urheber in dem durch die Verfassung vorgesehenen (förmlichen) Gesetzgebungsverfahren als Gesetz erlassen wurden (**Parlamentsgesetze**).[97] Zu beachten ist, dass trotz der Bezeichnung „Ordnung“ zB die Zivilprozess*ordnung*, die Strafprozess*ordnung*, die Abgaben*ordnung* oder die Verwaltungsgerichts*ordnung* formelle Gesetze und nicht etwa Rechtsverordnungen sind (zu diesen sogleich, → § 2 Rn. 44 ff.). 38

[93] Beaucamp/Beaucamp Methoden Rn. 396.

[94] Herdegen VölkerR § 17 Rn. 2 ff. mwN.

[95] Haase/Keller Grundlagen Rn. 847 ff.; Ipsen/Kaufhold/Wischmeyer StaatsR I § 15 Rn. 5 ff.; Schwacke Methodik S. 11. Vgl. auch Kühl/Reichold/Ronellenfitsch Rechtswissenschaft § 21 Rn. 19 („Bund und Länder verfügen über Verfassungshoheit. Ihre Verfassungsräume stehen nebeneinander.“). Vgl. auch → § 2 Rn. 82 ff.

[96] Vgl. etwa Beaucamp/Beaucamp Methoden Rn. 405 mwN. S. insoweit Art. 1 Abs. 3 GG, Art. 20 Abs. 3 GG und Art. 28 GG, daneben BVerfG NJW 2017, 2249 ff. zur Unvereinbarkeit des Kernbrennstoffsteuergesetzes mit dem Grundgesetz. Zur Verfassungswidrigkeit des Verbots der geschäftsmäßigen Förderung der Selbsttötung BVerfG NJW 2020, 905. Zur verfassungsgeschichtlichen Entwicklung s. Bartmeier/Holzberg/Nibbeling/Smoydzin StaatsR Kap. 2 Rn. 1 ff. Zum Begriff der Auslegung → § 9 Rn. 1 ff., zur Normenhierarchie → § 2 Rn. 59 ff.

[97] BVerfGE 18, 389 (391) = BeckRS 1965, 470; Beaucamp/Beaucamp Methoden Rn. 406, 408; Robbers Einführung Rn. 16; Röhl/Röhl Rechtslehre S. 545; Sauerland AllgVerwR § 2 Rn. 3 f.; Wienbracke Methodenlehre Rn. 12. Zum Gesetzgebungsverfahren des Bundes (Art. 76 ff. GG) s. etwa Albrecht/Küchenhoff StaatsR Rn. 310 ff. Zum Begriff des Gesetzes insgesamt Maurer StaatsR I § 17 Rn. 3 ff.

Beispiele für formelle Bundesgesetze:
- Grundgesetz für die BRD (GG)
- Strafgesetzbuch (StGB) als Gesetzes- bzw. Regelwerk und § 263 StGB (Betrug) als dessen Bestandteil
- Bürgerliches Gesetzbuch (BGB) und § 833 BGB (Haftung des Tierhalters)
- Verwaltungsverfahrensgesetz (VwVfG) und § 28 VwVfG (Anhörung Beteiligter)
- Abgabenordnung (AO) und § 370 AO (Steuerhinterziehung)

Beispiele für formelle Landesgesetze:
- Polizeigesetz des Landes NRW
- Hessische Bauordnung
- Gemeindeordnung für den Freistaat Bayern

Merke: Formelle Gesetze (auch „Gesetze im formellen Sinne" oder „Gesetze im engeren Sinne") treten in aller Regel als **„einfache" (formelle) Gesetze**, vereinzelt aber auch als (von den einfachen Gesetzen gerade zu unterscheidende) „verfassungsändernde" (formelle) Gesetze in Erscheinung.[98]

39 Ausschlaggebend für die Qualifizierung eines Hoheitsaktes als *formelles Gesetz* ist demnach allein dessen äußere Form und das Verfahren des Zustandekommens (nicht der Inhalt der hoheitlichen Regelung).[99]

40 Der Begriff des *Gesetzes* ist doppeldeutig: Vom formellen Gesetz wird das **materielle Gesetz** (auch „Gesetz im materiellen Sinne" oder „Gesetz im weiteren Sinne") unterscheiden.

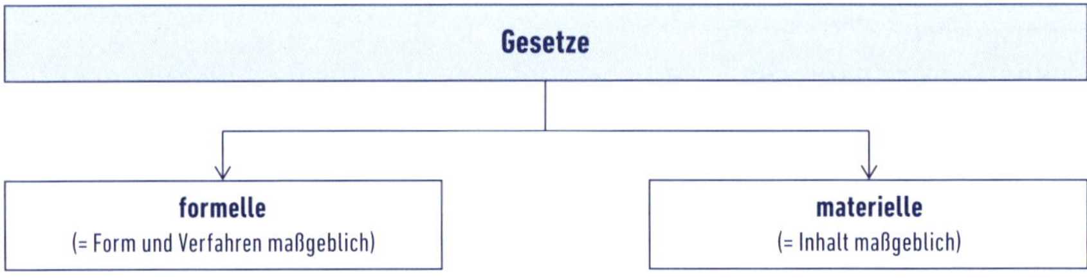

Abb. 6 Gesetze im formellen und im materiellen Sinne

41 Ein Gesetz im materiellen Sinne ist **jede abstrakt-generelle Regelung** eines Trägers hoheitlicher Gewalt, die Rechte und Pflichten für den Bürger und sonstige Rechtsunterworfene begründet, ändert oder aufhebt.[100]

98 Kock/Stüwe ÖffR/Kock Rn. 17; Schwacke Methodik S. 11; Wienbracke Methodenlehre Rn. 39. Vgl. Art. 79 GG zu verfassungsändernden Gesetzen.

99 Sauerland AllgVerwR § 2 Rn. 4.

100 Detterbeck AllgVerwR Rn. 89; Haase/Keller Grundlagen Rn. 21; Kock/Stüwe ÖffR/Kock Rn. 18; Sauerland AllgVerwR § 2 Rn. 4; Schwacke Methodik S. 10; Wienbracke Methodenlehre Rn. 12. S. auch Albrecht/Küchenhoff StaatsR Rn. 26 ff. und zum Begriff „abstrakt-generell" → § 2 Rn. 11.

Merke: Damit sind formelle Gesetze, da sie diese Voraussetzungen grundsätzlich erfüllen, in aller Regel zugleich auch materielle Gesetze.

Entsteht eine solche Regelung aber nicht in dem von der Verfassung vorgesehenen parlamentarischen Gesetzgebungsverfahren, wird auch von einem *nur* materiellen Gesetz gesprochen.[101] 42

Beispiele:

- ***Nur* materielle Gesetze:** (in der Regel[102]) Rechtsverordnungen und Satzungen.
- **Formelle Gesetze, die zugleich auch materielle Gesetze sind (Regelfall):** Beispiele zu den formellen Gesetzen in → § 2 Rn. 38, da die dort genannten Gesetze und somit die in ihnen enthaltenen einzelnen Vorschriften im förmlichen Gesetzgebungsverfahren zustande gekommen und zudem allgemeinverbindliche abstrakt-generelle Regelungen sind.
- ***Nur* formelle Gesetze (Ausnahme):** Da sie nicht unmittelbar gegenüber dem Bürger wirken, zB grundsätzlich Zustimmungsgesetze zu völkerrechtlichen Verträgen (Art. 59 Abs. 2 GG)[103] und Haushaltsgesetze des Bundes (Art. 110 Abs. 2 GG).[104]

Soweit etwa eine Rechtsvorschrift also das Wort „Gesetz“ verwendet, muss stets genau ermittelt werden, ob *formelle* oder auch *materielle* Gesetze gemeint sind. 43

Beispiele:

- § 4 AO: „Gesetz ist jede Rechtsnorm“ = formelle und materielle Gesetze erfasst.[105]
- Art. 100 Abs. 1 S. 1 GG: „Hält ein Gericht ein Gesetz (...) für verfassungswidrig...“ = nur formelle Gesetze erfasst.[106]

Artikelgesetze

Artikelgesetz nennt man in der Gesetzgebungspraxis ein (formelles) Gesetz, das mehrere (formelle) Gesetze **ändert** und bei dem zur besseren Übersichtlichkeit sämtliche jeweils ein bestimmtes (formelles) Gesetz ändernden Vorschriften in einem Artikel zusammengefasst sind.[107]

101 Vgl. Schwacke Methodik S. 10 f.

102 Es gibt sowohl Rechtsverordnungen als auch Satzungen, die keine materiellen Gesetze sind („Rechtsverordnungen bzw. Satzungen im „nur“ formellen Sinne“), → § 2 Rn. 40 und 50 und Detterbeck AllgVerwR Rn. 91 und 96; Maurer/Waldhoff AllgVerwR § 4 Rn. 20.

103 Vgl. Maurer StaatsR I § 17 Rn. 11; v. Münch/Kunig/Starski GG, 7. Aufl. 2021, Art. 59 Rn. 89.

104 Haase/Keller Grundlagen Rn. 21; Kock/Stüwe ÖffR/Kock Rn. 19; Sauerland AllgVerwR § 2 Rn. 6; Wienbracke Methodenlehre Rn. 14.

105 Koenig/Koenig, Abgabenordnung, 4. Aufl. 2021, AO § 4 Rn. 1 f. S. auch die ähnlichen Art. 2 EGBGB, § 12 EGZPO und § 7 EGStPO.

106 BVerfG NVwZ 2006, 322 (323).

107 Weber, Rechtswörterbuch, 24. Ed. 2022, Stichwort Artikelgesetz. Für ein Beispiel → § 2 Rn. 27 und Rn. 72.

3. Rechtsverordnungen

Merke: Rechtsverordnungen sind in der Regel materielle Gesetze[108], welche die Exekutive auf der Grundlage einer durch ein formelles Gesetz erteilten Ermächtigung erlässt.

44 Rechtsverordnungen bzw. ihre einzelnen Rechtsvorschriften sind ebenfalls zu beachtendes Recht. Sie sind ebenso verbindlich wie formelle Gesetze, unterscheiden sich von diesen aber vor allem durch die erlassende Stelle.[109]

45 Erlassen werden Rechtsverordnungen nämlich durch die **vollziehende Gewalt** (= Exekutive), aufgrund einer **parlamentsgesetzlichen Ermächtigung**.[110]

46 Zwar obliegt den Parlamenten grundsätzlich die Setzung von Rechtsvorschriften, jedoch gestattet und lenkt das Grundgesetz die partielle Übertragung der Normsetzungsbefugnis auf Exekutivorgane.[111] Maßgebende Vorschrift für die Verordnungsgebung aufgrund einer bundesgesetzlichen Ermächtigung ist **Art. 80 GG**.[112]

Beispiele für Verordnungsermächtigungen in formellen Bundesgesetzen:

- § 6 Abs. 1 StVG ermächtigt als formelles Gesetz das Bundesministerium für Verkehr und digitale Infrastruktur zum Erlass von Rechtsverordnungen zB über die Zulassung von Personen und Fahrzeugen zum Straßenverkehr.
- Das Bundesministerium des Innern wird durch § 99 Abs. 1 Nr. 1 AufenthG (formelles Gesetz) ermächtigt, durch Rechtsverordnung zur Erleichterung des Aufenthalts von Ausländern Befreiungen vom Erfordernis des Aufenthaltstitels vorzusehen.

Merke: Rechtsverordnungen existieren auf **Bundes- und Landesebene**.

108 Keine materiellen Gesetze sind zB Eingemeindungsbeschlüsse, die ausdrücklich als Rechtsverordnung ergehen.

109 Detterbeck AllgVerwR Rn. 90; Maurer StaatsR I § 17 Rn. 136; Rüthers/Fischer/Birk Rechtstheorie Rn. 226. Zum verschiedenen Begriffsansätzen s. Dürig/Herzog/Scholz/Remmert GG Art. 80 Rn. 28 ff.

110 Ipsen/Kaufhold/Wischmeyer StaatsR I § 15 Rn. 12; Kingreen/Poscher POR § 23 Rn. 1 f. S. auch Maurer StaatsR I § 17 Rn. 13. Zum Ganzen Hollo JURA 2022, 42 ff.

111 Rüthers/Fischer/Birk Rechtstheorie Rn. 226, 228; Voßkuhle/Wischmeyer JuS 2015, 311. Wesentliche (= insbesondere grundrechtsrelevante) Entscheidungen (dürfen aber nicht durch Rechtsverordnung, sondern) müssen durch Parlamentsgesetz geregelt werden, vgl. BVerfG NVwZ 2014, 1219 (1225); BVerfGE 49, 89 (126 f.) = NJW 1979, 359; BVerfGE 108, 282 (311 ff.) = NJW 2003, 3111; BVerfGE 111, 191 (216 ff.) = NJW 2005, 45.

112 Nach Art. 80 Abs. 1 S. 1 GG können die **Bundesregierung**, ein **Bundesminister** oder die **Landesregierungen** durch Gesetz ermächtigt werden, Rechtsverordnungen zu erlassen. Zum Ganzen Hollo JURA 2022, 42 ff.; Voßkuhle/Wischmeyer JuS 2015, 311 ff. und zu Rechtsverordnungen auf Landesebene Ipsen/Kaufhold/Wischmeyer StaatsR I § 15 Rn. 18 mwN sowie BVerfGE 58, 257 (277) = NJW 1982, 921. S. zB auch Art. 70 NRW Verf.

Praktisch sind Rechtsverordnungen ebenso bedeutsam wie formelle Gesetze, da sie letztgenannte inhaltlich ergänzen sollen, womit sie diese entlasten.[113] Für die Rechtsanwendung sind sie daher äußerst wichtig und jedenfalls auf Bundesebene zahlreicher als formelle Gesetze.[114] Gegenüber formellen Gesetzen haben sie gerade den Vorteil, schneller erlassen, geändert oder aufgehoben werden zu können und somit dynamischer, flexibler und nicht so statisch bei akutem Handlungsbedarf zu sein. 47

Beispiele für Rechtsverordnungen des Bundes:

- Straßenverkehrs-Ordnung (StVO)
- Aufenthaltsverordnung (AufenthV)
- Außenwirtschaftsverordnung (AWV)
- Zollverordnung (ZollV)
- Verordnung zur Durchführung des Biersteuergesetzes (Biersteuerverordnung - BierStV)

Trenne innerstaatliche Rechtsverordnung und EU-Verordnung

Die innerstaatliche Rechtsverordnung darf keinesfalls mit der oben angesprochenen EU-Verordnung verwechselt werden.

4. Satzungen

Satzungen „sind Rechtsvorschriften, die von einer dem Staat nachgeordneten juristischen Person des öffentlichen Rechts im Rahmen der ihr gesetzlich verliehenen Autonomie mit Wirksamkeit für die ihr angehörigen und unterworfenen Personen erlassen werden."[115] Trotz des in dieser Definition des BVerfG umfassender verwendeten Begriffs der *Rechtsvorschrift*, enthalten Satzungen im engeren Sinne natürlich ebenfalls einzelne Normen im Sinne von Rechtsvorschriften (etwa Paragrafen). 48

Anders ausgedrückt dürfen nicht nur Bund und Länder als Träger originärer Hoheitsgewalt, sondern auch **Träger abgeleiteter hoheitlicher Staatsgewalt** Recht setzen, soweit sie hierzu durch ein **formelles Gesetz** (Verfassung oder einfachgesetzliche Regelung) ermächtigt werden.[116] Satzungen werden letztlich für ihren jeweiligen begrenzten Bereich erlassen von eigenständigen – aber in das 49

[113] S. Beaucamp/Beaucamp Methoden Rn. 411 f. mwN.

[114] Vgl. Ipsen/Kaufhold/Wischmeyer StaatsR I § 15 Rn. 12, die unter Verweis auf Zahlen des Statistischen Bundesamtes ausführen, bis zum Jahre 2010 seien 7.003 Bundesgesetze und 21.416 Rechtsverordnungen des Bundes erfasst worden.

[115] BVerfGE 33, 125 (156) = NJW 1972, 1504. Zu juristischen Personen (des öffentlichen Rechts) → § 4 Rn. 19 ff. Angesprochen sind hier **öffentlich-rechtliche Satzungen**, die von den **Satzungen der privatrechtlichen Verbände** unterschieden werden müssen (zB Vereinssatzungen).

[116] Vgl. Detterbeck AllgVerwR Rn. 846 ff.; Sauerland AllgVerwR § 2 Rn. 8 sowie BVerfGE 33, 125 (156). Die Befugnis zum Erlass von Satzungen beruht letztlich also auf staatlicher Delegation, vgl. Maurer/Waldhoff AllgVerwR § 4 Rn. 26; BVerfGE 32, 346 (361) beschreibt dies so: „Es wird also durch Gesetze, die zum Erlass von Satzungen ermächtigen, die Rechtsetzungsbefugnis innerhalb der Legislative nur auf andere demokratische Gremien und nicht auf die Exekutive verlagert". Zum Begriff des formellen sowie einfachen Gesetzes" → § 2 Rn. 38.

Staatsgefüge eingegliederten – Organisationen, die sich **selbst verwalten**, also ihre **eigenen Angelegenheiten** eigenverantwortlich regeln dürfen.[117]

50 Ein zentrales Beispiel für die Selbstverwaltung durch Satzungen bieten **Gemeinden**, deren kommunale Selbstverwaltungsgarantie bereits im Grundgesetz verankert ist. **Art. 28 Abs. 2 GG** wird insoweit als „allgemeine Satzungsermächtigung" verstanden.[118] Haben Regelungen in gemeindlichen Satzungen belastenden Charakter bzw. ist mit dem Erlass einer Satzung insbesondere ein Eingriff in die Rechte des Bürgers verbunden oder eine wesentliche grundrechtsrelevante Angelegenheit betroffen, ist indes eine besondere formell gesetzliche Ermächtigungsgrundlage neben der Selbstverwaltungsgarantie des Art. 28 Abs. 2 GG erforderlich.[119]

Beispiele für Gemeindesatzungen:

- Bebauungspläne (vgl. § 10 BauGB)
- Gebührensatzungen
- Baumsatzungen

! **Merke:** Auch Satzungen sind in der Regel materielle Gesetze (müssen es aber nicht sein, zB ist die gemeindliche Haushaltssatzung kein materielles Gesetz).

51 Außerdem als Satzungsgeber in Erscheinung treten zB (staatliche) **Universitäten**, die in bestimmtem Umfang kraft der ihnen formell gesetzlich verliehenen allgemeinen Satzungsautonomie/Satzungsbefugnis bzw. aufgrund spezieller Ermächtigungsgrundlagen (etwa in den Hochschulgesetzen) Regelungen in Form von Satzungen erlassen dürfen.[120]

52 Unbedingt zu beachten ist, dass der **Geltungsbereich von Satzungen** (zB kleiner räumlicher Bereich bei Gemeinden oder personeller Bereich bei Hochschulen)

[117] Detterbeck AllgVerwR Rn. 97; Kock/Stüwe ÖffR/Kock Rn. 21; Sauerland AllgVerwR § 2 Rn. 8 f. Auch Ärztekammern, Industrie- und Handelskammern, Handwerkskammern sind beispielsweise solche Organisationen.

[118] VGH Kassel BeckRS 2021, 44300; VGH München BeckRS 2009, 35038 Rn. 27; Detterbeck AllgVerwR Rn. 846 f.; Dürig/Herzog/Scholz/Mehde GG Art. 28 Abs. 2 Rn. 63; Gassner, Kompendium Verwaltungsrecht, 2. Aufl. 2019, Rn. 842 ff.; Gern/Brüning, Deutsches Kommunalrecht, 4. Aufl. 2019, Rn. 825. S. auch BVerfGE 12, 319 (325); 32, 346 (361).

[119] BVerwG NVwZ 2014, 527; BGH NJW 1973, 1741 (1743); VGH München BeckRS 2009, 35038 Rn. 26 ff.; VG Augsburg BeckRS 2020, 1688 Rn. 24; BeckOK KommunalR Hessen/Dünchheim, 18. Ed. 1.2.2022, HGO § 5 Rn. 2; Detterbeck AllgVerwR Rn. 846 f.; Dürig/Herzog/Scholz/Mehde GG Art. 28 Abs. 2 Rn. 64; Gassner, Kompendium Verwaltungsrecht, 2. Aufl. 2019, Rn. 842 ff.; Mauerer/Waldhoff AllgVerwR § 4 Rn. 27. Zu Grundrechten → § 2 Rn. 84 und zu Ermächtigungsgrundlagen → § 2 Rn. 38 ff.

[120] Vgl. VGH München BeckRS 2012, 53507; VG Karlsruhe BeckRS 2019, 28862; Detterbeck AllgVerwR Rn. 94 ff.; 846 f.; Gassner, Kompendium Verwaltungsrecht, 2. Aufl. 2019, Rn. 842 ff.; Mauerer/Waldhoff AllgVerwR § 4 Rn. 24.

im Gegensatz zu dem von Rechtsverordnungen (bundes- oder landesweit) beschränkt ist.[121]

Merke: Satzungen werden nicht nur auf Landes-, sondern auch von Selbstverwaltungsträgern auf **Bundesebene** geschaffen (zB Satzung der DRV Bund).

5. Gewohnheitsrecht

Wie oben bereits angedeutet, kann geltendes innerstaatliches Recht auch vereinzelt dem **ungeschriebenen** Gewohnheitsrecht entspringen (→ § 1 Rn. 10). 53

Beispiele für Gewohnheitsrecht:

- Rechtsinstitut der unvordenklichen Verjährung: Der Grundsatz der unvordenklichen Verjährung besagt, dass die Öffentlichkeit eines alten Weges dann angenommen werden kann, wenn er seit Menschengedenken (ca. 80 Jahre) unter stillschweigender Duldung des nicht wegebau- oder unterhaltungspflichtigen Privateigentümers in der Überzeugung der Rechtmäßigkeit als öffentlicher Weg genutzt worden ist.[122]
- Nach § 346 HGB ist unter Kaufleuten auf die im Handelsverkehr geltenden Gewohnheiten und Gebräuche Rücksicht zu nehmen.[123]
- Rechtfertigende Einwilligung (zB Zustimmung des Inhabers einer Sache zu deren Zerstörung, weshalb die Zerstörung kein von der Rechtsordnung missbilligtes Unrecht darstellt).[124]

Als Kriterien für die **Entstehung von Gewohnheitsrecht** sollen zwei Bedingungen maßgeblich sein: 54

- Regel muss seit langer Zeit allgemein befolgt werden (**objektive Bedingung**)
- Beteiligte müssen davon überzeugt sein, an diese Übung rechtlich gebunden zu sein (**subjektive Bedingung**).[125]

Zu beachten ist, dass sanktionsbegründendes, also täterbelastendes Gewohnheitsrecht im **Strafrecht** verboten ist, dh es kann nur aufgrund einer geschriebenen Rechtsnorm sanktioniert werden.[126] 55

[121] BVerfGE 33, 125 (157 f.) = NJW 1972, 1504; BVerwG NVwZ 2010, 1435 Rn. 21 f.; VGH Kassel BeckRS 2021, 44300; Beaucamp/Beaucamp Methoden Rn. 416; Gern/Brüning, Deutsches Kommunalrecht, 4. Aufl. 2019, Rn. 825; Maurer/Waldhoff AllgVerwR § 4 Rn. 27; Rüthers/Fischer/Birk Rechtstheorie Rn. 228. S. zum Geltungsbereich rechtlicher Regelungen auch → § 2 Rn. 71 ff.

[122] OLG Hamm NJOZ 2018, 654 ff. mwN.

[123] Zur Ermittlung der Handelsbräuche BGH NJW 1994, 659 ff.; 2001, 2464 ff.

[124] Rengier StrafR AT § 23 Rn. 1 mwN; BGH NStZ 2004, 204 (205).

[125] Vgl. BVerfGE 22, 114 (121) = NJW 1967, 2051; BVerfGE 61, 149 (203) = NJW 1983, 25; Beaucamp/Beaucamp Methoden Rn. 423; Kohler-Gehrig Einführung S. 20; Krebs/Becker JuS 2013, 97 (98) jeweils mwN. S. auch BGH BeckRS 2020, 4032 Rn. 8 mwN.

[126] Zu dem aus Art. 103 Abs. 2 GG abgeleiteten Gesetzlichkeitsprinzip vgl. Rengier StrafR AT § 4 Rn. 9 ff.; Roxin/Greco StrafR AT I § 5 Rn. 1 ff. Zum Strafrecht → § 2 Rn. 96 ff.

Richterrecht

Im Kontext des unterschiedlich verwendeten Begriffs des „Richterrechts“ werden insbesondere

- rechtsfortbildende Entscheidungen der Gerichte (etwa beim „Füllen“ von Gesetzeslücken) und
- ständige Rechtsprechungslinien hoher Gerichte als mögliches Gewohnheitsrecht

genannt.[127]

Richterliche Entscheidungen betreffen immer nur den konkret zu entscheidenden Rechtsfall und binden in der Regel nur die **Parteien dieses Einzelfalles**.[128] Der Begriff „Richterrecht“ darf nicht den Blick davor verschließen, dass Gerichte im Lichte der Gewaltenteilung zum „sprechen, nicht zum setzen von Recht“ berufen sein sollen.[129] So führt das BVerfG aus: „Höchstrichterliche **Urteile sind kein Gesetzesrecht und erzeugen keine damit vergleichbare Rechtsbindung**“.[130]

In der Rechtsanwendung spielen Gerichtsentscheidungen – insbesondere der höchsten Gerichte (→ § 3 Rn. 19 ff.) – aufgrund der ihnen **innewohnenden Autorität** aber eine erhebliche Rolle. Entscheidungen höchster Gerichte kommt eine **Leitfunktion** zu, weshalb sich jedenfalls bereits untergeordnete Gerichte zur Auflösung und der übrige Rechtsverkehr zur Vermeidung von Rechtsstreitigkeiten (und Kosten) regelmäßig daran orientieren.[131] Es besteht aber keine Verpflichtung der untergeordneten Gerichte, sich an die ständige Rechtsprechung der höheren Gerichte zu halten.[132] Grundsatzentscheidungen sollen zwar eine Rechtserkenntnisquelle bilden, aber keine Normen begründen.[133]

6. Verwaltungsvorschriften

56 Verwaltungsvorschriften sind Regelungen, „die für eine abstrakte Vielheit von Sachverhalten des Verwaltungsgeschehens verbindliche Aussagen treffen, ohne auf eine unmittelbare Rechtswirkung nach außen gerichtet zu sein.“[134]

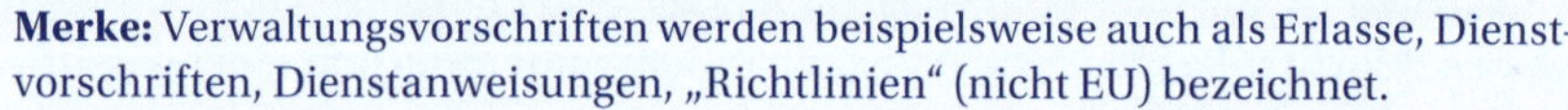

Merke: Verwaltungsvorschriften werden beispielsweise auch als Erlasse, Dienstvorschriften, Dienstanweisungen, „Richtlinien“ (nicht EU) bezeichnet.

[127] BGH NJW 1994, 1663 (1669 f.); Detterbeck AllgVerwR Rn. 112 ff.; Horn Einführung Rn. 28 ff., 188 ff.; Rüthers/Fischer/Birk Rechtstheorie Rn. 235 ff.; Schwacke Methodik S. 13. Zum Ganzen Beaucamp/Beaucamp Methoden Rn. 283 ff. und 431 ff.; Herresthal/Weiß Fälle Methodenlehre Rn. 71 ff.; → § 10 Rn. 7 ff. sowie → § 3 Rn. 12 ff. Zu **„Allgemeinen Rechtsgrundsätzen“** → § 5 Rn. 72 ff.

[128] Kohler-Gehrig Einführung S. 21. Nach **§ 31 BVerfGG** binden aber die Entscheidungen des Bundesverfassungsgerichts die Verfassungsorgane des Bundes und der Länder sowie alle Gerichte und Behörden (vgl. etwa BVerfG NJW 2022, 1083) und haben in bestimmten Fällen sogar Gesetzeskraft (s. zB BGBl. 2020 I 525 zu § 217 StGB). S. auch **§ 47 Abs. 5 VwGO**.

[129] BAG NJW 1980, 1642 (646); Albrecht/Küchenhoff StaatsR Rn. 32; Haase/Keller Grundlagen Rn. 35; Kock/Stüwe ÖffR/Kock Rn. 22; Kohler-Gehrig Einführung S. 21; Wienbracke Methodenlehre Rn. 20 mwN.

[130] BVerfGE 84, 212 (227) = NJW 1991, 2549 mwN.

[131] Haase/Keller Grundlagen Rn. 35; Kohler/Gehrig Einführung S. 21.

[132] BVerfG NJW 1991, 417 (418).

[133] BAG NJW 1980, 1642 (1646).

[134] BVerfGE 100, 249 (258) = BeckRS 1999, 30049364. Zu den unterschiedlichen Erscheinungsformen von Verwaltungsvorschriften vgl. Detterbeck AllgVerwR Rn. 852 ff. und auch Rn. 100 ff.

Mit anderen Worten sind Verwaltungsvorschriften Anweisungen der Verwaltungsspitze (in der unmittelbaren oder mittelbaren Staatsverwaltung[135]) an die Mitarbeiter, also Handlungsanweisungen für den **verwaltungsinternen Gebrauch**.[136] Dem Bürger gegenüber entfalten sie grundsätzlich keine unmittelbare (Außen-)Wirkung.[137] 57

Sie zeichnen sich also insbesondere dadurch aus, dass sie als **reines Innenrecht** in ihrer Wirkung grundsätzlich nur auf den verwaltungsinternen Bereich beschränkt und daher nur dort (und nicht außerhalb) zur Rechtsfindung relevant sind.[138] Ob Verwaltungsvorschriften daher nicht zu den eigentlichen Rechtsquellen gezählt werden können, kann hier dahinstehen, da sie jedenfalls verbindliche Grundlage für die Rechtsanwendung der Verwaltung und deren Handeln sind.[139] 58

Beispiele für Verwaltungsvorschriften:
- Dienstvorschrift Finanzkontrolle Schwarzarbeit (DV FKS)
- Dienstvorschrift für das Straf- und Bußgeldverfahren (Aufgabenwahrnehmung und Organisation) – StraBuDV
- Allgemeine Verwaltungsvorschrift zum AufenthG (auf Basis des Art. 84 Abs. 2 GG – Die Ermächtigung der Bundesregierung in Art. 84 Abs. 2 GG soll die Funktion haben, dem Bund ein Instrument zur Sicherstellung einer einheitlichen Ausführung der Bundesgesetze durch die Länder an die Hand zu geben[140]).

IV. Rangverhältnis der Rechtskreise und innerstaatlichen Rechtsquellen

1. Normenhierarchie

Die Rechtskreise und Rechtsquellen stehen in einem bestimmten **hierarchischen Rangverhältnis** zueinander, das häufig anhand einer „Normenpyramide" verdeutlicht wird.[141] 59

135 Zur Differenzierung von unmittelbarer und mittelbarer Staatsverwaltung s. Kock/Stüwe ÖffR/Stüwe Rn. 1059 ff.

136 S. Beaucamp/Beaucamp Methoden Rn. 426 ff.; Detterbeck AllgVerwR Rn. 852 ff.; Kock/Stüwe ÖffR/Kock Rn. 26.

137 Zu Einzelheiten und Ausnahmen Detterbeck AllgVerwR Rn. 867 ff. auch zu Fragen der mittelbaren Außenwirkung. S. auch BVerfG NVwZ 2011, 1062 ff. und BVerwG NVwZ 2005, 602 ff.

138 Vgl. Detterbeck AllgVerwR Rn. 853 f.; Sauerland AllgVerwR § 2 Rn. 11 f. mwN.

139 Hierzu Detterbeck AllgVerwR Rn. 104; Maurer/Waldhoff AllgVerwR § 4 Rn. 43 und § 24 Rn. 2 ff. S. auch → § 2 Rn. 64. Vgl. ferner BVerwG NVwZ 2021, 1611.

140 BVerfGE 11, 6 (18) = NJW 1960, 907.

141 Zur Lehre vom „Stufenbau der Rechtsordnung" als Grundlage vgl. Lepsius JuS 2018, 950 ff.; Robbers Einführung Rn. 23 ff.; Rüthers/Fischer/Birk Rechtstheorie Rn. 272 ff.; Muthorst Grundlagen § 13 Rn. 45 ff., auch zur Kritik am Pyramidenmodell (Rn. 48); Wienbracke Methodenlehre Rn. 36 mwN. Kritisch auch Ipsen/Kaufhold/Wischmeyer StaatsR I § 15 Rn. 3.

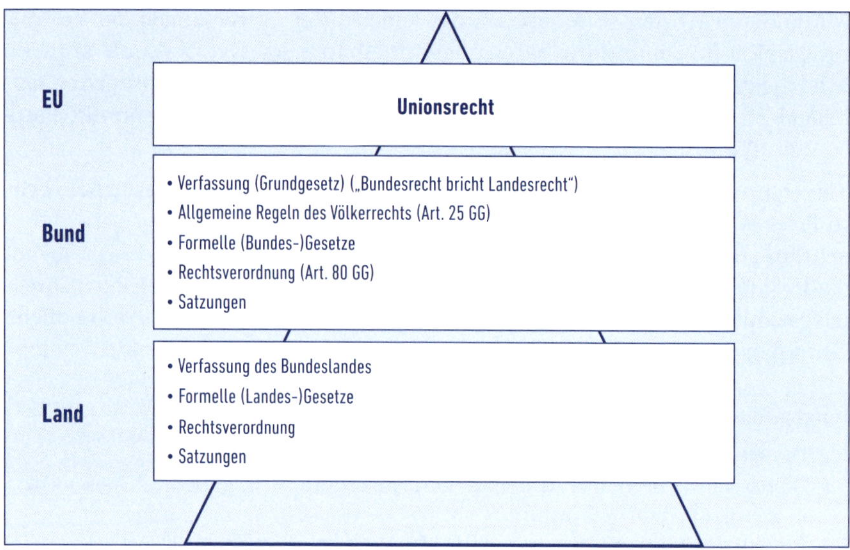

Abb. 7 Normenhierarchie

60 Betrachtet man die vorstehende Abbildung, ergibt sich folgendes Bild:

Einerseits befinden sich die Rechtsebenen (EU, Bund, Land) in einer

- **äußeren hierarchischen Ordnung** (Rangordnung „von oben nach unten"),
- andererseits herrscht innerhalb dieser einzelnen Rechtsebenen eine **Binnenhierarchie** (ebenfalls Rangordnung „von oben nach unten", aber innerhalb der jeweiligen Ebene).[142]

61 Das Unionsrecht hat in der **äußeren hierarchischen Ordnung** als Element einer eigenständigen Rechtsordnung Vorrang gegenüber dem gesamten innerstaatlichen Recht.[143]

62 In der äußeren hierarchischen Ordnung steht zudem im innerstaatlichen Recht das gesamte Bundesrecht über dem gesamten Landesrecht.[144]

! **Merke:** Art. 31 GG „Bundesrecht bricht Landesrecht"

63 Die **Binnenhierarchie** auf Bundes- und Landesebene ist jeweils ganz ähnlich als Rangordnung gestaltet.

Beispiele für Rangordnung:

- Ein formelles Bundesgesetz steht (mit seinen einzelnen Rechtsvorschriften) als Bestandteil der Rechtsebene „Bund" im Rang über der gesamten Rechtsebene „Land" (äußere hierarchische Ordnung)

142 Vgl. auch Kock/Stüwe ÖffR/Kock Rn. 27 ff.

143 BVerfGE 129, 78 (99 f.) = NJW 2011, 3428. Wienbracke Methodenlehre Rn. 45 ff. mwN, insbesondere zur Binnenhierarchie des Unionsrechts. Zum **Anwendungsvorrang** des Unionsrechts gegenüber dem innerstaatlichen Recht → § 2 Rn. 69.

144 Beachte aber auch Art. 72 Abs. 3 S. 3 GG und Art. 142 GG.

- Die allgemeinen Regeln des **Völkerrechts**[145] sollen in der Binnenhierarchie der Ebene „Bund“ den formellen Bundesgesetzen vorgehen
- Einem formellen Landesgesetz (mit seinen Rechtsvorschriften) sind innerhalb der Rechtsebene „Land“ die Satzungen (mit ihren Rechtsvorschriften) nachrangig (Binnenhierarchie)

Auf einer Stufe der Normenhierarchie befinden sich innerstaatliche Rechtsvorschriften, die innerhalb der Rechtsebene Bund oder Land der gleichen Rechtsquelle (als Normkategorie) zuzuordnen sind. 64

Beispiel für Ranggleichheit:

- Die Rechtsvorschriften (zB §§) eines formellen Bundesgesetzes (zB GastG) sind ranggleich mit den Rechtsvorschriften (zB §§) eines anderen formellen Bundesgesetzes (zB GewO)
- Eine Rechtsverordnung auf der Ebene des Landes NRW ist inklusive ihrer einzelnen Rechtsvorschriften auf einer Hierarchiestufe mit einer anderen Rechtsverordnung auf der Ebene des Landes NRW mitsamt deren Rechtsvorschriften

Merke: Da **Gewohnheitsrecht** dem Grunde nach auf jeder der Rechtsebenen entstehen kann (zB Verfassungsgewohnheitsrecht auf Bundes- und Landesebene, Gewohnheitsrecht auf der Ebene des Gesetzes), hat es den Rang der Ebene, auf der es sich gebildet hat (weshalb es in der hier abgebildeten Normenhierarchie nicht auftaucht).[146] **Verwaltungsvorschriften** sollen sich als grundsätzlich bloßes Innenrecht nicht in die Normenhierarchie einfügen lassen.[147]

Wenn im konkret zu bearbeitenden Fall mehrere Rechtsvorschriften einschlägig sind, ergibt sich aus der Rangordnung nicht, dass das ranghöchste Recht anzuwenden wäre; vielmehr ist bei Widerspruchsfreiheit zwischen Vorschriften verschiedener Hierarchiestufen in der Rechtsanwendung zunächst die **rangniedrigere als konkretere Rechtsvorschrift** heranzuziehen.[148] 65

Darüber hinaus sind im Verhältnis (insbesondere bei **Konflikt**) höherrangiger zu niederrangigen Rechtsvorschriften der Normenhierarchie oder Rechtsvorschriften gleichen normenhierarchischen Ranges bestimmte **Regeln** zu beachten, wobei diese Fragen eng mit solchen der Auslegung verflochten sind.[149] Wie sich Rechtsvorschriften zueinander verhalten hängt nämlich oft davon ab, wie sie ausgelegt (= interpretiert) werden.[150] 66

145 S. hierzu und zur Rolle völkerrechtlicher Verträge → § 2 Rn. 28 ff.

146 Vgl. BVerfGE 61, 149 (203 f.) = NJW 1983, 25; Beaucamp/Beaucamp Methoden Rn. 421, 457.

147 S. Detterbeck AllgVerwR Rn. 116; Sauerland AllgVerwR § 2 Rn. 30.

148 Detterbeck AllgVerwR Rn. 117; Röhl/Röhl Rechtslehre S. 156.

149 S. zu diesen Regeln etwa Engisch Einführung S. 225 ff.; Haug Fallbearbeitung Rn. 26 ff.; Herresthal/Weiß Fälle Methodenlehre Rn. 115 ff.; Schwacke Methodik S. 13 ff.; Wank Methodenlehre § 3 Rn. 10 ff. und § 17; Wienbracke Methodenlehre Rn. 31 f.; Zippelius Methodenlehre S. 30 ff. und auch → § 2 Rn. 67 ff., zur Auslegung → § 9 Rn. 1 ff.

150 Zippelius Methodenlehre S. 33.

2. Geltungs- und Anwendungsvorrang

67 So soll etwa im Falle eines (inhaltlichen) **Konflikts innerstaatlicher Vorschriften**, die auf unterschiedlichen Rangstufen der Normenhierarchie verortet sind, die (mit dem Recht zu vereinbarende) **höherrangige Regelung der niederrangigen Regelung vorgehen**.[151]

68 Insoweit wird vom **Geltungsvorrang** gesprochen, der eine Ungültigkeit, dh Unwirksamkeit im Sinne einer Nichtigkeit (= Eliminierung aus der Rechtsordnung) der rangniederen Vorschrift nach sich zieht.[152]

!

Kompetenz zur Verwerfung von Rechtsvorschriften

Bei der Frage der Kompetenz zur Verwerfung von Rechtsvorschriften wird differenziert.[153]

Bei Konflikt eines formellen Bundes- oder Landesgesetzes mit dem GG ist die Feststellung der Verfassungswidrigkeit (und damit die Nichtigkeitserklärung oder die Erklärung der Unvereinbarkeit mit dem Grundgesetz[154]) **allein dem BVerfG** vorbehalten; bis zu dessen allgemeinverbindlicher Feststellung ist das unter der Herrschaft des GG erlassene Parlamentsgesetz also zu befolgen.[155] Bei Konflikt eines Landesgesetzes mit einer korrespondierenden Landesverfassung liegt das Verwerfungsmonopol beim jeweiligen **Landesverfassungsgericht** (Art. 100 Abs. 1 S. 1 GG).

Die Vereinbarkeit von Recht im Rang unterhalb formeller Gesetze (insbesondere Rechtsverordnungen und Satzungen) mit höherrangigem Recht kann hingegen von jedem **Fachgericht** in eigener Zuständigkeit geprüft werden, wobei die Feststellung der Unvereinbarkeit idR aber nur Wirkung zwischen den Beteiligten des jeweiligen Rechtsstreits entfaltet.[156]

Von der Rechtsprechung (und dem Schrifttum) nicht einheitlich beurteilt wird zudem die Frage, ob ein **Verwaltungsbeamter** eine Rechtsvorschrift, die er für nichtig hält, anwenden muss oder nicht anwenden darf.[157] So reichen die Meinungen von einer grundsätzlichen Anwendungspflicht des Beamten[158] zu einer Pflicht des Beamten zur Aussetzung und Vorlage an den Vorgesetzten.[159]

151 Vgl. zB Art. 31 GG und Detterbeck AllgVerwR Rn. 118 unter Bezugnahme auf BVerfGE 108, 169 (181) = BeckRS 2003, 22882; BVerfGE 98, 106 (118 f.) = NJW 1998, 2341; Wienbracke Methodenlehre Rn. 50 (allgemeine Rechtsregel) mwN.

152 S. BVerfGE 121, 317 (349) = NJW 2008, 2409; Ipsen/Kaufhold/Wischmeyer StaatsR I § 15 Rn. 4; Sauerland AllgVerwR § 2 Rn. 28; Schwacke Methodik S. 14 f.; Wienbracke Methodenlehre Rn. 50. Zur in diesem Zusammenhang bedeutsamen verfassungskonformen Auslegung → § 9 Rn. 34 ff.

153 Vgl. hierzu Art. 100 GG. Zu Gerichten in Deutschland → § 3 Rn. 12 ff. Zum Ganzen Dürig/Herzog/Scholz/Dederer GG Art. 100 Rn. 9 ff. und 53 ff.

154 S. etwa § 31 Abs. 2 S. 2, 3, § 79 Abs. 1 BVerfGG.

155 BVerfGE 1, 283 (291 ff.) = NJW 1952, 737; BVerfGE 52, 1 (16) = NJW 1980, 985; BVerfGE 97, 117 (122) = NJW 1998, 1699; Wienbracke Methodenlehre Rn. 54. Vgl. auch § 100 Abs. 1 S. 1, 2 Var. 1 GG und die Zuständigkeit nach § 100 I 2 Var. 2 GG. Zum Erfordernis des „nachkonstitutionellen" Gesetzes BVerfGE 70, 126 (129) mwN. S. zur allgemeinverbindlichen Feststellung (= Gesetzeskraft) § 31 Abs. 2 BVerfGG und zB BGBl. 2020 I 525 zu § 217 StGB.

156 Vgl. BVerfG NVwZ 2002, 1496 (1497); Wienbracke Methodenlehre Rn. 55.

157 Zum Ganzen Detterbeck AllgVerwR Rn. 124 ff. Die Problematik wird zumeist unter den Stichwörtern **Prüfungs-, Verwerfungs- und Nichtanwendungskompetenz** diskutiert.

158 BVerwG NVwZ 2017, 481 (484) mwN.

159 BGH NVwZ 2013, 167 (168); OVG Münster BeckRS 2005, 30843 mwN.

Gerät dagegen eine Vorschrift des nationalen (innerstaatlichen) Rechts mit dem 69
Unionsrecht in Konflikt, entfaltet das EU-Recht gegenüber dem widersprechenden innerstaatlichen Recht nur einen **Anwendungsvorrang**, dh das innerstaatliche Recht tritt zurück, wird also unanwendbar, aber nicht generell unwirksam.[160]

Merke: Der Begriff „Unwirksamkeit" (Ungültigkeit/Nichtigkeit) darf nicht mit dem Begriff **„Rechtswidrigkeit"** verwechselt werden, „der sich auf die Frage bezieht, ob staatliche Maßnahmen mit dem Recht vereinbar (und damit rechtmäßig) oder nicht vereinbar (und damit rechtswidrig) sind".[161]

3. Konflikt gleichrangiger Rechtsvorschriften

Zur Auflösung (inhaltlicher) **Konflikte** zwischen Vorschriften, die ranggleich 70
sind, sich also auf derselben Stufe der Normenhierarchie befinden, existiert insbesondere[162] die Grundregel, dass die spezielle Rechtsvorschrift die allgemeine Rechtsvorschrift verdrängt (**Spezialität**).[163]

Beispiele:

- § 244 StGB (Diebstahl mit Waffen; Bandendiebstahl; Wohnungseinbruchdiebstahl) ist spezieller als § 242 StGB (Diebstahl). Eine Rechtsvorschrift ist also etwa dann spezieller, wenn sie neben den Merkmalen der allgemeinen Rechtsvorschrift mindestens ein zusätzliches Merkmal aufweist.[164]
- Soll eine Speisewirtschaft (= Gaststättengewerbe, vgl. § 1 GastG) „geschlossen" werden, ließe sich hierzu etwa auf das GastG (formelles Bundesgesetz) oder auch die GewO (ebenfalls formelles Bundesgesetz) zurückgreifen. § 31 GastG führt aus: „Auf die den Vorschriften dieses Gesetzes unterliegenden Gewerbebetriebe finden die Vorschriften der Gewerbeordnung soweit Anwendung, als nicht in diesem Gesetz besondere Bestimmungen getroffen worden sind; (...)."
- Im Zolltarifrecht stellt die rechtsverbindliche Allgemeine Vorschrift 3a) darauf ab, welche Position die einzureihende Ware genauer beschreibt, wobei Wortlaute gegenübergestellt werden: Einzureihen ist zB ein Kamm aus Meerschaum. Die Zweckbezeichnung „Frisierkamm" aus Pos. 9615 ist dabei genauer als die zunächst ebenfalls zutreffende Bezeichnung „Ware aus mineralischen Schnitzstoffen" der Pos. 9602.[165]

[160] Vgl. BVerfG NJW 2009, 2267 (2284 f.); BGH NStZ 2013, 481 (482); Hecker EurStrafR § 9 Rn. 8 f. mwN; Herdegen EuropaR § 10 Rn. 1. Der Begriff des „Anwendungsvorrangs" wird noch in unterschiedlichen Zusammenhängen verwendet, vgl. hierzu Muthorst Grundlagen § 13 Rn. 44; Wienbracke Methodenlehre Rn. 74 (sowie sein Beispiel zum Anwendungsvorrang in Rn. 51).

[161] Schwacke Methodik S. 15.

[162] Etwa kann in seltenen Fällen aber daneben ggf. die Regel Anwendung finden, dass **die spätere (jüngere) Rechtsnorm die frühere (ältere) verdrängt**, vgl. BVerwG NVwZ 1991, 673 (674); Engisch Einführung S. 226; Detterbeck AllgVerwR Rn. 120; Herresthal/Weiß Fälle Methodenlehre Rn. 118; Larenz/Canaris Methodenlehre S. 87; Mann Jur. Arbeitstechnik Rn. 94; Röhl/Röhl Rechtslehre S. 585; Zippelius Methodenlehre S. 33. S. auch Haug Fallbearbeitung Rn. 34, 36 und Schmidt JuS 2003, 649 (650).

[163] Detterbeck AllgVerwR Rn. 120; Mann Jur. Arbeitstechnik Rn. 92; Zippelius Methodenlehre S. 31 f. Zu weiteren Regeln und Konkurrenzfragen vgl. Wank Methodenlehre § 3 Rn. 10 ff. und § 16.

[164] Beaucamp/Beaucamp Methoden Rn. 278 mwN; Mann Jur. Arbeitstechnik Rn. 92; Zippelius Methodenlehre S. 31 f.

[165] Witte/Wolffgang EU-ZollR/Schulte Rn. E 2017 und E 2036 (sowie Rn. E 2002: **„Ein Zolltarif ist ein systematisch aufbereiteter Warenkatalog, dessen einzelne Warenlinien Zollsätze enthalten.**

V. Geltungsbereich rechtlicher Regelungen

71 Ferner sind stets verschiedene Fragen in Bezug auf unterschiedliche Geltungsbereiche rechtlicher Regelungen im Auge zu behalten und strukturgebend. So kann je nach Blickwinkel in **zeitlicher**, **räumlicher** oder **persönlicher** Hinsicht differenziert werden.

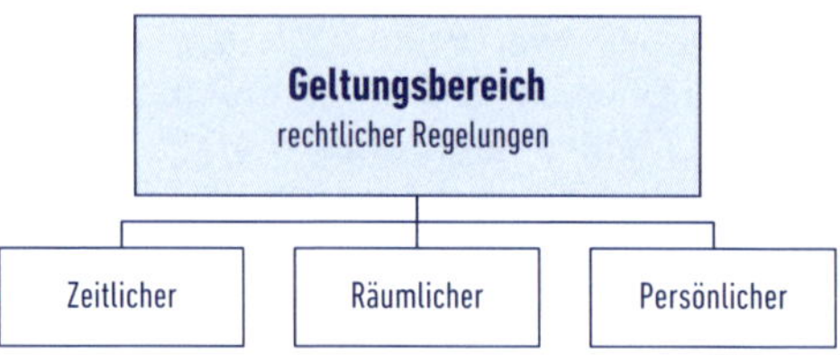

Abb. 8 Geltungsbereich rechtlicher Regelungen

! **Merke:** Zu **trennen** sind die Ebenen der **Geltung** und der **Anwendbarkeit** rechtlicher Regelungen; im rechtspraktischen und rechtsetzungstechnischen Sprachgebrauch verschwimmen daneben die Begriffe Geltungs- und Anwendungsbereich vielfach.[166]

Gerade im Hinblick auf die Nutzbarkeit von Rechtsvorschriften für die juristische Sachbearbeitung (→ § 8 Rn. 5) zu beachten ist jedenfalls, dass viele Regelwerke **sachlich-inhaltliche Vorgaben und Einschränkungen** bereithalten (zB § 1 AO oder § 1 der Bauordnung für das Land Nordrhein-Westfalen – Abs. 1: „Dieses Gesetz gilt für …"; Abs. 2: „Dieses Gesetz gilt nicht für…").

1. Zeitlicher Geltungsbereich

72 Der zeitliche Geltungsbereich betrachtet die Frage, **ab** welchem Zeitpunkt und **bis zu** welchem Zeitpunkt rechtliche Regelungen überhaupt Geltung beanspruchen. Entscheidend für den **Beginn der Geltung** ist in aller Regel der Tag des Inkrafttretens, der häufig explizit bestimmt ist.[167]

Er legt fest, in welcher Höhe eine konkrete Ware bei der Einfuhr mit einem Zoll belastet ist.").

166 Die Terminologie ist auch in diesem Feld nicht einheitlich. Vgl. nur Muthorst Grundlagen § 5 Rn. 47 ff., der Wirksamkeit, Geltung und Anwendbarkeit einer Rechtsnorm differenziert sowie Reimer Methodenlehre Rn. 165, der zwischen Geltung (= Norm in Kraft und nicht außer Kraft getreten, nicht nichig oder schwebend unwirksam) und Anwendbarkeit (= Heranziehbarkeit im Sinne eines Nichtverdrängtseins) einer Norm unterscheidet.

167 Vgl. BeckOK AO/Schober, 19. Ed. 1.1.2022, § 4 Rn. 7; Röhl/Röhl Rechtslehre S. 579. S. etwa für den Bund Art. 82 Abs. 2 GG: „Jedes Gesetz und jede Rechtsverordnung soll den Tag des Inkrafttretens bestimmen. Fehlt eine solche Bestimmung, so treten sie mit dem vierzehnten Tage nach Ablauf des Tages in Kraft, an dem das Bundesgesetzblatt ausgegeben worden ist." S. auch BVerfG NVwZ 2021, 390. Zum Unionsrecht siehe Art. 297 AEUV und zum Ganzen Herdegen EuropaR § 8 Rn. 90 f. S. Zur Problematik der **Rückwirkung** s. BVerfGE 132, 302 (317 ff.), wobei im Kontext echter Rückwirkung von einer „Rückbewirkung von Rechtsfolgen" und im Zusammenhang mit unechter Rückwirkung von „tatbestandlicher Rückanknüpfung" gesprochen wird, vgl. Ipsen/Kaufhold/Wischmeyer StaatsR I § 15 Rn. 28; Möllers Methodenlehre § 2 Rn. 45 ff.

Beispiele:

- Als Artikelgesetz (→ § 2 Rn. 43) bestimmt Art. 28 des Gesetzes zur Fortentwicklung der Strafprozessordnung und zur Änderung weiterer Vorschriften v. 25. Juni 2021: „Dieses Gesetz tritt vorbehaltlich des Satzes 2 am 01. Juli 2021 in Kraft. Artikel 26 tritt am Tag nach der Verkündung in Kraft". Art. 1 dieses Gesetzes betrifft nun umfangreiche Änderungen der Vorschriften der StPO, die damit am 1.7.2021 in Kraft treten konnten, zumal die Verkündung des Gesetzes v. 25.6.2021 durch Ausgabe des Bundesgesetzblattes (BGBl. I 2021 S. 2099 ff.) am 30.6.2021, also zuvor, erfolgt ist.
- § 35 des neu eingeführten VersG NRW[168] lautet: „Das Gesetz tritt am Tag nach der Verkündung in Kraft". Verkündet wurde jenes VersG NRW im Gesetz- und Verordnungsblatt des Landes NRW (Ausgabe 2022 Nr. 1 v. 6.1.2022) als Art. 1 des „Gesetzes zur Einführung eines nordrhein-westfälischen Versammlungsgesetzes und zur Änderung weiterer Vorschriften" v. 17.12.2021, welches seinerseits ausweislich seines Art. 4 am Tag nach der Verkündung in Kraft tritt, sodass das VersG NRW am 7.1.2022 in Kraft getreten ist.

Merke: Die **Verkündung** ist rechtsstaatliches Formerfordernis aller Rechtsakte und zwingende Voraussetzung für die Geltung (die aber erst mit dem Inkrafttreten eintritt).[169] Erst mit der Verkündung, dh mit der Ausgabe des ersten Stücks des Verkündungsblattes, ist eine **Norm rechtlich existent.**[170] Verkündung meint, dass die Rechtsnorm der Öffentlichkeit in der Weise zugänglich gemacht wird, dass die Betroffenen sich verlässlich und in zumutbarer Weise von ihrem Inhalt Kenntnis verschaffen können.[171] !

Die **Geltung** rechtlicher Regelungen **endet**, wenn sie – und dies dürfte nun keine Überraschung mehr sein – außer Kraft treten. Dies kann unterschiedliche Gründe haben (zB Zeitablauf, ausdrückliche Aufhebung, Ersetzung durch spätere ranggleiche oder ranghöhere Rechtsvorschriften).[172] 73

2. Räumlicher Geltungsbereich

Der räumliche Geltungsbereich **geschriebener rechtlicher Regelungen** steht regelmäßig im Zusammenhang mit dem örtlichen, territorialen Zuständigkeitsbereich des rechtsetzenden Organs.[173] 74

[168] Mit dem VersG NRW erhält Nordrhein-Westfalen erstmals ein eigenes Versammlungsgesetz (zuvor kam noch das VersG des Bundes zur Anwendung).

[169] BVerfGE 72, 241 = NJW 1987, 1749; BeckOK GG/Pieper, 49. Ed. 15.11.2021, Art. 82 Rn. 21 mwN.

[170] S. BVerfGE 127, 31 (47). Siehe zum Zeitpunkt der Verkündung BVerfGE 87, 48 (60) und BFH NVwZ 2002, 1278 (1279).

[171] Vgl. BVerfGE 65, 283 (291). S. auch → § 1 Rn. 16 und zu amtlichen Verkündungsblättern → § 15 Rn. 1.

[172] S. Tikpe/Kruse/Drüen, AO/FGO, 168. Lieferung 11.2021, § 4 AO Rn. 31 ff.; Röhl/Röhl Rechtslehre S. 579 f. Zur Normenhierarchie → § 2 Rn. 59 ff.

[173] Vgl. auch Röhl/Röhl Rechtslehre S. 582; Wolff/Bachof/Stober/Kluth VerwR I/Stober § 27 Rn. 17. S. auch → § 4 Rn. 2.

Beispiele:

- Eine EU-Verordnung gilt im gesamten „Unionsgebiet".[174]
- Im ganzen Bundesgebiet gelten formelle Gesetze des Bundesgesetzgebers und Rechtsverordnungen des Bundes.
- Formelle Landesgesetze gelten im Gebiet des jeweiligen Bundeslandes.
- Gemeindesatzungen gelten im jeweiligen Gemeindegebiet.

75 Beim (ungeschrieben) **Gewohnheitsrecht** soll sich der räumliche Geltungsbereich auf das Verbreitungsgebiet der Gewohnheit erstrecken.[175]

3. Persönlicher Geltungsbereich

76 Rechtliche Regelungen gelten innerhalb ihres räumlichen Geltungsbereichs grundsätzlich universell für **alle Rechtssubjekte**, dh in erster Linie für alle, die sich im jeweiligen räumlichen Geltungsbereich aufhalten.[176]

!

Beachte: Bezug nehmend auf die zuvor angesprochene Heranziehung von Rechtsvorschriften für die juristische Sachbearbeitung (→ § 2 Rn. 71 – Kasten) sei zudem angemerkt, dass vereinzelte rechtliche Regelungen auch **Vorgaben und Einschränkungen** vorsehen, welche eine **persönlich-inhaltliche Dimension** betreffen, beispielsweise § 22 MiLoG[177] oder § 1 BBG: „Dieses Gesetz gilt für alle Beamtinnen und Beamten des Bundes, soweit nicht gesetzlich etwas anderes bestimmt ist.", womit das BBG im Grundsatz zunächst etwa eben nur auf Beamte *des Bundes* und nicht der Länder anwendbar sein soll.

VI. Rechtsgebiete des innerstaatlichen Rechts

77 Das innerstaatliche Recht als Rechtsordnung kann in große (Haupt-)Rechtsgebiete unterteilt werden. Klassisch angeführt werden das **Öffentliche Recht** und das **Privatrecht** (auch Zivilrecht genannt).[178] Das **Strafrecht** hat sich zwar

174 EuGH NZA 1996, 971; Streinz/W.Schroeder EUV/AEUV, 3. Aufl. 2018, Art. 288 AEUV Rn. 42. Siehe insoweit auch Art. 52 EUV und Art. 355 AEUV. Zu beachten ist aber, dass die **Europäische Union** als supranationales Gebilde sui generis über **kein eigenes Hoheitsgebiet** verfügt und dass sich das Unionsgebiet bzw. der Hoheitsbereich der EU insoweit aus der Summe aller Hoheitsgebiete ihrer Mitgliedstaaten ableitet, vgl. Nowak in Pechstein/Nowak/Häde, Frankfurter Kommentar EUV/GRC/AEUV, 1. Aufl. 2017, EUV Art. 52 Rn. 1 mwN.

175 S. auch BeckOK AO /Schober, 19. Ed. 1.1.2022, § 4 Rn. 72; Wolff/Bachof/Stober/Kluth VerwR I/Stober § 27 Rn. 17. Zum Gewohnheitsrecht → § 1 Rn. 7, 10; → § 2 Rn. 18, 53 ff., 64.

176 Wolff/Bachof/Stober/Kluth VerwR I/Stober § 27 Rn. 18; → § 4 Rn. 2 (auch zur Rechtsprechungshoheit). Zu Rechtssubjekten → § 4 Rn. 6, 19 ff.

177 Während „der Gesetzgeber" selbst dem § 22 MiLoG die Überschrift „Persönlicher Anwendungsbereich" gegeben hat, spricht das BAG indes vom „Persönlichen Geltungsbereich" des Mindestlohngesetzes, vgl. BAG NZA 2021, 562. Zur Differenzierung von persönlichem Geltungsbereich und persönlichem Anwendungsbereich s. Muthorst Einführung § 5 Rn. 53 und 56.

178 S. etwa Albrecht/Küchenhoff StaatsR Rn. 33; Brox/Walker BGB AT § 1 Rn. 10; Kühl/Reichold/Ronellenfitsch Rechtswissenschaft § 4 Rn. 1 ff. (Zweiteilung = „Dualismus" der Rechtsordnung) und § 14 Rn. 1. S. aber auch Wörlen/Metzler-Müller BGB AT Rn. 13 zur Verwendung des Begriffs „Zivilrecht".

ebenfalls als eigenständiges (Haupt-)Rechtsgebiet etabliert, wird aber häufig dem Öffentlichen Recht im weiteren Sinne zugeordnet.[179]

Diese großen (Haupt-)Rechtsgebiete des Öffentlichen Rechts und des Privat- 78
rechts (sowie des Strafrechts) kann man für sich genommen wiederum inhaltlich weiter in **bestimmte Teilrechtsgebiete zur Kategoriebildung** untergliedern[180], bis man in einem weiteren Schritt dann bei einem einzelnen Regelwerk und erst innerhalb des Regelwerks bei der zur Rechtsanwendung notwendigen Rechtsvorschrift angekommen ist.

Abb. 9 Rechtsgebiete

1. Öffentliches Recht

Dem Öffentlichen Recht zugehörig sind ganz grob gesagt 79

- die Rechtsvorschriften, die das Verhältnis bzw. die Rechtsbeziehung eines Trägers hoheitlicher Gewalt zum Bürger (Staat-Bürger) regeln und
- die Rechtsvorschriften, welche Aufbau und Tätigkeit staatlicher Organe oder Rechtsbeziehungen der Träger hoheitlicher Gewalt untereinander regeln (Staat-Staat).[181]

Demnach betreffen öffentliche-rechtliche Rechtsvorschriften als **„Sonderrecht 80**
des Staates“ insbesondere den Aufbau des Staates und das hoheitliche Handeln (= Einsetzen staatlicher Machtmittel).[182] Häufig (aber nicht immer) zeichnet sich das Öffentliche Recht im Verhältnis Staat-Bürger durch ein hoheitliches Über-/Unterordnungsverhältnis als Konsequenz der Anwendung bestimmter Rechtsvorschriften aus.[183]

Dem Öffentlichen Recht als (Haupt-)Rechtsgebiet lassen sich gegenständlich ver- 81
schiedene **Teilrechtsgebiete** zuordnen. Hierzu zählen etwa das jeweils äußerst relevante

- Staats- und Verfassungsrecht und
- Verwaltungsrecht.

179 Maurer StaatsR I § 1 Rn. 26; Nimtz StrafR I Rn. 3; Nolden/Palkovits/Dittert/Pichocki StrafR 1. Teil Rn. 7; Rengier StrafR AT § 2 Rn. 1; Robbers Einführung Rn. 10; Sauerland AllgVerwR Rn. § 1 Rn. 18; Wienbracke Methodenlehre Rn. 27. Vgl. auch BVerfGE 22, 49 (77 f.) = NJW 1967, 1219. Zum Strafrecht → § 2 Rn. 96 ff.

180 Vgl. etwa die (nicht abschließende) Übersicht bei Kock/Stüwe ÖffR/Kock Rn. 33.

181 Kock/Stüwe ÖffR/Kock Rn. 34; Maurer StaatsR I § 1 Rn. 18.

182 Ipsen/Kaufhold/Wischmeyer StaatsR I § 1 Rn. 19; Kühl/Reichold/Ronellenfitsch Rechtswissenschaft § 14 Rn. 1; Möllers Methodenlehre § 2 Rn. 28a; Schwacke Methodik S. 9.

183 S. etwa BVerwG NVwZ-RR 2010, 682 (683).

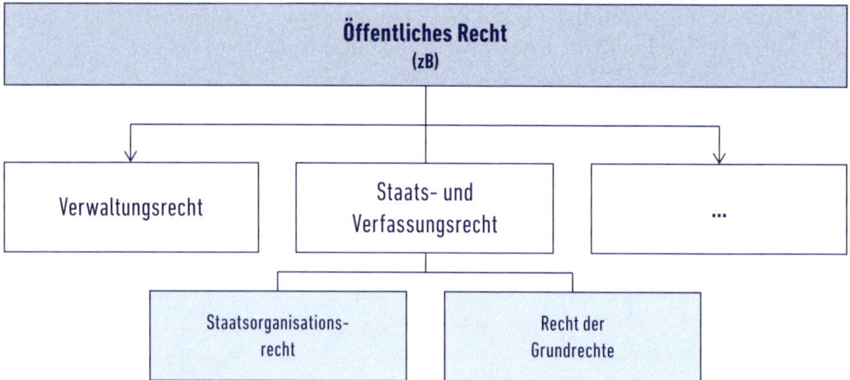

Abb. 10 Öffentliches Recht

82 Das **Staats- und Verfassungsrecht** nimmt insbesondere das GG als Verfassung in den Blick und beinhaltet das Recht der Staatsorganisation und das Recht der Grundrechte.[184]

83 Das **Staatsorganisationsrecht** befasst sich neben den Staatsstrukturprinzipien (zB Rechtsstaat, Sozialstaat) mit dem Aufbau und den Aufgaben der Staatsorgane (zB Bundestag, Bundesrat, Bundesregierung) und ihren rechtlichen Beziehungen zueinander.[185]

84 Offensichtlich befasst sich das „Recht der Grundrechte" mit den **Grundrechten**. Die Grundrechte sind garantierte elementare Menschen- und Bürgerrechte, die vor allem als subjektive Abwehrrechte des Einzelnen gegen den Staat wirken sollen[186] (vereinzelt aber auch zwischen Privaten bedeutsam werden[187]). In den Grundrechtsbestimmungen des GG soll sich aber auch eine „objektive Wertordnung verkörpern, die als verfassungsrechtliche Grundentscheidung für alle Bereiche des Rechts gilt" und Richtlinien sowie Impulse für Gesetzgebung, Verwaltung und Rechtsprechung geben soll.[188] Die Grundrechte sind als Rechtsvorschriften damit Fundament unserer Rechts- und Gesellschaftsordnung.[189]

184 Regelungen finden sich aber auch in einfachen (→ § 2 Rn. 38) formellen Gesetzen (zB Parteiengesetz, Bundeswahlgesetz, BVerfGG) und den Geschäftsordnungen der Verfassungsorgane. S. auch Muthorst Grundlagen § 13 Rn. 7 und 69. Vgl. auch Detterbeck AllgVerwR Rn. 108 zu allgemeinen verfassungsrechtlichen Grundsätzen und Leitideen, die nicht in einem besonderen geschriebenen Rechtssatz festgehalten sind.

185 Kühl/Reichold/Ronellenfitsch Rechtswissenschaft § 19 Rn. 1 ff. und § 20 Rn. 1.

186 BVerfGE 49, 89 (141 f.) = NJW 1979, 359; Muthorst Grundlagen Glossar S. 268. Zu Grundrechten und deren (weiteren) Funktionen Albrecht/Küchenhoff StaatsR Rn. 507 ff.; Manssen StaatsR II Rn. 52 ff. S. auch Bartmeier/Holzberg/Nibbeling/Smoydzin StaatsR Kap. 3 Rn. 2 ff.

187 BVerfG NJW 2018, 1667 (1668) zur **mittelbaren Drittwirkung von Grundrechten** („Grundrechte verpflichten die Privaten grundsätzlich nicht unmittelbar untereinander selbst. Sie entfalten jedoch auch auf die privatrechtlichen Rechtsbeziehungen Ausstrahlungswirkung…"). S. auch Ruffert JuS 2020, 1.

188 BVerfGE 7, 198 (205) = BeckRS 9998, 181159 – Lüth; BVerfG NJW 2018, 1667 (1668). Zur objektiven Funktion der Grundrechte im Einzelnen Manssen StaatsR II Rn. 57 ff. und Maurer StaatsR I § 9 Rn. 20.

189 Haase/Keller Grundlagen Rn. 1036; Kühl/Reichold/Ronellenfitsch Rechtswissenschaft § 22 Rn. 1.

Beispiele für Grundrechte:

- Das **Grundrecht auf Leben** (Art. 2 Abs. 2 S. 1 GG) begründet einerseits ein Abwehrrecht des Bürgers gegen staatliche Eingriffe und installiert andererseits das menschliche Leben als einen zentralen Wert der Verfassung (mit entsprechender Bindung des Staates).
- Unverletzlichkeit der Wohnung (**Art. 13 Abs. 1 GG**).
- Art. 3 Abs. 1 GG („Alle Menschen sind vor dem Gesetz gleich") enthält das allgemeine Grundrecht auf Gleichbehandlung (allgemeiner **Gleichheitssatz**).

Merke: Das GG differenziert Grundrechte (Art. 1–19 GG) und **grundrechtsgleiche Rechte** (= vgl. hierzu Art. 93 Abs. 1 Nr. 4a GG). Auch die einzelnen **Landesverfassungen** enthalten Grundrechte und grundrechtsgleiche Rechte. Es existieren des Weiteren auch **„europäische Grundrechte"** (siehe die Charta der Grundrechte der EU sowie die Bestimmungen der EMRK).

Das **Verwaltungsrecht** als weiteres Teilgebiet des Öffentlichen Rechts lässt sich 85
wie folgt unterteilen:

- **Allgemeines Verwaltungsrecht**
(= Regelungen, Grundsätze und Rechtsbegriffe, die für alle Bereiche des Verwaltungsrechts maßgebend sind, zB Bestimmungen über Verwaltungsaufbau und -organisation, Handlungsformen der Verwaltung, Verwaltungsverfahren, Verwaltungsvollstreckung und Staatshaftung),[190]
- **Besonderes Verwaltungsrecht**
(= verschiedene nach Lebens- und Sachzusammenhängen differenzierte Verwaltungsbereiche, die meistens in einem oder sogar mehreren Spezialgesetzen geregelt sind, zB Beamtenrecht, Polizei- und Ordnungsrecht, Ausländerrecht, Zollrecht, Artenschutzrecht, Umweltrecht).[191]

Beispiel für eine Rechtsvorschrift des Verwaltungsrechts: § 11 HSOG: „Die Gefahrenabwehr- und die Polizeibehörden können die erforderlichen Maßnahmen treffen, um eine im einzelnen Falle bestehende Gefahr für die öffentliche Sicherheit oder Ordnung (Gefahr) abzuwehren, soweit nicht die folgenden Vorschriften die Befugnisse der Gefahrenabwehr- und der Polizeibehörden besonders regeln." Diese Rechtsvorschrift (kleinstes Element) kann dem Polizei- und Ordnungsrecht zugeordnet werden, das wiederum als Besonderes Verwaltungsrecht (und somit als Verwaltungsrecht) dem Öffentlichen Recht zugehörig ist.

Hinweis: Als Teile des Öffentlichen Rechts werden zudem das **Unionsrecht** und das **Völkerrecht** angesehen.[192] Ebenfalls zum Öffentlichen Recht soll das **Kirchenrecht** (= von den Kirchen autonom in eigenen Angelegenheiten gesetztes, für die Kirchenmitglieder verbindliches Recht) gehören, wobei der Staat darüber

190 Sauerland AllgVerwR § 1 Rn. 18. S. hierzu insbesondere die **Verwaltungsverfahrensgesetze des Bundes und der Länder** und → § 3 Rn. 39 ff.

191 Vgl. Robbers Einführung Rn. 270 ff.; Kock/Stüwe ÖffR/Stüwe Rn. 1039; Sauerland AllgVerwR § 1 Rn. 19. Zur Rolle des **Steuer- und Sozialrechts** → § 3 Rn. 41 ff.

192 Muthorst Grundlagen § 13 Rn. 68. → § 2 Rn. 20 ff. und 28 ff.

entscheidet, ob er Rechtswirkungen des Kirchenrechts im weltlichen Bereich anerkennt.[193]

2. Privatrecht

86 Das Privatrecht umfasst die Rechtsvorschriften, die sich in umfassender Wirkung auf Rechtsverhältnisse zwischen gleichgestellten Rechtssubjekten (natürlichen und juristischen Personen; → § 4 Rn. 6, 19) beziehen, also ein **Verhältnis der Gleichordnung** herstellen.[194]

87 Auch das Privatrecht lässt sich weitergehend inhaltlich gliedern. Diesem zuzuordnen sind etwa das

- **Bürgerliche Recht** (siehe hierzu insbesondere das BGB)
  zB Schuldrecht, Sachenrecht, Familienrecht, Erbrecht etc.
- **Handels- und Wirtschaftsrecht**
  zB Handelsrecht (= Sonderprivatrecht für Kaufleute), Gesellschaftsrecht, Wettbewerbsrecht.

88 Häufig wird auch das **Arbeitsrecht** (= alle Normen, die sich auf die Beschäftigungsverhältnisse der im Arbeitsleben abhängig Tätigen (= Arbeitnehmer) beziehen – Sonderrecht der abhängig Beschäftigten[195]) im Kontext des Privatrechts genannt (zB §§ 611 ff. BGB, KSchG als privatrechtliche Einzelgesetze), obgleich es auch gewisse Schnittmengen zum öffentlichen Recht aufweist (zB AÜG, SGB).[196]

> **Beispiel für eine privatrechtliche Rechtsvorschrift:** § 433 Abs. 1 S. 1 BGB: „Durch den Kaufvertrag wird der Verkäufer einer Sache verpflichtet, dem Käufer die Sache zu übergeben und das Eigentum an der Sache zu verschaffen.“ Die Vorschrift ist dem Schuldrecht als Teil des Bürgerlichen Rechts zuzuordnen, das wiederum dem Privatrecht angehört.

89 Privatrechtliche Rechtsvorschriften regeln die **Rechtsbeziehungen** (vor allem Rechte und Pflichten) **insbesondere der Bürger untereinander**.[197]

90 Die inhaltliche Gestaltung der Rechtsbeziehungen bleibt grundsätzlich der verfassungsrechtlich gewährleisteten **Privatautonomie** (= Entscheidungs- und Selbstgestaltungsfreiheit des Einzelnen[198]) überlassen, das Privatrecht fungiert

[193] Dürig/Herzog/Scholz/Korioth GG Art. 140 Rn. 2 f., 16 auch zur Trennung des Kirchenrechts vom „Staatskirchenrecht“; Muthorst Grundlagen § 13 Rn. 68; Rüthers/Fischer/Birk Rechtstheorie Rn. 56, 228. S. neben Art. 140 GG iVm Art. 137 WRV auch BVerfGE 72, 278 (289) = NJW 1987, 427 mwN.

[194] Brox/Walker BGB AT § 1 Rn. 10; Kühl/Reichold/Ronellenfitsch Rechtswissenschaft § 4 Rn. 1; Kock/Stüwe ÖffR/Kock Rn. 35; Muthorst Grundlagen § 13 Rn. 62.

[195] Dütz/Thüsing, Arbeitsrecht, 26. Aufl. 2021, Rn. 1a (Rn. 3 ff. auch zur Differenzierung zwischen Individualarbeitsrecht und kollektivem Arbeitsrecht sowie weiteren Aspekten). In erster Linie will das Arbeitsrecht den Arbeitnehmer im Arbeitsverhältnis schützen, vgl. auch BAG NZA 2019, 112 ff.

[196] Vgl. Dütz/Thüsing, Arbeitsrecht, 26. Aufl. 2021, Rn. 12; Haase/Keller Grundlagen Rn. 56. S. auch Brox/Walker BGB AT § 1 Rn. 18 und Wörlen/Metzler-Müller BGB AT Rn. 13 ff., 18.

[197] Ipsen/Kaufhold/Wischmeyer StaatsR I § 1 Rn. 19; Schwacke Methodik S. 9.

[198] Möllers Methodenlehre § 2 Rn. 28a; Muthorst Grundlagen Glossar S. 270 und § 13 Rn. 38 ff., 63; Röhl/Röhl Rechtslehre S. 420.

als rahmengebende, verhaltensweisende und somit mitgestaltende Friedensordnung.[199]

Herausragende Bedeutung im Privatrecht haben insoweit **Vertragsverhältnisse**.[200] 91

Privatrechtliche Verträge

Ein Vertrag ist ein **(mehrseitiges) Rechtsgeschäft**, das auf einen bestimmten rechtlichen Erfolg gerichtet ist und dadurch zustande kommt, dass zwei oder mehrere Personen **übereinstimmende Willenserklärungen** abgeben (zB Kaufvertrag zwischen Verkäufer und Käufer, Mietvertrag zwischen Mieter und Vermieter, Arbeitsvertrag zwischen Arbeitgeber und Arbeitnehmer).[201] Das Wesen eines Vertrages besteht also darin, dass mehrere Personen im Zusammenwirken miteinander übereinstimmend gewollte Rechtswirkungen hervorrufen.[202]

Rechtssubjekte genießen **Vertragsfreiheit**.[203] Dies umfasst gerade die Freiheit einer jeden Person darüber zu entscheiden, *ob* überhaupt, *mit wem* und mit *welchem Inhalt* sie einen Vertrag abschließen will (dh etwa niemand muss ein Auto kaufen oder von einer bestimmten Person eine Wohnung mieten).

Rechtswirkung entfalten Verträge **grundsätzlich nur zwischen den Vertragsparteien**, die damit für sich verbindliches Recht setzen.[204] Die rechtlichen Vorschriften (insbes. des BGB) flankieren und beeinflussen dabei dieses Rechtsgeschäft, wobei die gesetzlichen Regelungen **zwingend** (zB Formvorschriften) oder **nachgiebig** (= durch Parteivereinbarung veränderbar) sein können.[205]

Aus einem Vertragsverhältnis kann zB folgen, dass die Vertragsparteien **Ansprüche** geltend machen können.[206] 92

Beispiel für vertragliche Ansprüche: Der Münsteraner Herr X verkauft der zugezogenen Frau Z sein Fahrrad. Herr X hat als Verkäufer des Fahrrads gegen Frau Z als Käuferin einen Anspruch auf Kaufpreiszahlung und Frau Z hat als Käuferin einen Anspruch gegen den Verkäufer Herrn X auf Übergabe und Übereignung des Fahrrads (vgl. § 433 BGB).

Da diese Ansprüche nur innerhalb dieses Rechtsverhältnisses bestehen, also zwischen den (Vertrags-)Parteien, sind sie **relative Rechte**.[207] 93

199 S. BVerfGE 89, 214 ff. = NJW 1994, 36.

200 Zu anderen und **einseitigen Rechtsgeschäften** (zB Testament, Widerruf oder Anfechtung einer Willenserklärung, Kündigung) s. Schwab/Löhnig ZivilR Rn. 406 ff.

201 Vgl. Haase/Keller Grundlagen Rn. 190. S. die §§ 145 ff. BGB für privatrechtliche Verträge. Privatrechtliche Verträge sind zu trennen von **öffentlich-rechtlichen Verträgen** (§§ 54 ff. VwVfG).

202 Vgl. Schwab/Löhnig ZivilR Rn. 463.

203 Zum Ganzen Kühl/Reichold/Ronellenfitsch Rechtswissenschaft § 5 Rn. 15 ff.

204 S. Kohler-Gehrig Einführung S. 25; Möllers Methodenlehre § 3 Rn. 60; Muthorst Grundlagen § 13 Rn. 38; Schwab/Löhnig ZivilR Rn. 20 ff.; 409 (auch zum Vertrag zu Gunsten Dritter, §§ 328–335 BGB als Ausnahme zu diesem Grundsatz). Zu Tarifverträgen → § 2 Rn. 94.

205 Vgl. Schwab/Löhnig ZivilR Rn. 21 f., 49 ff.

206 Zum Anspruch bereits → § 1 Rn. 5. S. § 194 BGB.

207 S. zum umfassenderen Begriff Kühl/Reichold/Ronellenfitsch Rechtswissenschaft § 6 Rn. 23 ff., 27; Schwab/Löhnig ZivilR Rn. 188.

94 Hiervon zu unterscheiden sind die **absoluten Rechte** (zB das Eigentum, → § 1 Rn. 5), die gegenüber jedermann wirken, dh von allen zu respektieren sind, und ebenso von der Rechtsordnung geschützt werden.[208] Erst wenn absolute Rechte verletzt oder gefährdet werden, entstehen Rechtsverhältnisse und Ansprüche gegenüber anderen.[209]

Beispiel für die Verletzung absoluter Rechte und ihre Folgen: Der Münsteraner Herr X ist Eigentümer eines E-Bikes. Aus dieser Eigentümerstellung resultiert kein Rechtsverhältnis zu einer anderen Person. Wird nun aber dieses am Prinzipalmarkt abgestellte E-Bike von Herrn Y beschädigt, ist Herr X in seinen Eigentümerinteressen gestört und es entstehen gesetzlich geregelte (Schadensersatz-) Ansprüche gegen Herrn Y.

!

Sonderfall: Tarifverträge

Der Tarifvertrag ist ein schriftlicher Vertrag zwischen einer Gewerkschaft und einem oder mehreren Arbeitgebern oder einer Vereinigung von Arbeitgebern, in dem Rechtsnormen zur Regelung von Arbeits- und Wirtschaftsbedingungen festgesetzt und Rechte und Pflichten der Tarifvertragsparteien selbst begründet werden.[210] Er wirkt also einerseits wie ein gewöhnlicher Vertrag zwischen den Vertragsparteien, enthält aufgrund eines **staatlichen Geltungsbefehls** aber auch Rechtsnormen (!), welche sich nicht an die Vertragsparteien, sondern an die tarifvertragsgebundenen Parteien eines Arbeitsvertrags richten (und die für das Arbeitsverhältnis maßgeblichen Vertragsbedingungen festlegen).[211] Noch weitergehender agiert der Staat – etwa zur Etablierung zwingender Mindestarbeitsbedingungen – bei Allgemeinverbindlicherklärung (§ 5 TVG) oder Erlass von Rechtsverordnungen nach §§ 7, 7a AEntG.[212]

95 Zu beachten ist, dass auch **Träger hoheitlicher Gewalt „wie Private"** tätig werden, also privatrechtlich handeln (zB einen Kaufvertrag über Büromaterial abschließen) können, wobei insbesondere zwischen verschiedenen Erscheinungsformen privatrechtlichen Handelns der öffentlichen Verwaltung differenziert werden soll:[213]

- **Verwaltungsprivatrecht** (= Erfüllung unmittelbarer Verwaltungsaufgaben in der Rechtsform des Privatrechts)

208 Vgl. Kühl/Reichold/Ronellenfitsch Rechtswissenschaft § 6 Rn. 25; Schwab/Löhnig ZivilR Rn. 189. S. § 903 BGB zum Eigentum.

209 Schwab/Löhnig ZivilR Rn. 191.

210 Wiedemann/Thüsing, Tarifvertragsgesetz, 8. Aufl. 2019, TVG § 1 Rn. 1. S. auch § 1 TVG.

211 Richardi/Bayreuther, Kollektives Arbeitsrecht, 4. Aufl. 2019, § 4 Rn. 2 f. S. insbesondere § 4 Abs. 1 TVG.

212 Hierzu BVerfG BeckRS 2020, 629; BAG NZA 2015, 1384 (1386); 2011, 1105 ff.; Richardi/Bayreuther, Kollektives Arbeitsrecht, 4. Aufl. 2019, § 9 Rn. 1 ff. auch zur Regelungssystematik des § 3a AÜG (Rn. 66 ff.).

213 Vgl. etwa BVerwG NJW 1994, 2968 (2969); Detterbeck AllgVerwR Rn. 903 ff.; Sauerland AllgVerwR § 5 Rn. 1 ff. zu Beispielen, weiteren Rechtsprechungsnachweisen und der Frage der Grundrechtsbindung.

- **fiskalische Hilfsgeschäfte** (Bedarfsdeckungsgeschäfte = öffentliche Verwaltung tätigt Rechtsgeschäfte, um überhaupt öffentliche Aufgaben erfüllen zu können),
- **Erwerbswirtschaft** (= Staat betätigt sich nach wirtschaftlichen Grundsätzen in der Absicht der Gewinnerzielung).

!

Abgrenzung Öffentliches Recht und Privatrecht

Zur Abgrenzung von öffentlichem Recht und Privatrecht gibt es verschiedene Theorien – die Gerichte stellen auf die Natur des in Rede stehenden Rechtsverhältnisses ab und bedienen sich gelegentlich der Sonderrechtstheorie (in Kombination mit anderen Theorien), die den **Adressaten der jeweiligen entscheidungserheblichen Rechtsvorschrift** näher betrachtet.[214] Die Sonderrechtstheorie beschreibt das öffentliche Recht als den Inbegriff derjenigen **Rechtsnormen**, die ausschließlich einen **Hoheitsträger berechtigen oder verpflichten**, also insbesondere dem Staat ein Sonderrecht verleihen. Das Privatrecht hingegen wende sich nach Ansicht der Sonderrechtstheorie als „Jedermanns-Recht" an beliebige Rechtssubjekte.

Erforderlich ist die Abgrenzung etwa einerseits vor dem Hintergrund, dass der Staat durch das Öffentliche Recht stärkeren **Bindungen** unterworfen ist (zB durch die Grundrechte) und ihm insoweit besondere **rechtliche Verfahrensregelungen und Handlungsformen** zur Verfügung stehen; andererseits muss klar sein, an welches konkrete **Gericht** man sich im Streitfall wenden kann.[215]

3. Strafrecht

Den Kern des (materiellen) Strafrechts hat der Gesetzgeber im **StGB** geregelt.[216] 96
Dort finden sich in einem **Allgemeinen und einem Besonderen Teil** in erster Linie Regelungen darüber, welche bestimmten Verhaltensweisen (als schwere Verstöße im menschlichen Zusammenleben) konkret strafbar sind und welche Folgen eine Strafbarkeit mit sich bringt.

Beispiele zu kernstrafrechtlichen Strafvorschriften des Besonderen Teils des StGB:

- Körperverletzung, § 223 StGB
- Betrug, § 263 StGB
- Vorenthalten und Veruntreuen von Arbeitsentgelt, § 266a StGB
- Urkundenfälschung, § 267 StGB

214 Vgl. BVerwG NVwZ-RR 2010, 682 (683) mwN; NK-VwGO/Sodan, 5. Aufl. 2018, VwGO § 40 Rn. 302 mwN.

215 S. hierzu und zu den Abgrenzungstheorien Sauerland AllgVerwR § 1 Rn. 21 ff. Vgl. auch Braun PSP 2019, 37; Brox/Walker BGB AT § 1 Rn. 11 f. und die Beispiele bei Wörlen/Metzler-Müller BGB AT Rn. 14 ff. Zum Rechtsweg → § 3 Rn. 1 ff.

216 Sonderregelungen für Jugendliche und Heranwachsende finden sich im **JGG**. Zum Begriff des materiellen Strafrechts → § 2 Rn. 103, 106; Fn. 334.

!

Allgemeiner Teil des StGB

Der Allgemeine Teil des StGB enthält die Vorschriften, die „vor die Klammer gezogen" grundsätzlich für alle Delikte des Besonderen Teils gemeinsam gelten (zB Notwehr, Schuldfähigkeit, Versuch, Täterschaft und Teilnahme, Strafen und Maßregeln).[217]

97 Daneben existiert eine Vielzahl unterschiedlicher Strafvorschriften außerhalb des StGB, für welche die Regeln des Allgemeinen Teils des StGB aber entsprechend gelten.[218]

Beispiele (Nebenstrafrecht):

- Steuerhinterziehung (§ 370 AO)
- Einschleusen von Ausländern (§ 96 AufenthG)
- Beschäftigung von Ausländern ohne Genehmigung oder ohne Aufenthaltstitel und zu ungünstigen Arbeitsbedingungen (§ 10 SchwarzArbG)
- Strafvorschriften des Außenwirtschaftsgesetzes (§§ 17, 18 AWG)
- Besitzen von Betäubungsmitteln, ohne zugleich im Besitz einer entsprechenden Erlaubnis für den Erwerb zu sein (§ 29a Abs. 1 Nr. 3 BtMG)

98 Letztlich ist zu beachten, dass nicht alle sozialschädlichen Handlungen zwangsläufig dem Wirkkreis des Strafrechts unterworfen sind. Vielmehr will das Strafrecht stets als **„letztes Mittel"** gerade die besonders massiven Verfehlungen sanktionieren.

Beispiele:

- Nach § 212 StGB ist es strafbar, jemanden zu töten, nach § 370 AO Steuern zu hinterziehen. Auf diese Verhaltensweisen wird mit den Mitteln des Strafrechts (Freiheitsstrafe bzw. Freiheitsstrafe oder Geldstrafe) reagiert.
- Im Vergleich zur Straftat leichtere Verfehlungen im menschlichen Zusammenleben will der Gesetzgeber zum Teil aber auch mit dem **Ordnungswidrigkeitenrecht** als Ordnungswidrigkeit geahndet wissen (zB „Falschparken") → § 3 Rn. 52 ff.
- Wird ein Bürger aber zB vertragsbrüchig, hält sich also nicht an die mit einem anderen Bürger getroffene vertragliche Vereinbarung (zB eines Kauf- oder Mietvertrages), genügen die vom Staat durch Rechtsvorschriften eingerichteten Mittel des Privat- und zugehörigen Verfahrensrechts, um dem rechtsuchenden Bürger die Durchsetzung seines Anspruchs zu gewährleisten; eine staatliche Bestrafung des bloßen Vertragsbruches mit den Mitteln des Strafrechts ist aber nicht vorgesehen.[219]

[217] Rengier StrafR AT § 1 Rn. 2. Vgl. auch Nolden/Palkovits/Dittert/Pichocki StrafR 1. Teil Rn. 12. Zum „Klammerprinzip" → § 2 Rn. 9.

[218] Vgl. Art. 1 EGStGB. S. für Steuerstraftaten aber auch § 369 Abs. 2 AO.

[219] S. auch BVerfG NJW 2010, 3209 (3215).

VII. Materielles und formelles Recht

Eine weitere gängige (inhaltliche) Unterscheidung der inneren Struktur der Rechtsordnung betrifft die Differenz von materiellem und formellem Recht. 99

> **Merke:** Die Begriffe „materielles und formelles Recht" dürfen nicht mit dem Begriffspaar „formelle und materielle Gesetze" verwechselt werden (→ § 2 Rn. 40 ff.).

Jedes **Rechtsgebiet** besteht aus Regelungen des materiellen Rechts und des formellen Rechts, die regelmäßig in verschiedenen Gesetzen zu finden sind.[220] 100

> **Merke:**
>
> Das **materielle** Recht sagt, wer *Recht hat* (= wem welche Rechte zustehen).
>
> Das **formelle** Recht bestimmt insbesondere, wie *Recht durchgesetzt* wird.

1. Materielles Recht

Das materielle Recht soll alle Rechtsvorschriften umfassen, die Rechtsbeziehungen bzw. Rechtsverhältnisse konstituieren bzw. regeln (also Entstehung, Veränderung und Untergang von Rechten und Pflichten).[221] 101

Materielle Rechtsvorschriften des **Öffentlichen Rechts** gestalten und bestimmen demnach zB die Rechtsbeziehungen zwischen Hoheitsträgern und dem Bürger (etwa die staatliche Möglichkeit, einen Platzverweis auszusprechen) oder auch zwischen verschiedenen Hoheitsträgern untereinander (beispielsweise Kompetenzfragen zwischen Bund und Ländern). 102

Das **materielle Strafrecht** (StGB und strafrechtliche Nebengesetze) etwa bestimmt vor allem, unter welchen gesetzlichen Voraussetzungen sich jemand strafbar macht – welche Verhaltensweisen also als Straftat gelten – und welche Sanktionen für solche Straftaten verhängt werden können. 103

Das **materielle Privatrecht** befasst sich zB mit der Frage, ob jemand überhaupt einen Anspruch (zB auf Herausgabe eines Gegenstandes oder Ersatz eines Schadens) gegen einen anderen hat. 104

2. Formelles Recht

Formelles Recht hingegen betrifft in erster Linie die Wege der **Durchsetzung des materiellen Rechts**, umfasst also die Rechtsvorschriften, die verfahrensmäßige Vorgaben für Feststellung und Vollstreckung des Rechts enthalten.[222] Hiermit ist das **Verfahrens- und Prozessrecht** gemeint, das einer materiellen Rechtsposition auf rechtsstaatlichem Wege zur Geltung verhelfen soll. 105

Beispielsweise versteht man in Abgrenzung zum materiellen Strafrecht unter dem **formellen Strafrecht** das Strafverfahrensrecht im weiteren Sinne, das 106

[220] Kohler-Gehrig Einführung S. 35.

[221] Kock/Stüwe ÖffR/Kock Rn. 41; Kohler-Gehrig Einführung S. 34; Schwacke Methodik S. 10. S. aber auch Muthorst Grundlagen § 13 Rn. 56 f.

[222] Vgl. Kohler-Gehrig Einführung S. 36 f.; Kock/Stüwe ÖffR/Kock Rn. 42; Muthorst Grundlagen § 13 Rn. 54 und 57; Wörlen/Metzler-Müller BGB AT Rn. 28.

hauptsächlich in der Strafprozessordnung (StPO) niedergelegt ist. Es befasst sich mit der Frage, wie das materielle Strafrecht verfahrensmäßig durchgesetzt werden kann. So enthält es die rechtsstaatlichen Vorgaben dafür, wie das Vorliegen einer Straftat ermittelt und gegebenenfalls die gesetzlich vorgesehenen Rechtsfolgen im eigentlichen Strafprozess festgesetzt und später vollstreckt werden können.[223]

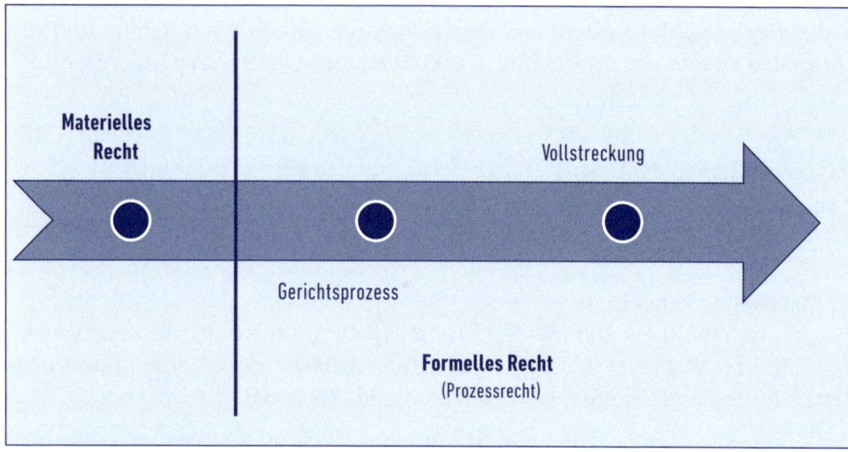

Abb. 11 Materielles Recht und Prozessrecht

107 Im **formellen Privatrecht** ginge es im Beispiel (→ § 2 Rn. 104) etwa um die Frage, wie der Anspruchsinhaber angesichts des staatlichen Gewaltmonopols nun auf rechtsstaatlichem Wege seinen Gegenstand erlangen kann, wozu insbesondere die Zivilprozessordnung (ZPO) und das GVG als **Zivilprozessrecht** Auskunft geben. Um private Rechte feststellen zu lassen und auch durchzusetzen, müsste – soweit gewollt – durch Erhebung einer Klage (= Handlung, durch die der Kläger bei Gericht um Rechtsschutz nachsucht) also ein Zivilprozess eingeleitet werden.[224]

108 Weiter trifft die Verwaltungsgerichtsordnung (VwGO) als **formelles Öffentliches Recht** beispielsweise gerade keine Aussage über die materielle Rechtsfrage des Anspruchs des Bürgers auf Erlaubnis zum Betreiben einer Gaststätte, sondern regelt den rechtsstaatlichen Weg hin zur Erlangung der Gaststättenerlaubnis. Insoweit bewegte man sich im Feld des **Verwaltungsprozessrechts**, aus dem sich etwa die Voraussetzungen für eine Klage des Bürgers und die gerichtliche Feststellung sowie Durchsetzung eines solchen Anspruchs gegen den Staat ergeben würden.[225] Hier würde man sich zB auch befinden, wenn der Bürger gegen einen Verwaltungsakt[226] klagt, der ihn belastet.

[223] Zu Straftatbeständen → § 5 Rn. 43 ff., zum strafrechtlichen Ermittlungsverfahren → § 3 Rn. 44 ff.

[224] Einzelheiten bei Oberheim ZivilProzR Rn. 121 ff. → § 3 Rn. 38 (Kasten Zivilprozess).

[225] Zum Verwaltungsprozessrecht s. etwa Kock/Stüwe ÖffR/Stüwe Rn. 1305 ff.; Sauerland AllgVerwR § 25 Rn. 1 ff.

[226] Zum Begriff des Verwaltungsakts vgl. § 35 VwVfG, § 118 AO und § 31 SGB X.

Merke: Das **Prozessrecht** (= gerichtliches Verfahrensrecht) wird insgesamt dem Öffentlichen Recht (und nicht dem Privatrecht) zugeordnet.[227]

Das formelle Recht regelt auch das **Verwaltungsverfahren** (= Weg, auf dem die Verwaltung ihre Rechtsakte erzeugt[228]) sowie das **Gesetzgebungsverfahren** (insbesondere Art. 76 ff. GG; also bestimmt das formelle Recht mit Blick auf das Gesetzgebungsverfahren auch, wie Recht *gesetzt* wird).[229] 109

§ 3 Gerichtlicher Rechtsschutz, Gerichte und Verfahren

A. Rechtsweg: Wesentliche verfassungsrechtliche Grundlagen

I. Staatliches Gewaltmonopol als Ausgangspunkt

Das Gewaltmonopol liegt beim Staat, der allein das Recht zu wahren hat; Selbstjustiz verbietet sich.[230] Folglich muss dieser dem Rechtsuchenden auch Rechtsschutz gewährleisten, also die Möglichkeit einrichten, den **Rechtsweg** (dh den Weg zu den staatlichen Gerichten)[231] beschreiten zu können.[232] 1

Erst die unabhängigen staatlichen Gerichte 2

- können in einem rechtsstaatlich geordneten Verfahren
- letztverbindlich feststellen, entscheiden und aussprechen,
- was im konkreten (Streit-)Fall rechtens ist.[233]

Daher sind sie elementare Pfeiler des innerstaatlichen **Rechtsschutzsystems**. 3

II. Allgemeiner Justizgewährungsanspruch und Art. 19 Abs. 4 GG

Vor diesem Hintergrund umfasst der allgemeine **Justizgewährungsanspruch** insbesondere 4

- das Recht des Einzelnen auf (generellen) **Zugang** zu den Gerichten,
- die Gewährleistung einer grundsätzlich umfassenden tatsächlichen und rechtliche **Prüfung** des Streitgegenstandes durch einen Richter in einem förmlichen Verfahren,
- sowie dessen **verbindliche** und **zeitnahe** Entscheidung.[234]

[227] Vgl. Brox/Walker BGB AT § 1 Rn. 13; Detterbeck AllgVerw Rn. 11; Maurer StaatsR I § 1 Rn. 25; Schwacke Methodik S. 9.

[228] Detterbeck AllgVerwR Rn. 940. Zum Verwaltungsverfahren auch → § 3 Rn. 39.

[229] Kock/Stüwe ÖffR/Kock Rn. 42; Kohler-Gehrig Einführung S. 35.

[230] BVerfGE 54, 277 (292) = NJW 1981, 39.

[231] BVerfGE 11, 232 (233) = BeckRS 1960, 103956; Ipsen/Kaufhold/Wischmeyer Staatsrecht I § 16 Rn. 12; Remmert JURA 2014, 906 (912).

[232] S. auch Voßkuhle/Kaufhold JuS 2010, 116 (118). Grundgesetzliche Rechtsschutzgarantien finden sich zudem in Art. 14 Abs. 3 S. 4 GG und Art. 34 S. 3 GG.

[233] BVerfGE 103, 111 (137 f.) = NJW 2001, 1048; Voßkuhle/Kaufhold JuS 2012, 314 (315 f.). Zu anderen Aufgaben mwN Ipsen/Kaufhold/Wischmeyer StaatsR I § 14 Rn. 14 und → § 3 Rn. 18 (Kasten Justizverwaltung).

[234] BVerfGE 107, 395 (401) = NJW 2003, 1924; BVerfG NJW 2019, 3137 f., (Herleitung aus Art. 2 Abs. 1 GG iVm Art. 20 Abs. 3 GG). S. auch Voßkuhle/Kaiser JuS 2014, 312 ff.

5 Diesem Anspruch des Einzelnen steht auf staatlicher Seite die korrespondierende **Justizgewährungspflicht** gegenüber.[235]

6 Verfassungsrechtlich gewährleistet und garantiert daneben **Art. 19 Abs. 4 GG** das grundlegende Recht des Einzelnen, sich gegen **Maßnahmen der öffentlichen Gewalt** vor einem Gericht zur Wehr setzen zu können.[236] Diese Vorschrift beheimatet insoweit die Gewährleistung des **Zugangs zum Gericht** und der **wirksamen Verfolgung bei Gericht**.[237] Der Begriff der „öffentlichen Gewalt" soll grundsätzlich nur bestimmte **Maßnahmen der vollziehenden Gewalt** (Exekutive) umfassen.[238]

!

Merke: Schon vor dem Gang zum Gericht wirkt sich die Garantie des Art. 19 Abs. 4 GG – wegen des funktionalen Zusammenhangs von Verwaltungsverfahren und gerichtlicher Kontrolle – bereits auf die Ausgestaltung und Handhabung des **Verwaltungsverfahrens** aus (das dem gerichtlichen Verfahren vorgelagert und im Sinne der Gewaltenteilung aber strikt von diesem zu trennen ist).[239]

7 Art. 19 Abs. 4 GG ist eine Spezialregelung des allgemeinen Justizgewährungsanspruchs, die sich im rechtsstaatlichen Kerngehalt zwar nicht von diesem unterscheidet, aber einen anderen Anwendungsbereich hat.[240] Der allgemeine Justizgewährungsanspruch ist nämlich insbesondere in **Streitigkeiten zwischen Bürgern** von besonderer Relevanz, zumal in diesen Fällen ja gerade kein Rechtsschutz gegen eine Rechtsverletzung durch die öffentliche Gewalt begehrt wird und der Anwendungsbereich des Art. 19 Abs. 4 GG mithin nicht eröffnet ist.

Beispiele:

- Herr X möchte sich gegen eine ihn belastende Verfügung einer Ordnungsbehörde wehren. **Art. 19 Abs. 4 GG** garantiert Herrn X den Zugang zu einem Gericht.
- Herr Z beschädigt beim Ausparken das Auto von Frau Y. Hier vermittelt der **allgemeine Justizgewährungsanspruch** Frau Y einen Anspruch darauf, dass der Staat ihr den Rechtsweg zu einem Gericht eröffnet.

8 Rechtsschutz ist eine staatliche Leistung, deren Voraussetzungen erst geschaffen, deren Art näher bestimmt und deren Umfang im Einzelnen festgelegt werden müssen.[241] Der allgemeine Justizgewährungsanspruch und der Anspruch aus Art. 19 Abs. 4 GG bedürfen daher der **weitergehenden gesetzlichen Aus-**

235 Dürig/Herzog/Scholz/Schmidt-Aßmann GG Art. 19 Abs. 4 Rn. 16.

236 BVerfG NVwZ 2018, 1549 Ls. 3, Rn. 33 („Garantie eines wirkungsvollen Rechtsschutzes").

237 BVerfG NJW 2013, 1418 (1419, 1422) mwN; BVerfGE 129, 1 (20) = BeckRS 2011, 51929; Remmert JURA 2014, 906 (912). Vgl. auch Bickenbach JuS 2007, 910 ff.

238 BVerfGE 122, 248 (270 f.) = NJW 2009, 1469; BVerfGE 107, 395 (403 ff.) = NJW 2003, 1924 auch zu Ausnahmen. Zum Ganzen auch Ipsen/Kaufhold/Wischmeyer StaatsR I § 16 Rn. 2 ff. und Manssen StaatsR II Rn. 834 ff.

239 BVerfG NJW 2011, 2113 (2117); 2007, 2464 (2473); Dreier/Schulze-Fielitz GG Art. 19 Abs. 4 Rn. 87; Dürig/Herzog/Scholz/Schmidt-Aßmann GG Art. 19 Abs. 4 Rn. 26. Zum Verwaltungsverfahren → § 3 Rn. 39 ff.

240 BVerfGE 107, 395 (403) = NJW 2003, 1924.

241 BVerfG NJW 2013, 1418 (1422).

gestaltung.[242] So wurden insbesondere unterschiedliche Organisations- und Verfahrensordnungen (zB GVG, ZPO, StPO, VwGO) geschaffen, die jedenfalls die Mindeststandards der beiden Ansprüche hinreichend berücksichtigen und die Rechtsschutzmöglichkeiten entsprechend ordnen und konkretisieren sollen.[243]

Beispiel: An welches konkrete Gericht Herr X sich mit welcher konkreten Klage(art) wenden muss, um Rechtsschutz zu erlangen, ergibt sich aus den Verfahrensordnungen. Hierbei stellt sich zunächst die entscheidende Frage, welcher Rechtsweg (etwa der Verwaltungsrechtsweg, vgl. § 40 Abs. 1 S. 1 VwGO) überhaupt für ihn eröffnet ist.[244]

Merke: Garantiert ist rechtzeitiger Rechtsschutz: Da gerichtlicher Rechtsschutz der Schaffung vollendeter Tatsachen (die gegebenenfalls nicht mehr rückgängig zu machen sind) oder dem Eintritt sonst irreparabler Schäden zuvorzukommen hat, wird unter bestimmten Voraussetzungen auch ein **einstweiliger (= vorläufiger) Rechtsschutz** gewährleistet („Eilrechtsschutz").[245]

III. Garantie des gesetzlichen Richters

Soweit das GG davon spricht, dass „niemand seinem **gesetzlichen Richter** ent- 9
zogen werden darf"[246], soll damit verdeutlicht werden, dass im Voraus (= also vor Anrufung eines Gerichts) so deutlich wie möglich festgelegt sein muss,

- welches Gericht als organisatorische Einheit (zB Landgericht),
- welcher Spruchkörper (zB Strafkammer) und
- welche Richterinnen und Richter

für die Entscheidung im Einzelfall zuständig ist bzw. sind.[247]

Diese Zuständigkeit folgt aus den Verfahrensordnungen (zB StPO), dem Gerichts- 10
verfassungsrecht (insbesondere GVG – vor allem Gerichtsorganisation) und der **Geschäftsverteilung** (= jährlich aufzustellender Geschäftsverteilungsplan) der Gerichte.

Mit der Garantie des gesetzlichen Richters will der oben zitierte Art. 101 Abs. 1 11
S. 2 GG der Gefahr vorbeugen, dass

- die Justiz durch eine Manipulation der rechtsprechenden Organe sachfremden Einflüssen ausgesetzt wird,
- durch eine auf den Einzelfall bezogene Auswahl der zur Entscheidung berufenen Richter das Ergebnis der Entscheidung – gleichgültig von welcher Seite – beeinflusst werden kann.[248]

242 BVerfG BeckRS 2020, 14498 = JuS 2021, 92 (mAnm Sachs); Remmert JURA 2014, 906.

243 Vgl. auch BVerfGE 77, 275 (284) = NJW 1988, 1255.

244 Zu den einzelnen Gerichtsbarkeiten → § 3 Rn. 19 ff.

245 BVerfGE 93, 1 (13) = NJW 1995, 2477; Dürig/Herzog/Scholz/Schmidt-Aßmann GG Art. 19 Abs. 4 Rn. 273 ff. mwN. S. zB die einstweilige Anordnung nach § 123 VwGO oder § 114 FGO bzw. Verfügung nach §§ 935, 940 ZPO. S. zur einstweiligen Anordnung im Verfassungsprozessrecht Bäcker JuS 2013, 119 ff. Vgl. zudem Heinemann NVwZ 2019, 517.

246 Vgl. Art. 101 Abs. 1 S. 2 GG.

247 BVerfG NJW-RR 2010, 268 (269); NJW 2018, 1155 (1156); → § 3 Rn. 12 ff.

248 BVerfG NJW 2018, 1155 mwN.

Damit soll die Unabhängigkeit der Rechtsprechung gewahrt und das Vertrauen der Rechtsuchenden und der Öffentlichkeit in die Unparteilichkeit und Sachlichkeit der Gerichte gesichert werden.[249]

> **Beachte** auch Art. 103 Abs. 1 GG („Vor Gericht hat jedermann **Anspruch auf rechtliches Gehör**"), wobei mit „Gehör" gemeint ist, dass Verfahrensbeteiligte Gelegenheit haben sollen, sich zum Verfahrensstoff zu äußern.[250] „Für Verfahren, die nicht „vor Gericht" durchgeführt werden, etwa für Verwaltungsverfahren, gilt die Verfassungsbestimmung ihrem eindeutigen Wortlaut nach nicht".[251]

B. Gerichtssystem der BRD

I. Grundlegendes

12 Maßgebliche Vorschriften über die Rechtsprechung enthält das GG.[252] Wichtige Bestimmungen finden sich daneben zB im GVG.

> **Merke:** Der Begriff **Rechtsprechung** wird nicht nur verwendet, um die Staatsfunktion als solche, sondern auch, um das eigentliche **Sprechen von Recht** durch die Gerichte zu bezeichnen (Beispiel: „Nach der Rechtsprechung des Bundesverfassungsgerichts [...]").

13 Die Ausübung der rechtsprechenden Gewalt erfolgt durch Gerichte, die einerseits auf der Ebene der Länder (Gerichte der Bundesländer), andererseits auf Bundesebene (BVerfG und Bundesgerichte) verortet sind und selbstständige organisatorische Einheiten bilden.[253]

14 Recht gesprochen wird in verschiedenen fachlich spezialisierten **Gerichtsbarkeiten (oder Gerichtszweigen)**. Die fachliche Trennung bzw. Spezialisierung der Gerichte nach Rechtsgebieten liegt insbesondere begründet in der erforderlichen besonderen Sachkunde des jeweils zur Entscheidung berufenen (Fach-) Gerichts.[254]

15 Gerichtliche Entscheidungen werden von **Spruchkörpern** des jeweiligen Gerichts getroffen, denen die Richter zugewiesen und die abhängig von Gericht und Verfahrenskonstellation mit einer unterschiedlichen Zahl von hauptberuflichen (und gegebenenfalls ehrenamtlichen) Richtern besetzt sind.[255]

[249] BVerfG BeckRS 2021, 40825 Rn. 28.

[250] Manssen StaatsR II Rn. 865 ff. S, auch BFH BeckRS 2020, 12526.

[251] BVerfG NJW 2000, 1709. Zu Anhörungspflichten im Verwaltungsverfahren s. neben § 28 VwVfG auch Wolff/Bachof/Stober/Kluth VerwR I/Korte § 48 Rn. 55 ff.

[252] Art. 20 Abs. 3 und Art. 92 ff. GG.

[253] Art. 92 Hs. 2 GG. Vgl. auch Voßkuhle/Kaufhold JuS 2012, 314 (315). S. zu Amt und Funktion eines Richters auch → § 4 Rn. 24.

[254] Vgl. auch Menne JuS 2003, 26 (27).

[255] S. etwa § 21e Abs. 1 GVG. Vgl. auch KK-StPO/Diemer, 8. Aufl. 2019, GVG § 21e Rn. 5. Zu hauptberuflichen und ehrenamtlichen Richtern → § 4 Rn. 24.

Beispiele für Spruchkörper:

- Strafrichter (= Einzelrichter) und Schöffengericht bei den Amtsgerichten in Strafsachen
- Kammern bei den Landgerichten (Zivil- und Strafkammern) – auch in spezieller Funktion zB als Wirtschaftsstraf-, Jugend-, Schwurgerichtskammer
- Senate bei den Oberlandesgerichten (Zivil- und Strafsenate)
- Senate (Zivil- und Strafsenate) beim Bundesgerichtshof

Merke: Die wichtigste justizielle gerichtliche Entscheidungsform ist das **Urteil**, durch das jemand zB zu einer Leistung oder wegen einer Straftat zu einer Freiheitsstrafe verurteilt wird. Ein Urteil ergeht „Im Namen des Volkes".[256]

Neben der Teilung in (Fach-)Gerichtsbarkeiten gibt es auf nationaler Ebene innerhalb der Gerichtszweige eine **hierarchische Stufung** im Sinne einer Über-/Unterordnung der Gerichte (sog. **Instanzen**). Ein Gerichtsprozess beginnt grundsätzlich (dh es gibt auch Ausnahmen[257]) bei einem hierarchisch betrachtet „unteren" Gericht und kann (nicht muss!) regelmäßig durch Rechtsmittel (zB Berufung, Revision) gegen dessen Entscheidung in eine höhere Instanz (= vor ein Gericht höherer Ordnung) gebracht werden. Diese einzelnen gestuften Verfahrensabschnitte eines Rechtsstreits werden auch als **Rechtszug** bezeichnet. 16

Beispiel für gerichtliche Instanzen: Gegen ein **Strafurteil** eines **Amtsgerichts (1. Instanz bzw. erster Rechtszug)** wird das Rechtsmittel der **Berufung** (= Überprüfung der angefochtenen Entscheidung in tatsächlicher und rechtlicher Hinsicht) eingelegt, woraufhin als Rechtsmittelinstanz das **Landgericht (2. Instanz bzw. zweiter Rechtszug)** als nächsthöheres Gericht ein neues Urteil in diesem konkreten Fall spricht. Dieses (Berufungs-)Urteil kann dann mit dem Rechtsmittel der **Revision** (= Überprüfung der richtigen Rechtsanwendung) angegriffen werden, die dann eine Entscheidung des **Oberlandesgerichts (3. Instanz oder dritter Rechtszug)** als nächsthöheres Gericht (und ebenfalls Rechtsmittelinstanz) erforderlich machen würde.

Rechtsbehelf und Rechtsmittel

Ein **Rechtsbehelf** ist jedes von der Rechtsordnung in einem Verfahren zugelassene Mittel, mit dem insbesondere gegen behördliche und gerichtliche Entscheidungen vorgegangen werden kann (Oberbegriff). Ein **Rechtsmittel** ist hingegen ein spezieller Rechtsbehelf, der die Entscheidung zunächst in ihrer Umsetzung hemmt (Suspensiveffekt = aufschiebende Wirkung) und das Verfahren bzw. den Rechtsstreit in die nächsthöhere Instanz hebt (Devolutiveffekt). Ob und wie einzelne Rechtsbehelfe bzw. Rechtsmittel eingelegt werden können, ist den ent-

[256] S. § 311 Abs. 1 ZPO (iVm § 46 Abs. 2 ArbGG), § 268 Abs. 1 StPO, § 117 Abs. 1 S. 1 VwGO, § 105 Abs. 1 S. 1 FGO, § 132 Abs. 1 S. 1 SGG, § 25 Abs. 4 BVerfGG.

[257] Etwa die erstinstanzliche Zuständigkeiten des OLG nach § 120 GVG oder des OVG nach § 48 VwGO.

sprechenden (verfahrensrechtlichen) Regelungen der einzelnen Rechtsgebiete zu entnehmen.[258]

17 Zu beachten ist aber, dass nicht in allen gerichtlichen Verfahren überhaupt mehrere Rechtszüge (Instanzen) vorgesehen sind; Justizgewährungsanspruch und Art. 19 Abs. 4 GG gewährleisten die grundsätzlich ausreichende einmalige Möglichkeit zur Einholung einer gerichtlichen Entscheidung – es gibt daher **keinen Anspruch eines einzelnen Rechtsuchenden auf die Gewährung eines Instanzenzuges** (= Überprüfung getroffener gerichtlicher Entscheidungen durch ein oder mehrere übergeordnete Gerichte).[259]

18 Ist aber in den Verfahrensvorschriften ein **Instanzenzug eingerichtet**, genießt der Rechtssuchende natürlich wirksamen und garantierten Rechtsschutz in allen zur Verfügung gestellten Instanzen.[260]

! **Merke:** Die Gerichte sind zwar die Organe, denen die Ausübung der Rechtsprechung als Staatsfunktion übertragen ist; bei ihnen ist jedoch auch die **Justizverwaltung** angesiedelt, weshalb ein Gericht organisatorisch betrachtet eine Behörde ist, die nicht nur rechtsprechende, sondern auch exekutive Funktionen (zB Ausbildungs- und Zulassungsfragen, Beschaffung) erfüllt.[261]

II. Gerichtsbarkeiten im Allgemeinen

19 Die nachfolgende Abbildung verschafft einen ersten Überblick über die Gerichtsbarkeiten der BRD.

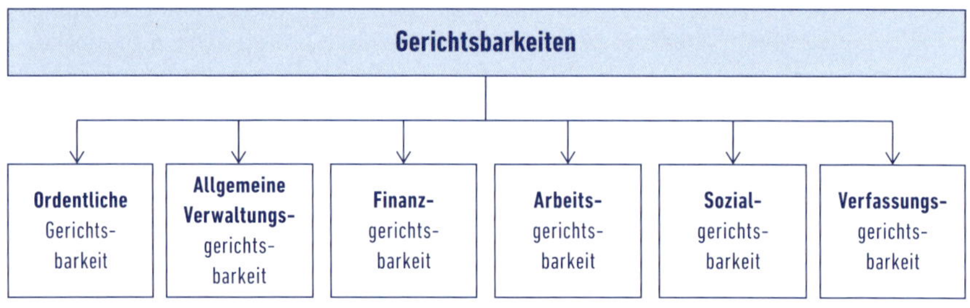

Abb. 12 Gerichtsbarkeiten

20 Für die einzelnen Gerichtsbarkeiten (auch **Gerichtszweige**) regeln die Vorschriften unterschiedlicher Verfahrensordnungen die Einzelheiten zu den jeweiligen Verfahrensabläufen. Die wichtigsten Verfahrensordnungen sind

[258] Zu zivilprozessualen Rechtsbehelfen etwa Oberheim ZivilProzR Rn. 1484 ff. und Pils JA 2011, 451 ff., zu Rechtsmitteln und außerordentlichen Rechtsbehelfen im Strafverfahrensrecht etwa Engländer StrafProzR Rn. 287 ff. und zu verwaltungsprozessualen Rechtsmitteln Detterbeck AllgVerwR Rn. 1548 ff.

[259] BVerfGE 107, 395 (402) = NJW 2003, 1924.

[260] BVerfGE 122, 248 (271) = NJW 2009, 1469.

[261] Ipsen/Kaufhold/Wischmeyer StaatsR I § 14 Rn. 14; Oberheim ZivilProzR Rn. 89.

- die Zivilprozessordnung (ZPO),
- das Gesetz über das Verfahren in Familiensachen und in den Angelegenheiten der freiwilligen Gerichtsbarkeit (FamFG),
- die Strafprozessordnung (StPO),
- die Verwaltungsgerichtsordnung (VwGO),
- die Finanzgerichtsordnung (FGO),
- das Arbeitsgerichtsgesetz (ArbGG),
- das Sozialgerichtsgesetz (SGG) und
- das Bundesverfassungsgerichtsgesetz (BVerfGG).

In Anlehnung an die Gerichtsbarkeiten wurden auf Bundesebene unterschiedliche oberste Bundesgerichte errichtet:[262] 21

- **Bundesgerichtshof** (BGH, Karlsruhe als Hauptsitz, 5. Strafsenat in Leipzig) für die ordentliche Gerichtsbarkeit,
- **Bundesverwaltungsgericht** (BVerwG, Leipzig) für die (allgemeine) Verwaltungsgerichtsbarkeit,
- **Bundesfinanzhof** (BFH, München) für die Finanzgerichtsbarkeit,
- **Bundesarbeitsgericht** (BAG, Erfurt) für die Arbeitsgerichtsbarkeit,
- **Bundessozialgericht** (BSG, Kassel) für die Sozialgerichtsbarkeit.

Dabei kommt diesen obersten Gerichtshöfen des Bundes innerhalb der ihnen jeweils zugewiesenen Gerichtsbarkeit insbesondere eine **Leitfunktion** zu, abstrakte Rechtsfragen letztverbindlich und einheitlich zu klären.[263] Sie stehen daher regelmäßig als höchste Gerichte an der Spitze eines Instanzenzuges, ihnen können aber in begrenztem Umfang auch erstinstanzliche Aufgaben zugewiesen werden.[264] 22

> **Merke:** Darüber hinaus wurde ein ***Gemeinsamer Senat*** *der obersten Gerichtshöfe des Bundes* gebildet, um die Einheitlichkeit der Rechtsprechung zu wahren.[265] Dieser entscheidet, wenn ein oberster Gerichtshof in Rechtsfragen von der Entscheidung eines anderen obersten Gerichtshofs oder des Gemeinsamen Senats abweichen will.

Unterhalb der obersten Bundesgerichte haben die **(Bundes-)Länder eigene Gerichte** errichtet und organisiert.[266] Diese lassen sich ebenfalls in die bereits genannten Gerichtszweige (Gerichtsbarkeiten) einordnen. In der BRD besteht damit ein System der Gerichtsbarkeiten, das auf der Landesebene ansetzt und mit obersten Gerichten auf der Bundesebene seinen Abschluss findet.[267] 23

[262] Art. 95 Abs. 1 GG. S. aber auch Art. 96 GG zu weiteren Bundes(sonder)gerichten (zB Bundespatentgericht, Wehrstrafgerichte des Bundes).

[263] Dürig/Herzog/Scholz/Jachmann-Michel GG Art. 95 Rn. 11. Dies geschieht insbesondere durch Auslegung (→ § 9 Rn. 1 ff.) und Rechtsfortbildung (→ § 10 Rn. 7 ff.).

[264] BVerfGE 92, 365 (410) = NJW 1996, 185. S. etwa § 5 Abs. 1 VPlBeschlG zur Zuständigkeit des BVerwG.

[265] S. Art. 95 Abs. 3 GG und im Weiteren zu Zuständigkeit, Verfahren und Zusammensetzung das Gesetz zur Wahrung der Einheitlichkeit der Rechtsprechung der obersten Gerichtshöfe des Bundes (RsprEinhG) v. 19.6.1968.

[266] BVerfGE 24, 155 (167) = NJW 1969, 1291.

[267] Dürig/Herzog/Scholz/Hillgruber GG Art. 92 Rn. 80. S. auch BVerfGE 8, 174 (177) = NJW 1958, 2011.

24 Eine Sonderrolle nehmen aber freilich das BVerfG – das ein allen übrigen Verfassungsorganen gegenüber selbständiger und unabhängiger Gerichtshof des Bundes ist – und die Landesverfassungsgerichte (LVerfGe) ein (→ § 3 Rn. 31 ff.).

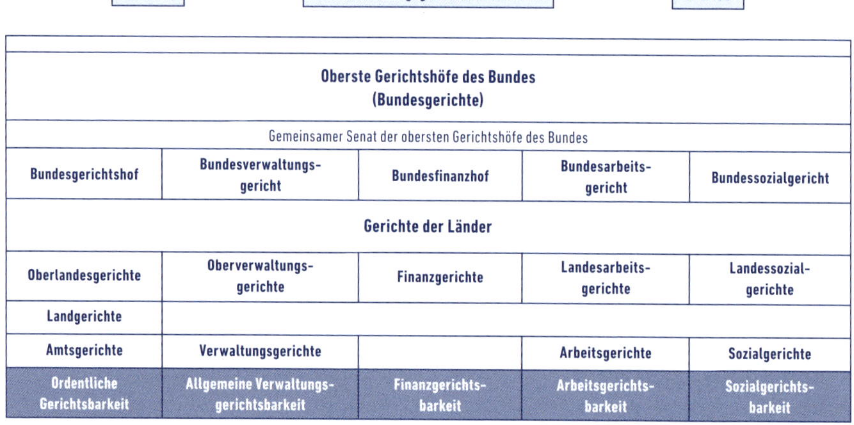

Abb. 13 Gerichte

!

Europäische und internationale Gerichte

Wichtig für den Rechtsanwender ist zudem die Rechtsprechung der Unionsgerichtsbarkeit, die gerade nicht der nationalen Gerichtsbarkeit angehört. Der **„Gerichtshof der Europäischen Union"** als Rechtsprechungsorgan der EU umfasst in einer grundsätzlich dreistufigen Unionsgerichtsbarkeit folgende Gerichte: den **Gerichtshof (EuGH)**, das **Gericht (EuG)** und (grundsätzlich) Fachgerichte.[268] Er soll die „Wahrung des Rechts bei der Auslegung und Anwendung der Verträge" sichern (Art. 19 Abs. 1 S. 2 EUV). Diese Aufgabe beinhaltet insbesondere, dass der Gerichtshof der Europäischen Union die Rechtmäßigkeit der Handlungen der Organe der EU überprüft, zudem darüber wacht, dass die Mitgliedstaaten den Verpflichtungen nachkommen, die sich aus den Verträgen ergeben und auf Ersuchen nationaler Gerichte das Unionsrecht auslegt (dh interpretiert).[269]

Nicht zu den Gerichten der Europäischen Union zählt der **„Europäische Gerichtshof für Menschenrechte"** (**EGMR**, Straßburg). Dieser ist kein Organ der EU, sondern wurde von den Mitgliedstaaten des Europarates errichtet, um die Einhaltung der Europäischen Menschenrechtskonvention (EMRK) sicherzustellen.[270]

Voneinander, der europäischen und der nationalen Gerichtsbarkeit zu trennen sind darüber hinaus der

[268] Art. 19 Abs. 1 S. 1 EUV, s. auch die Art. 251–281 AEUV; Hecker EurStrafR § 4 Rn. 19 mwN; Schwarze/Becker/Hatje/Schoo/Schwarze/Wunderlich, EU-Kommentar, 4. Aufl. 2019, EUV Art. 19 Rn. 11.

[269] Vgl. den offiziellen Internetauftritt des Gerichtshofs der europäischen Union (Das Organ > Allgemeine Präsentation: https://curia.europa.eu/jcms/jcms/Jo2_6999/de/; zuletzt abgerufen am 28.2.2022); Herdegen EuropaR § 7 Rn. 90.

[270] S. Art. 19 EMRK. Der **Europarat** ist eine internationale Organisation, dem derzeit 47 europäische Staaten angehören (aktueller Stand unter https://www.coe.int/de/web/about-us/our-member-states) – darunter die 27 Mitgliedstaaten der EU. Zu seinen Aufgaben s. Art. 1 lit. a und b Europaratssatzung. Einführend Hecker EurStrafR § 3 Rn. 1 ff.; Herdegen EuropaR § 2 Rn. 1 ff.

- **Internationale Gerichtshof** (**IGH**, Den Haag), der als Hauptrechtsprechungsorgan der Vereinten Nationen eingesetzt und dessen Aufgabe es ist, die ihm unterbreiteten Streitigkeiten nach dem Völkerrecht zu entscheiden (vgl. Art. 1, 38 IGHS), und der
- **Internationale Strafgerichtshof** (**IStGH,** ebenfalls Den Haag), welcher nicht als Teil der Vereinten Nationen, sondern eigenständig unter bestimmten Voraussetzungen die innerstaatliche Strafgerichtsbarkeit bei der Verfolgung von schwersten Verbrechen internationalen Belangs (zB Völkermord, Kriegsverbrechen) ergänzt.[271]

III. Gerichtsbarkeiten im Einzelnen

1. Ordentliche Gerichtsbarkeit

Die ordentliche Gerichtsbarkeit umfasst **Zivilsachen** und **Strafsachen** (vgl. § 13 GVG). Ihr zuzuordnen sind Amtsgerichte, Landgerichte und Oberlandesgerichte als Gerichte der Länder sowie der Bundesgerichtshof. 25

Merke: Der Begriff **ordentliche Gerichtsbarkeit** ist historisch gewachsen, da früher allein Straf- und Zivilgerichte mit unabhängigen Richtern (dh nicht wie damalige Verwaltungsgerichte mit weisungsabhängigen Verwaltungsbeamten) besetzt waren.[272]

Beispiele für Zuständigkeiten der Zivilgerichte:

- Bürgerliche Rechtsstreitigkeiten: zB Streitigkeiten über Ansprüche aus einem Mietverhältnis, Schadensersatz wegen Verletzung einer vertraglichen Pflicht
- Familiensachen (vgl. § 111 FamFG): zB Scheidung, Unterhaltsstreitigkeiten, Kindschaftssachen
- Angelegenheiten der *freiwilligen Gerichtsbarkeit*[273]: zB Betreuung, Unterbringung

Beispiele für Zuständigkeiten der Strafgerichte:

- Insbesondere Verfahren, die auf die Verhängung einer Kriminalstrafe abzielen (betrifft strafbare Handlungen, zB Mord, Betrug, Steuerhinterziehung, Einschleusen von Auslandern)
- Verfahren bei Einsprüchen gegen einen Bußgeldbescheid (Ordnungswidrigkeitenrecht)[274]

Ob nun ein Amts-, ein Land-, ein Oberlandesgericht oder sogar der Bundesgerichtshof im konkreten Fall entscheiden soll, orientiert sich an bestimmten gesetzlichen Regelungen. Diese bestimmen auch, bei welchem Gericht die Sache in erster Instanz beginnt.[275] 26

[271] Vgl. Art. 1, 2, 4, 5 IStGH-Statut; § 1 Abs. 1 IStGHG.

[272] Kock/Stüwe ÖffR/Kock Rn. 83; Menne JuS 2003, 26 (27); Wörlen/Metzler-Müller BGB AT Rn. 29.

[273] S. § 23a Abs. 2 GVG. Zum ebenso historisch gewachsenen, durchaus missverständlichen Begriff s. etwa Keidel/Sternal, 20. Aufl. 2020, FamFG § 1 Rn. 10 ff.

[274] Zum Ordnungswidrigkeitenrecht in Abgrenzung zum Strafrecht → § 3 Rn. 52 ff. und → § 5 Rn. 43 ff.

[275] Zu den Instanzen → § 3 Rn. 16.

Beispiele:

- In **Strafsachen** wird zB die erstinstanzliche sachliche Zuständigkeit der Gerichte (Amtsgericht = AG, Landgericht = LG, Oberlandesgericht = OLG) durch das GVG (vgl. § 1 StPO) in Abhängigkeit zB von der Art des Delikts oder der zu erwartenden Strafe, die örtliche Zuständigkeit (der sog. Gerichtsstand) in §§ 7 ff. StPO abhängig zB von Tatort oder Wohnsitz geregelt.[276]
- In **Zivilsachen** verweist § 1 ZPO ebenfalls auf das GVG. Die erstinstanzliche Zuständigkeit der Amts- oder Landgerichte bestimmt sich zB danach, wie hoch der Streitwert[277] (= der in Geld bemessene Wert des Streitgegenstandes) ist oder ob eine spezielle Zuweisung[278] zu einem der Gerichte besteht. Bei der örtlichen Zuständigkeit (die zB ebenfalls vom Wohnsitz abhängig sein kann) wird weiter differenziert.[279]

2. Allgemeine Verwaltungsgerichtsbarkeit

27 Die allgemeine Verwaltungsgerichtsbarkeit entscheidet über verwaltungsrechtliche Streitigkeiten soweit nicht eine *besondere Verwaltungsgerichtsbarkeit* (= Sozial- und Finanzgerichtsbarkeit) zuständig ist. Zugehörig sind Verwaltungsgerichte und Oberverwaltungsgerichte (bisweilen auch Verwaltungsgerichtshof, s. § 184 VwGO) als Gerichte der Länder und das Bundesverwaltungsgericht.

Beispiele für Zuständigkeiten der allgemeinen Verwaltungsgerichtsbarkeit:

- Streit über die Erteilung einer Baugenehmigung
- Streitigkeiten über eine behördliche Gewerbeuntersagungen
- Streitigkeiten über einen Platzverweis, ausgesprochen durch die Polizei

3. Finanzgerichtsbarkeit

28 Die Finanzgerichtsbarkeit ist zuständig etwa in Fragen des Steuerrechts oder in öffentlich-rechtlichen Streitigkeiten über Verwaltungshandeln der Behörden der Zollverwaltung nach dem SchwarzArbG (vgl. § 33 FGO, § 23 SchwarzArbG). Entscheidungen treffen die Finanzgerichte (der Länder) sowie der Bundesfinanzhof.

Weiteres Beispiel für Zuständigkeiten der Finanzgerichtsbarkeit: Streitigkeiten über Ein- und Ausfuhrabgaben, insbesondere Zölle (vgl. § 3 Abs. 3 AO).

! **Merke:** Die Sozial- und die Finanzgerichtsbarkeit werden auch als Bestandteile einer **„Besonderen Verwaltungsgerichtsbarkeit“** angesehen.

[276] S. zum Ganzen neben den §§ 24 ff., 74 ff., 120 ff. GVG auch BVerfGE 9, 223 (227) = NJW 1959, 871 und Engländer StrafProzR Rn. 32 ff. Der BGH wird in Strafsachen nie in erster Instanz tätig, vgl. etwa § 135 GVG.

[277] Vgl. §§ 23 Nr. 1, 71 Abs. 1 GVG.

[278] Vgl. §§ 23, 23a GVG (Amtsgerichte) und zB § 71 Abs. 2 GVG (Landgerichte).

[279] S. die §§ 12–37 ZPO. Zu besonderen und allgemeinen Gerichtsständen vgl. Oberheim ZivilProzR Rn. 105 ff.

4. Arbeitsgerichtsbarkeit

Die Arbeitsgerichtsbarkeit entscheidet mit den Arbeitsgerichten und den Landesarbeitsgerichten (Gerichte der Länder) sowie dem Bundesarbeitsgericht arbeitsrechtliche Streitigkeiten. 29

Beispiele für Zuständigkeiten der Arbeitsgerichtsbarkeit:

- Streitigkeiten zwischen Arbeitgebern und Arbeitnehmern über Kündigungen, Arbeitsentgeltzahlungen, Urlaub etc
- Streitigkeiten über das Bestehen oder das Nichtbestehen von Tarifverträgen

5. Sozialgerichtsbarkeit

Die Sozialgerichtsbarkeit agiert in Streitfragen des Sozialrechts mit den Sozialgerichten und Landessozialgerichten auf Landes- und dem Bundessozialgericht auf Bundesebene. 30

Beispiele für Zuständigkeiten der Sozialgerichtsbarkeit:

- Streitige Angelegenheiten der **Sozialversicherung** (Renten-, Kranken-, Pflege-, Arbeitslosen-, Unfallversicherung)
- Streitige Angelegenheiten der Grundsicherung für Arbeitsuchende

6. Verfassungsgerichtsbarkeit

Die als eigenständig verstandene Verfassungsgerichtsbarkeit besteht auf 31

- **Bundesebene** (BVerfG) und
- **Länderebene** (Verfassungsgerichtshöfe oder Staatsgerichtshöfe).[280]

Das **BVerfG** mit Sitz in Karlsruhe nimmt als Teil der rechtsprechenden Gewalt und gleichzeitig als Verfassungsorgan („oberster Hüter des Grundgesetzes“) eine besondere Stellung im Rechtsstaat ein.[281] Es entscheidet ausschließlich in besonders aufgezählten Verfahren.[282] 32

Beispiele für Zuständigkeiten des BVerfG:

- **Verfassungsbeschwerden**, die von jedermann mit der Behauptung erhoben werden können, durch die öffentliche Gewalt in einem seiner Grundrechte oder in einem seiner in Art. 20 Abs. 4, 33, 38, 101, 103 und 104 GG enthaltenen Rechte verletzt zu sein,
- Entscheidung bei Meinungsverschiedenheiten oder Zweifeln über die förmliche und sachliche **Vereinbarkeit von Bundesrecht oder Landesrecht mit dem Grundgesetz** (sog. abstrakte Normenkontrolle[283]),

[280] Dürig/Herzog/Scholz/Walter GG Art. 93 Rn. 1, 90.

[281] BVerfGE 65, 152 (154) = BeckRS 1983, 30710452; Haase/Keller Grundlagen Rn. 1023. S. auch § 1 Abs. 1 BVerfGG.

[282] Vgl. Art. 93, 100 GG sowie § 13 BVerfGG.

[283] Das Verfahren insbesondere des Art. 93 Abs. 1 Nr. 2 GG wird als **abstrakt** bezeichnet, weil die Normprüfung nicht aus Anlass eines bestimmten Rechtsstreits erfolgt (wie bei der konkreten Normenkontrolle gem. Art. 100 Abs. 1 GG), also unabhängig von einer konkreten Rechtsanwendung stattfindet.

- verfassungsrechtliche **Streitigkeiten zwischen Bund und Ländern** oder zwischen **Bundesländern.**

33 Eine **Über- oder Unterordnung** zwischen dem BVerfG und der übrigen Gerichtsbarkeit (im Sinne einer Hierarchie) soll dem Grunde nach nicht bestehen.[284] So beschreibt das BVerfG selbst:

34 „Das BVerfG ist **keine „Superrevisionsinstanz"**. Es ist nicht seine Aufgabe, die Rechtsprechung der zuständigen Fachgerichte bei der Auslegung des sogenannten „einfachen Rechts" auf ihre Richtigkeit zu überprüfen oder gar zu vereinheitlichen. Es kann vielmehr erst dann tätig werden, wenn die Entscheidung eines Gerichts Auslegungsfehler erkennen lässt, die auf einer grundsätzlich unrichtigen Anschauung von der Bedeutung und Reichweite eines Grundrechts beruhen oder wenn das Auslegungsergebnis mit den Grundrechtsnormen nicht vereinbar ist."[285]

35 Die **Landesverfassungsgerichte** prüfen in unterschiedlichen Verfahren, ob die jeweilige Landesverfassung verletzt wurde.[286]

Beispiele für die Zuständigkeit des Verfassungsgerichtshofs für das Land NRW:

- **Verfassungsbeschwerden,** die von jedem mit der Behauptung erhoben werden können, durch die öffentliche Gewalt des Landes in einem seiner in der Landesverfassung enthaltenen Rechte verletzt zu sein,
- bei Meinungsverschiedenheiten oder Zweifeln über die **Vereinbarkeit von Landesrecht mit der Landesverfassung.**

C. Bedeutsame Verfahrensarten

36 In der nationalen Rechtsordnung lassen sich diverse Verfahren und Verfahrensarten unterscheiden. Ein kurzer Blick lohnt auf die **Verfahren**, die einem gegebenenfalls abschließenden gerichtlichen Verfahren im Sinne eines Gerichtsprozesses vorgelagert sind.

37 Für den ersten groben Einstieg hilfreich ist es, sich die oben angesprochenen **Rechtsgebiete** des innerstaatlichen Rechts zu vergegenwärtigen. Das Öffentliche Recht, das Strafrecht und das Privatrecht unterscheiden sich demnach nicht nur inhaltlich; sie verfolgen auch unterschiedliche Zwecke, die in den rechtlich klar geregelten Verfahren zum Ausdruck kommen. Ausdruck von Rechtsstaatlichkeit ist es, dass die Ausübung der Staatsgewalt durch Recht und Gesetz geregelt und begrenzt wird. Insoweit gibt es verschiedene gesetzliche und sie ergänzende Rechtsvorschriften, die meist ausgehend von einem zentralen Regelwerk die jeweiligen Verfahren innerhalb des jeweiligen Rechtsgebietes bestimmen.

[284] Dürig/Herzog/Scholz/Walter GG Art. 93 Rn. 148 f., der aber darauf hinweist, dass wenn nach Abschluss jedes fachgerichtlichen Verfahrens noch die Möglichkeit bestehe, eine (Urteils-)Verfassungsbeschwerde zu erheben, zwangsläufig der Eindruck einer Unterordnung der übrigen Gerichte unter die Verfassungsgerichtsbarkeit erweckt werde.

[285] BVerfG BeckRS 1999, 23087.

[286] Haase/Keller Grundlagen Rn. 1023. S. etwa das Gesetz über den Verfassungsgerichtshof für das Land Nordrhein-Westfalen (Verfassungsgerichtshofgesetz – VGHG NRW).

Beispielhaft herauszugreifen sind das **Verwaltungsverfahren**, das **strafrechtliche Ermittlungsverfahren** als Teil des Strafverfahrens und das **behördliche Vorverfahren** als Bestandteil des Ordnungswidrigkeitenverfahrens. 38

Zivilprozess

Der Zivilprozess ist ein staatlich angeordnetes und geregeltes Verfahren zur (gerichtlichen) Feststellung und Durchsetzung der privaten Rechte des Einzelnen.[287] Er wird erst durch die Parteien in Gang gesetzt – ihnen ist es überlassen, ob sie einen Rechtsstreit überhaupt zur gerichtlichen Entscheidung stellen wollen (Bestandteil der **Dispositionsmaxime**).[288]

I. Verwaltungsverfahren

Ein Verwaltungsverfahren ist (ganz einfach ausgedrückt) eine auf den Erlass 39 einer Entscheidung, die Vornahme einer sonstigen Maßnahme oder den Abschluss eines Vertrages gerichtete Tätigkeit der öffentlichen Verwaltung.[289] Anders formuliert:

„Unter Verwaltungsverfahren versteht man planvoll geordnete Vorgänge der In- 40 formationsgewinnung und -verarbeitung, Interessenabwägung und rechtlichen Bewertung, die in der Verantwortung eines Trägers öffentlicher Verwaltung ablaufen und der **Hervorbringung administrativer Entscheidungen** dienen".[290]

Merke: Wenn die Verwaltung „Produkte" (= Rechtsakte) herstellt, müssen sowohl „Endprodukt" als auch „Herstellungsprozess" (= Verfahrensablauf) **rechtmäßig** sein.[291]

Die Vielfalt der Funktionen der öffentlichen Verwaltung als Teil der Exekutive 41 und das Bedürfnis nach Rechtssicherheit haben verschiedene Rechtsvorschriften hervorgebracht, die dem Verwaltungsverfahren den rechtlichen Rahmen geben und dieses näher regeln, weiter differenzieren und ausgestalten.[292] Ein einheitliches „Behördenverfahrensgesetz" gibt es nicht; vielmehr sind gesetzliche Regelungen für die Sachbereiche der **Abgaben-, Sozial- und Allgemeine Verwaltung** mit Sonderregelungen für einige atypische sonstige Verwaltungsbereiche getroffen worden.[293]

[287] Oberheim ZivilProzR Rn. 2 ff. auch zu Einzelheiten.

[288] Im Strafverfahrensrecht gilt das **Offizialprinzip**, nach dem die Einleitung des Strafverfahrens von Amts wegen erfolgt (also in staatlicher Hand) liegt. Vgl. auch Engländer StrafProzR Rn. 12; Möller JA 2010, 48; Oberheim ZivilProzR Rn. 28.

[289] Maurer/Waldhoff AllgVerwR § 19 Rn. 1. S. auch § 9 VwVfG (die Einschränkung „im Sinne dieses Gesetzes" bedeutet, dass diese Regelung nur für das VwVfG maßgeblich sein soll). Zum Begriff der (öffentlichen) Verwaltung Sauerland AllgVerwR § 1 Rn. 2 ff.

[290] Wolff/Bachof/Stober/Kluth VerwR I/Kluth § 58 Rn. 1 mwN.

[291] Detterbeck AllgVerwR Rn. 940.

[292] S. Wolff/Bachof/Stober/Kluth VerwR I/Kluth § 58 Rn. 1 ff. Zu den Arten des Verwaltungsverfahrens (zB nichtförmliches und förmliches Verwaltungsverfahren) s. Detterbeck AllgVerwR Rn. 942 ff.; Maurer/Waldhoff AllgVerwR § 19 Rn. 3 ff. und Kock/Stuwe ÖffR/Stüwe Rn. 1287 ff.

[293] Stelkens/Bonk/Sachs/Schmitz VwVfG § 2 Rn. 1. S. auch §§ 1 und 2 VwVfG.

42 Insgesamt lassen sich so **drei Säulen** (= normative Zentren) des Verwaltungsverfahrensrechts differenzieren:

- **VwVfG** (Bund/Länder, allgemein für das Verwaltungsverfahren),
- **AO** (Abgabenordnung, als Grundordnung steuerlichen Verfahrensrechts für das Steuerverwaltungsverfahren),
- **SGB X** (Sozialgesetzbuch 10, für das Sozialverwaltungsverfahren).[294]

43 Diese drei Verwaltungsverfahrensordnungen werden für den jeweiligen Bereich durch jeweils eine gesonderte verwaltungsgerichtliche Prozessordnung („Gerichtsverfahrensgesetz") ergänzt (VwGO ergänzt das VwVfG, FGO ergänzt die AO, SGG ergänzt das SGB X).[295]

II. Strafrechtliches Ermittlungsverfahren

44 Die Besonderheit des **Strafverfahrens** (zentral insbesondere geregelt in der **StPO**) besteht darin, dass es sich aus verschiedenen Stadien zusammensetzt, die ausgehend von einem Vorverfahren nicht alle zwingend erreicht werden müssen. Das Strafverfahren kann also bereits im strafrechtlichen Ermittlungsverfahren (als Vorverfahren) „steckenbleiben" und beendet werden.

! **Merke:** Es wird im Ermittlungsverfahren als Teil des Strafverfahrens nicht geklärt, ob jemand einer Straftat schuldig ist, sondern zunächst nur, ob jemand einer Straftat **verdächtig** ist.

45 Aufgabe des Strafverfahrens ist es, den Strafanspruch des Staates um des Schutzes der Rechtsgüter Einzelner und der Allgemeinheit willen in einem **justizförmigen Verfahren** durchzusetzen und dem mit Strafe Bedrohten eine wirksame Sicherung seiner Grundrechte zu gewährleisten.[296]

46 Das gesamte Strafverfahren lässt sich zunächst in zwei große Teile gliedern:

- Erkenntnisverfahren einerseits und
- Vollstreckungsverfahren andererseits.

47 Das **Erkenntnisverfahren** geht der Frage nach, ob die Voraussetzungen einer Straftat erfüllt sind und ob strafrechtliche Sanktionen zu verhängen sind. Es lässt sich wiederum untergliedern in das

- Ermittlungsverfahren (das als Vorverfahren von der Staatsanwaltschaft als „Herrin des Ermittlungsverfahrens" in Gesamtverantwortung geleitet wird),[297]
- das (gerichtliche) Zwischenverfahren,
- das Hauptverfahren (als eigentlicher „Strafprozess" vor Gericht)
- sowie das gegebenenfalls durchzuführende (gerichtliche) Rechtsmittelverfahren.

[294] Vgl. Stelkens/Bonk/Sachs/Schmitz VwVfG Einleitung Rn. 51; Wolff/Bachof/Stober VerwR I/Kluth § 58 Rn. 3. S. insbesondere zum zentralen VwVfG und der Abgrenzung zwischen VwVfGen des Bundes und der Länder Sauerland AllgVerwR § 3 Rn. 1 ff.

[295] Stelkens/Bonk/Sachs/Schmitz VwVfG Einleitung Rn. 50 ff., § 2 Rn. 1.

[296] BVerfG NJW 2013, 1058 (1060). Zu Grundrechten → § 2 Rn. 84.

[297] Vgl. BGH NJW 2009, 2612 (2613). Zu Sonderformen des Strafverfahrens KK-StPO/Fischer, Karlsruher Kommentar zur Strafprozessordnung, 8. Aufl. 2019, Einl. Rn. 409 ff.

Wird das Erkenntnisverfahren mit einer rechtskräftigen (= endgültigen und maßgeblichen) Verurteilung beendet, schließt sich das von der Staatsanwaltschaft geleitete **Vollstreckungsverfahren** an.[298] Mit ihm soll die rechtskräftige gerichtliche Entscheidung realisiert werden. 48

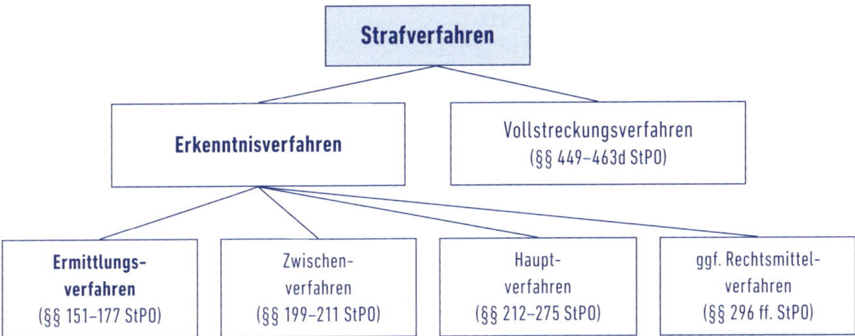

Abb. 14 Das Strafverfahren („Normalverfahren")

Zurück zum Beginn des Erkenntnisverfahrens: Im stets vorgelagerten **Ermittlungsverfahren** ermittelt die Staatsanwaltschaft – die bei Vorliegen eines **Anfangsverdachts** hierzu verpflichtet ist (= Legalitätsprinzip)[299] – (bzw. die Polizei oder zB auch Finanzbehörden[300]), ob „genügender Anlass zur Erhebung der öffentlichen Klage" besteht, dh ob eine Person auch **der Tat hinreichend verdächtig** ist. Ist dies der Fall, ist sie ebenfalls durch das Legalitätsprinzip verpflichtet, Anklage beim zuständigen Gericht zu erheben. Ergeben die Ermittlungen keinen solchen Verdacht, stellt die Staatsanwaltschaft das Verfahren ein. 49

Im Ermittlungsverfahren können Strafverfolgungsbehörden unterschiedliche **Zwangsmaßnahmen** (verfahrensrechtliche Ermittlungsmaßnahmen) einsetzen, um zu klären, ob genügender Anlass besteht, eine Person öffentlich anzuklagen oder Beweise zu sichern. 50

Beispiele für Zwangsmaßnahmen im strafrechtlichen Ermittlungsverfahren:
- Untersuchungshaft (§§ 112 ff. StPO)
- Durchsuchung (§§ 102 ff. StPO)
- Sicherstellung und Beschlagnahme (§§ 94 ff., 111b ff. StPO)
- Telekommunikationsüberwachung (TKÜ – §§ 100a, 100d f. StPO)

Da diese staatlichen Zwangsmittel in diesem frühen Ermittlungsstadium häufig massiv in die (Grund-)Rechte des vermeintlichen (!) Straftäters eingreifen, muss häufig (und in aller Regel) auch ein Gericht mit der Angelegenheit befasst 51

298 Zum Begriff der Rechtskraft Engländer StrafProzR Rn. 281 ff.

299 Vgl. zum Legalitätsprinzip die §§ 152 Abs. 2, 160, 163 Abs. 1, 170 Abs. 1 StPO. Ein **Anfangsverdacht** liegt vor, wenn aufgrund konkreter tatsächlicher Anhaltspunkte das Vorliegen einer verfolgbaren Straftat nach kriminalistischer Erfahrung möglich ist, vgl. Engländer StrafProzR Rn. 119 (Schaubild 5) auch zu weiteren Verdachtsgraden.

300 Vgl. etwa § 386 AO und § 402 AO. Zum Steuerstrafverfahren Rolletschke Steuerstrafrecht, 5. Aufl. 2021, 5. Teil Rn. 1 ff.

werden. So verlangen verschiedene Rechtsvorschriften, dass bestimmte Maßnahmen (grundsätzlich) von einem Richter angeordnet werden oder ein solcher zumindest zustimmt (= Richtervorbehalt).[301]

Merke: Der **Richtervorbehalt** zielt auf eine vorbeugende Kontrolle strafverfahrensrechtlicher Maßnahmen durch eine unabhängige und neutrale Instanz ab. „Das Grundgesetz geht davon aus, dass Richter aufgrund ihrer persönlichen und sachlichen Unabhängigkeit und ihrer strikten Unterwerfung unter das Gesetz (vgl. Art. 97 GG) die Rechte der Betroffenen im Einzelfall am besten und sichersten wahren können."[302]

III. Vorverfahren im Ordnungswidrigkeitenverfahren

52 Das Ordnungswidrigkeitenverfahren befasst sich mit der Verfolgung und Ahndung von Ordnungswidrigkeiten. Dies sind bestimmte Gesetzesverstöße, die mit einer Geldbuße geahndet werden können.[303]

53 Das Ordnungswidrigkeitenrecht wird auch als **„kleines Strafrecht"** bezeichnet, da der Gesetzgeber den Gesetzesverstoß – der das Miteinander zwar stört, aber im Vergleich zur Straftat von ihm als nicht so massiv angesehen wird – nicht mit der Strenge des Strafrechts (Freiheits*strafe* oder Geld*strafe*), sondern unterhalb dessen Wirkung „nur" mit einer Geld*buße* ahnden will.[304] Der Buße im Ordnungswidrigkeitenverfahren fehlt der Ernst der staatlichen Strafe.[305]

Merke: Während im Strafverfahren grundsätzlich das Legalitätsprinzip gilt, wird das Ordnungswidrigkeitenverfahren vom **Opportunitätsprinzip** geprägt. So liegt die Verfolgung von Ordnungswidrigkeiten im pflichtgemäßen Ermessen der Verfolgungsbehörde (mit anderen Worten kann trotz Begehung einer Ordnungswidrigkeit unter Umständen auf eine Verfolgung verzichtet werden). „Die Einleitung eines Verfahrens ist ebenso in das pflichtgemäße Ermessen der Behörde gestellt, wie die Art und Weise der Beendigung eines anhängigen Verfahrens."[306]

54 Ordnungswidrigkeiten sind nicht nur im OWiG (hier nur sehr vereinzelt), sondern insbesondere in inhaltlich ganz verschiedenen Verwaltungsgesetzen des Bundes und der Länder geregelt (→ § 5 Rn. 45).

Beispiele für Ordnungswidrigkeiten:

- § 8 Abs. 3 iVm Abs. 6 SchwarzArbG (Leichtfertiges Vorenthalten und Veruntreuen von Arbeitsentgelt)
- § 24 StVG iVm § 49 Abs. 1 Nr. 12 StVO (Unzulässiges Parken des Fahrzeugs)
- § 17 Abs. 1 lit. i NWLImSchG (Unnötiges Laufenlassen von Motoren)

301 Vgl. neben Art. 104 Abs. 2, 3 GG und Art. 13 Abs. 2–4 GG etwa § 98 Abs. 1 und 2, § 100e Abs. 1 S. 1, § 105 Abs. 1, § 110b Abs. 2, § 114 Abs. 1 StPO. Zum sog. **Ermittlungsrichter** vgl. § 162 StPO und § 169 StPO.

302 So OLG Hamm NJW 2009, 3109 (3110).

303 Vgl. auch § 1 OWiG und § 377 AO; → § 5 Rn. 43 ff.

304 S. OLG Brandenburg BeckRS 2021, 40220 = NZWiSt 2022, 166; Gassner OWiR 1. Teil Rn. 8 f.; Rengier StrafR AT § 2 Rn. 14.

305 BVerfGE 22, 49 (79) = NJW 1967, 1219.

306 Bülte OWiR § 1 Rn. 49. S. auch **§ 47 OWiG** und Gassner OWiR 1. Teil Rn. 27.

Da weitgehend Verstöße gegen verwaltungsrechtliche Gesetzesvorschriften im Raum stehen („Ordnungs- und Verwaltungsunrecht“[307]), ist im Vorverfahren stets zunächst eine gesetzlich genau festgelegte **Verwaltungsbehörde** zur Verfolgung und Ahndung einer solchen Ordnungswidrigkeit aus ihrem Spezialgebiet berufen. 55

Die **Polizei** nimmt zum einen als (die Verwaltungsbehörden unterstützende) Ermittlungsbehörde auf allen Gebieten des Ordnungswidrigkeitenrechts und zum anderen als ihrerseits in bestimmten Bereichen zur Verfolgung berufene Verwaltungsbehörde eine Sonderstellung ein.[308] 56

Beispiel für Zuständigkeitsregelungen im Ordnungswidrigkeitenrecht:
- § 12 Abs. 1 Nr. 4 SchwarzArbG: „Verwaltungsbehörden im Sinne des § 36 Abs. 1 Nr. 1 des Gesetzes über Ordnungswidrigkeiten sind (...) 4. in den Fällen des § 8 Absatz 3 bis 5 die Behörden der Zollverwaltung.“
- § 26 StVG
- § 17 Abs. 4 NWLImSchG

Dem **Vorverfahren**, in dem die Verwaltungsbehörde das Delikt ermittelt und gegebenenfalls mit einem Bußgeldbescheid ahndet, können verschiedene weitere Verfahrensabschnitte folgen:[309] 57

- **Zwischenverfahren** (gegebenenfalls nach Einspruch – §§ 67 ff. OWiG – gegen den Bußgeldbescheid prüft die Verwaltungsbehörde erneut und kann den Bußgeldbescheid zurücknehmen oder die Sache der StA vorlegen, die mit Übergang der Akten in die Stellung der Verwaltungsbehörde einrückt und dann ihrerseits Prüfungen vornimmt)
- **Gerichtliches Verfahren** (gegebenenfalls nachdem die StA die Sache an das Amtsgericht weitergegeben hat; Entscheidung des Gerichts, gegen die anschließend gegebenenfalls ein Rechtsmittel eingelegt werden kann)
- **Vollstreckungsverfahren**

Da das Recht der Ordnungswidrigkeiten in vielen Bereichen auch eine große Nähe zum Strafrecht aufweist, finden sich maßgebliche Regelungen zum Ordnungswidrigkeitenverfahren nicht nur im (zentralen) **OWiG** und den einzelnen Verwaltungsgesetzen, sondern auch in der **StPO**.[310] 58

[307] OLG Brandenburg BeckRS 2021, 40220 = NZWiSt 2022, 166; Nimtz StrafR I Rn. 42.

[308] S. zur Zuständigkeit der Polizei Bialon/Springer EingriffsR Kap. 4 Rn. 46 ff. mwN. Zur Polizei auch → § 4 Rn. 27 f.

[309] Zum Ganzen Bülte OWiR § 3 Rn. 1 ff.; Gassner OWiR 1. Teil Rn. 45 ff.

[310] Vgl. § 46 OWiG (vor allem Abs. 1). S. auch die §§ 409–412 AO.

§ 4 Wesentliche Akteure des innerstaatlichen Rechtslebens

A. Bürger und Staat als Rechtsunterworfene

1 In der Ordnung des Rechts stellt sich stets die elementare Frage, für und/oder gegen wen die Rechtsvorschriften einer bestimmten staatlichen Rechtsordnung gelten sollen.

2 Insoweit lässt sich zunächst eine Verknüpfung zum Staatsgebiet (Territorium) eines Staates als räumliche Begrenzung staatlicher Gewalt und Kompetenz herstellen. So gilt der Grundsatz, dass die Wirkung von Staatshoheitsakten an den Gebietsgrenzen der tätig werdenden Staatsgewalt endet (**Territorialitätsprinzip**).[311] Der räumliche Geltungsbereich einer Rechtsnorm beschränkt sich demnach auf das Gebiet des Staates oder Staatsteils, durch den die Rechtsnorm erlassen wurde.[312] Erkennbar wird damit die normgebungsbezogene Abgrenzbarkeit unterschiedlicher Staaten, die so für sich eigene Rechtsordnungen etabliert haben. Aus diesen Überlegungen folgt aber nun auch, dass rechtliche Regelungen grundsätzlich und vor allem für jeden gelten, der sich im Staatsgebiet **aufhält**, wobei aber auch eine gewisse Fernwirkung bzgl. der Anwendbarkeit zu beobachten sein kann.[313]

> **Beispiel:** Das deutsche **Strafrecht** kann unter bestimmten Voraussetzungen auch für Taten anwendbar sein, die von einem Deutschen im Ausland oder die im Ausland gegen einen Deutschen begangen werden.[314]

3 Die **deutsche Gerichtsbarkeit** beschränkt sich grundsätzlich auf deutsches Hoheitsgebiet. Ungeachtet der jeweiligen Staatsangehörigkeit unterliegen alle sich in der BRD aufhaltenden Personen dem Grunde nach uneingeschränkt der den deutschen Gerichten übertragenen Rechtsprechungshoheit.[315] Der Anspruch der (inhaltlich vielfältigen) innerstaatlichen Rechtsordnung, etwa das Verhältnis der Menschen zueinander, ihre Beziehungen zu staatlichen Stellen und die Ordnung und Befugnisse staatlicher Stellen zu regeln, bedingt eine ebenso hohe Vielzahl unterschiedlicher Beteiligter, die im innerstaatlichen Rechtsleben in Aktion treten können und dem Recht unterworfen sind.

311 BGHZ 25, 134 (140 und 143); BGH NJW 2010, 769 Rn. 23; BFH DStRE 2017, 408 Rn. 52.

312 BeckOK AO/Schober, 19. Ed. 1.1.2022, § 4 Rn. 72. S. zudem → § 2 Rn. 74.

313 Vgl. Wolff/Bachof/Stober/Kluth VerwR I/Kluth § 27 Rn. 18 mwN auch zum persönlichen Geltungsbereich unabhängig von Aufenthalt oder Wohnsitz; Muthorst Grundlagen § 5 Rn. 53; Zippelius Einführung S. 51 und → § 2 Rn. 76. Zur Geltung des Völker- und Europarechts bereits → § 2 Rn. 20 ff.

314 § 7 Abs. 2 Nr. 1 StGB bzw. § 7 Abs. 1 StGB. Zum Strafrecht → § 2 Rn. 96 ff.

315 BAG NZA 2013, 343. S. zur Rechtsprechung und Gerichtsbarkeiten → § 3 Rn. 12 ff. Die **§§ 18–20 GVG** regeln **personelle und sachbezogene Ausnahmen** hiervon, die sich aus dem Völkerrecht ergeben. Nach § 18 GVG sind etwa die Mitglieder der im Geltungsbereich des Gesetzes errichteten diplomatischen Missionen, ihre Familienmitglieder und ihre privaten Hausangestellten nach Maßgabe des Wiener Übereinkommens über diplomatische Beziehungen (WÜD) von der deutschen Gerichtsbarkeit befreit.

Hierbei kann ganz grob unterschieden werden zwischen 4

- dem Bürger im weiteren Sinne auf der einen und
- staatlichen Einrichtungen auf der anderen Seite.

Gerade Letztere sind beauftragt, über die Einhaltung und Wiederherstellung des 5
Rechts zu wachen und nur diese im Lichte des staatlichen Gewaltmonopols hierbei befugt, den der staatlichen Rechtsordnung innewohnenden Zwangsmechanismus am Maßstab des Rechts auszuüben.[316] Aus dem – oben bereits angesprochenen – Rechtsstaatsprinzip folgt, dass das Recht als oberstes Ordnungsprinzip („**Herrschaft des Rechts**") selbstverständlich nicht nur den Bürger, sondern auch die Staatsgewalt bindet.[317] Rechtsvorschriften richten sich folglich nicht nur an den Bürger, sondern auch an den Staat.[318]

B. Rechtssubjekte

I. Natürliche Personen

Weiterer Klärung bedarf aber insbesondere die Frage, wer **Rechtssubjekt**, dh 6
konkreter Träger von Rechten und Pflichten sein kann.

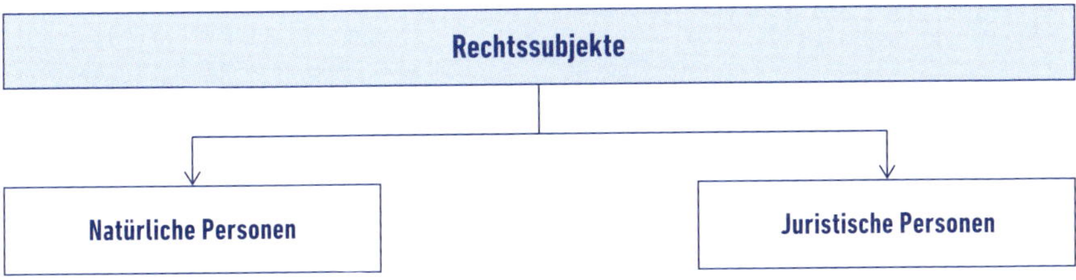

Abb. 15 Rechtssubjekte

Träger von Rechten und Pflichten sind Personen, insbesondere natürliche Per- 7
sonen (= der lebende **Mensch**).[319]

Rechtsobjekte

Von den Rechtssubjekten zu unterscheiden sind Rechtsobjekte, also die

- **körperlichen** Gegenstände (Sachen, vgl. § 90 BGB), aber auch
- **nicht-körperlichen** Gegenstände (zB Forderungen und Immaterialgüterrechte).[320]

Rechtsobjekte können der Rechtsmacht eines Rechtssubjekts zugeordnet sein (zB Herr X ist Eigentümer einer Sache oder Inhaber einer Forderung). Rechtssubjekte (insbesondere Menschen) können aber niemals Rechtsobjekt sein.[321]

316 S. auch Haase/Keller Grundlagen Rn. 9.
317 Vgl. Art. 20 Abs. 3 GG; Kock/Stüwe ÖffR/Jansen/Salewski Rn. 303; → § 2 Rn. 2.
318 Schwacke Methodik S. 4.
319 S. hierzu und zu „rechtlichen Vorwirkungen" Kühl/Reichold/Ronellenfitsch Rechtswissenschaft § 5 Rn. 11, § 7 Rn. 1 ff.; Wörlen/Metzler-Müller BGB AT Rn. 76 ff. Vgl. aber auch → § 4 Rn. 19 ff.
320 Brox/Walker BGB AT § 35 Rn. 1 ff.; Haase/Keller Grundlagen Rn. 154 ff.; Kühl/Reichold/Ronellenfitsch Rechtswissenschaft § 7 Rn. 15; Wörlen/Metzler-Müller BGB AT Rn. 94 ff.
321 MüKoBGB/Stresemann BGB § 90 Rn. 1 ff.

8 Wenngleich jeder Mensch in seiner Stellung und Qualität als Rechtssubjekt dem anderen gleich ist, differenziert das Recht vereinzelt nach bestimmten nachfolgend zu betrachtenden **Fähigkeiten** eines Rechtssubjekts, verständig, verlässlich und verantwortlich im Rechtsleben zu agieren.[322]

II. Rechtsfähigkeit

9 Die Rechtsfähigkeit bezeichnet die Fähigkeit, **Träger von Rechten und Pflichten** sein zu können.[323] Sie beginnt für Menschen mit der Vollendung der Geburt (§ 1 BGB). Da somit etwa ein Säugling zwar rechtsfähig (und auch parteifähig, vgl. § 50 ZPO), aber gewiss nicht in der Lage und nicht reif genug ist, im Rechtsleben zu agieren, benötigt er die Hilfe seiner Eltern als seine gesetzlichen Vertreter (vgl. § 1629 Abs. 1 BGB, in der Regel beide Eltern).

> **Merke:** „Zur Rechtsfähigkeit gehört nichts weiter als das Menschsein."[324]

III. Handlungsfähigkeit

10 Von der Rechtsfähigkeit abzugrenzen ist daher die rechtliche Handlungsfähigkeit, dh die **Fähigkeit zu rechtlichem Tun**.

> **Merke:**
> **Rechtsfähigkeit** ist die Fähigkeit zu **rechtlichem Sein**.
> **Handlungsfähigkeit** die Fähigkeit zu **rechtlichem Tun**.[325]

11 Die Handlungsfähigkeit gliedert sich **privatrechtlich** betrachtet in die

- **Geschäftsfähigkeit** und
- die **Deliktsfähigkeit**.[326]

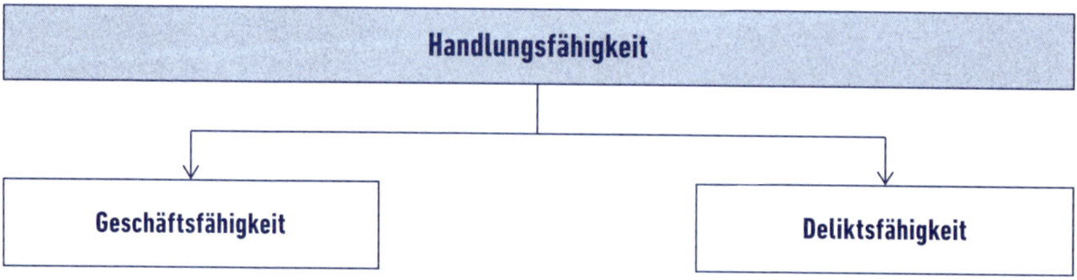

Abb. 16 Handlungsfähigkeit (privatrechtliche Sicht)

[322] Vgl. Zippelius Einführung S. 51. S. etwa zur rechtlichen Bedeutung des Lebensalters und den mit seinem Fortschreiten wachsenden Befugnissen und Pflichten die Zusammenstellung bei Model/Creifelds Staatsbürger S. 613 f.

[323] BGH NJW 2001, 1056 (1058); Haase/Keller Grundlagen Rn. 136; Kühl/Reichold/Ronellenfitsch Rechtswissenschaft § 5 Rn. 11, § 7 Rn. 1; Wörlen/Metzler-Müller BGB AT Rn. 45.

[324] Kühl/Reichold/Ronellenfitsch Rechtswissenschaft § 5 Rn. 11.

[325] Haase/Keller Grundlagen Rn. 141.

[326] Zur **Handlungsfähigkeit im strafrechtlichen Sinne** s. Rengier StrafR AT § 7 Rn. 1 ff. S. auch Roxin/Greco StrafR AT I § 8 Rn. 58 ff.

Geschäftsfähigkeit meint die Fähigkeit, selbstbestimmt rechtserheblich zu handeln, dh Rechtgeschäfte wirksam vornehmen zu können.[327] In der Gesetzessystematik wird als Regel von der Geschäftsfähigkeit eines jeden Menschen ausgegangen, wobei diese Regel in den §§ 104 ff. BGB Ausnahmen erfährt.[328] 12

Geschäftsunfähig ist, wer nicht das siebente Lebensjahr vollendet hat oder wer sich in einem die freie Willensbestimmung ausschließenden Zustand krankhafter Störung der Geistestätigkeit befindet, sofern nicht der Zustand seiner Natur nach ein vorübergehender ist (vgl. § 104 BGB). Die Willenserklärung eines Geschäftsunfähigen ist unwirksam (§ 105 Abs. 1 BGB).

Beschränkt geschäftsfähig sind Minderjährige, die das siebente Lebensjahr vollendet haben (= mindestens sieben Jahre alt), aber noch nicht volljährig (= noch nicht 18 Jahre alt) sind, weshalb das BGB einige Sonderregelungen für diesen Personenkreis bereithält (vgl. §§ 106–113 BGB).

Volle (= unbeschränkte) Geschäftsfähigkeit tritt erst mit Vollendung des 18. Lebensjahres (Volljährigkeit, § 2 BGB) ein.

Unter **Deliktsfähigkeit** versteht man die Fähigkeit, für den einem anderen durch unerlaubte Handlungen zugefügten Schaden haftungsrechtlich verantwortlich zu sein.[329] 13

Merke: Die zivilrechtlichen **§§ 827, 828 BGB** stellen Bewusstlose, Geisteskranke und unter bestimmten Voraussetzungen auch Minderjährige von der Verantwortlichkeit für unerlaubte Handlungen frei, indem sie ihnen die Deliktsfähigkeit absprechen.[330] Kinder unter sieben Jahren sind **nicht deliktsfähig**, also für einen verursachten Schaden nicht im Rechtssinne verantwortlich; parallel zur unbeschränkten Geschäftsfähigkeit tritt die **volle Deliktsfähigkeit** mit Vollendung des 18. Lebensjahrs ein.[331]

Beispiele:

- Der 11-jährige Jochen wird nach § 106 BGB (als Ausnahme von der Regel der Geschäftsfähigkeit eines jeden Menschen) als beschränkt geschäftsfähiger Minderjähriger eingestuft. Er darf zwar also am Rechtsverkehr teilnehmen, wird aber aufgrund seiner Unreife besonders geschützt.
- Wirft Jochen nun mit einem Stein eine Fensterscheibe der Nachbarn ein, ist er nach § 828 Abs. 3 BGB für diesen Schaden (nur dann) nicht verantwortlich, „wenn er bei der Begehung der schädigenden Handlung **nicht** die zur Erkenntnis der Verantwortlichkeit erforderliche Einsicht" hatte (**beschränkte Deliktsfähigkeit**[332]). Wäre Jochen bei diesem Wurf fünf Jahre alt gewesen, wäre er nach § 828 Abs. 1 BGB für den Schaden „nicht verantwortlich" (er wäre nicht deliktsfähig).

[327] Vgl. Brox/Walker BGB AT § 12 Rn. 1 ff. auch zu Einzelheiten; Kühl/Reichold/Ronellenfitsch Rechtswissenschaft § 7 Rn. 5; Model/Creifelds Staatsbürger S. 612.

[328] Kühl/Reichold/Ronellenfitsch Rechtswissenschaft § 7 Rn. 4.

[329] Haase/Keller Grundlagen Rn. 150; Kühl/Reichold/Ronellenfitsch Rechtswissenschaft § 7 Rn. 5; Model/Creifelds Staatsbürger S. 612.

[330] MüKoBGB/Wagner BGB § 827 Rn. 1.

[331] Vgl. § 828 Abs. 1–3 BGB; BeckOK BGB/Poseck, 61. Ed. 1.2.2022, BGB § 2 Rn. 14.

[332] Kühl/Reichold/Ronellenfitsch Rechtswissenschaft § 7 Rn. 11.

IV. Schuldfähigkeit

14 Strafe setzt Schuld (persönliche Vorwerfbarkeit im Sinne eines „Dafürkönnens") voraus.[333]

> **Merke:** „Keine Strafe ohne Schuld" (Schuldprinzip)

15 Dem Grunde nach wird im Strafrecht davon ausgegangen, dass jeder Mensch (über 18 Jahren) in vollem Umfang schuldfähig, dh für seine Straftaten voll verantwortlich ist.[334]

16 Bedeutsam ist daher der Ausschluss der Schuldfähigkeit (= Schuldunfähigkeit) wegen **fehlender Reife** oder des Vorliegens einer **anormalen Störung** iSd § 20 StGB.

> **Beispiele für Schuldunfähigkeit:**
> - Fehlende Reife: Kinder (= Personen unter 14 Jahren) sind schuldunfähig, vgl. § 19 StGB[335]
> - Anormale Störung iSd § 20 StGB: zB Schizophrenie[336], Alkohol- oder Drogenrausch[337]

17 Liegen demnach die Voraussetzungen des § 19 oder § 20 StGB vor, kann der Täter nicht bestraft werden.

18 Ist hingegen nach § 21 StGB „die Fähigkeit des Täters, das Unrecht der Tat einzusehen oder nach dieser Einsicht zu handeln aus einem der in § 20 StGB bezeichneten Gründe bei Begehung der Tat erheblich vermindert" (dh also noch vorhanden), so kann seine Strafe gemildert werden (**verminderte Schuldfähigkeit**).

V. Juristische Personen

19 Rechtssubjekte können neben natürlichen Personen (= Mensch) auch juristische Personen sein.

20 Eine juristische Person ist eine Personenvereinigung oder sonstige Organisation, die **nach der Rechtsordnung als selbstständiges Rechtsgebilde rechtsfähig** ist und gleichwertig mit den natürlichen Personen am Rechtsleben teilnimmt.[338]

[333] S. BVerfGE 123, 267 (413) = NJW 2009, 2267 mwN; BVerfG NJW 2013, 1058 (1060); BGHSt 2, 194 (200); Rengier StrafR AT § 24 Rn. 1 mwN zu Schuldprinzip und Schuldbegriff.

[334] Heinrich, Strafrecht Allgemeiner Teil, 6. Aufl. 2019, Rn. 533; MüKoStGB/Streng, 4. Aufl. 2020, StGB § 20 Rn. 2; Schönke/Schröder/Perron/Weißer StGB § 20 Rn. 1. Zur Anwendung des Jugendstrafrechts auf **Heranwachsende** (= zur Zeit der Tat 18, aber noch nicht 21 Jahre alt) vgl. § 105 JGG.

[335] S. zu **Jugendlichen** (= zur Zeit der Tat 14, aber noch nicht 18 Jahre alt) die Regelungen der §§ 1 ff. JGG.

[336] BGH NStZ-RR 2013, 145.

[337] Jäger, Examens-Repetitorium Strafrecht Allgemeiner Teil, 10. Aufl. 2021, Rn. 243 ff.; Rengier StrafR AT § 24 Rn. 8 f.; Roxin/Greco StrafR AT I § 20 Rn. 10 f. Schönke/Schröder/Perron/Weißer StGB § 20 Rn. 10, 13, 16 ff.

[338] BVerfGE 20, 323 (335) = NJW 1967, 195; BVerfG NJW 2007, 2464 (2471); BGHZ 25, 134 (144) = NJW 1957, 1433; Haase/Keller Grundlagen Rn. 139; Schwab/Löhnig ZivilR Rn. 148 ff. auch zum „Wesen" der juristischen Person. S. auch Wörlen/Metzler-Müller BGB AT Rn. 84 ff. und Zippelius Einführung S. 58 ff.

Juristische Personen besitzen also – als vom Menschen geschaffene, gleichzeitig aber von ihm losgelöste **Zweckschöpfung** – eine eigene juristische Persönlichkeit.[339]

Sie müssen – da sie als Rechtsgebilde nicht selbst handeln können – durch natürliche Personen als Handlungsorgane vertreten werden.[340] Diese Handlungsorgane sind also die **„Werkzeuge“**, durch die eine juristische Person handelt.[341] 21

Es gibt 22

- **juristische Personen des Privatrechts** und
- **juristische Personen des öffentlichen Rechts**.

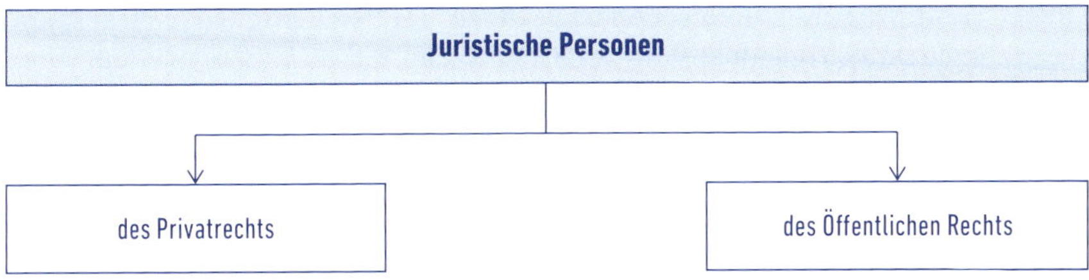

Abb. 17 Juristische Personen

Beispiele für juristische Personen des Privatrechts:

- Rechtsfähiger Verein (§§ 21 ff. BGB)[342] – Handlungsorgan: Vereinsvorstand
- Nach § 13 Abs. 1 GmbHG hat die **Gesellschaft mit beschränkter Haftung** (GmbH) als solche selbständig ihre Rechte und Pflichten; sie kann Eigentum und andere dingliche Rechte an Grundstücken erwerben, vor Gericht klagen und verklagt werden – Handlungsorgan: GmbH-Geschäftsführer
- **Aktiengesellschaft** (AG), vgl. § 1 S. 1 AktG – Handlungsorgan: AG-Vorstand

Beispiele für juristische Personen des öffentlichen Rechts:

- Körperschaften (zB BRD, das Land NRW, Gemeinden, (Land-)Kreise, staatliche Universitäten)
- Anstalten (zB öffentlich-rechtliche Rundfunkanstalten)
- Öffentlich-rechtliche Stiftungen[343] (zB Stiftung Preußischer Kulturbesitz)
- Handlungsorgane juristischer Personen des öffentlichen Rechts sind alle Stellen, Behörden und Institutionen, die für sie tätig werden (die natürliche Person, welche die Aufgabe letztlich tatsächlich wahrnimmt und die Befugnisse eines Handlungsorgans ausübt wird „Organwalter“ genannt)[344]

339 Vgl. Ipsen/Kaufhold/Wischmeyer StaatsR I § 1 Rn. 10 ff.; Kühl/Reichold/Ronellenfitsch Rechtswissenschaft § 5 Rn. 12 ff. und § 7 Rn. 13 f. auch zum Zweck juristischer Personen.

340 Kühl/Reichold/Ronellenfitsch Rechtswissenschaft § 7 Rn. 13; Wörlen/Metzler-Müller BGB AT Rn. 89 ff. S. zu Fragen der strafrechtlichen Handlungsfähigkeit juristischer Personen BVerfGE 20, 323 (335 ff.) = NJW 1967, 195; Laue JURA 2010, 339; MüKoStGB/Joecks/Scheinfeld, 4. Aufl. 2020, StGB Vor § 25 Rn. 17 mwN; Rengier StrafR AT § 7 Rn. 9 und § 24 Rn. 3; Roxin/Greco StrafR AT I § 10 Rn. 59 f. S. auch Bülte OWiR § 2 Rn. 185 ff.

341 Ipsen/Kaufhold/Wischmeyer StaatsR I § 1 Rn. 15.

342 S. hierzu Neuefeind JA 2019, 337 ff. und 415 ff.

343 Zu trennen von der rechtsfähigen Stiftung nach §§ 80 ff. BGB.

344 Ipsen/Kaufhold/Wischmeyer StaatsR I § 1 Rn. 16. Vgl. auch BVerfG NVwZ 2018, 51 (53).

Merke: Von den juristischen Personen zu trennen sind **Personengesellschaften** (zB GbR, OHG, KG). Auch Letztere sollen unter bestimmten Voraussetzungen Träger von Rechten und Pflichten sein können.[345]

C. Ausgewählte Stellen und Funktionsträger des Rechtslebens

I. Parlamente

23 Der Begriff Parlament bezeichnet ein staatliches, aus ausgewählten Abgeordneten des Volkes bestehendes und insbesondere mit Gesetzgebungsaufgaben betrautes Organ.[346] Die verfassungsrechtlich installierten Parlamente (auf Bundesebene: Bundestag; auf Landesebene: Landtage[347]) üben demnach insbesondere die gesetzgebende Gewalt aus, dh **schaffen Recht**, haben daneben jedoch auch noch andere Befugnisse (zB Bestellung und Überwachung der vollziehenden Gewalt).

II. Richter

24 Die rechtsprechende Gewalt in der BRD ist **allein** Richtern anvertraut.[348] Diese sind organisatorisch einem bestimmten Gericht auf Bundes- oder Landesebene zugehörig, das wiederum für einen inhaltlich definierten Rechtsbereich zuständig ist und somit ihre tägliche Arbeit konturiert.[349] In Anbetracht der oben bereits erwähnten Gerichtsbarkeiten ist die inhaltliche Bandbreite denkbarer richterlicher Tätigkeiten recht groß (zB Streitigkeiten unter Bürgern, steuerrechtliche Angelegenheiten, Strafsachen). Differenziert wird zwischen **hauptberuflichen** (Juristen als Berufsrichter) und **ehrenamtlichen** (Laienrichter, zB Schöffen in der Strafgerichtsbarkeit) Richtern.[350]

Merke: Richter sind **unabhängig** und **nur dem Gesetz unterworfen.**[351]

25 Insbesondere ihrer Unabhängigkeit entsprechend, sind Berufsrichter auch keine Beamten, sondern besitzen eine der Aufgabe als Repräsentant der Judikative gerecht werdende eigene Statusrechtsstellung.[352]

III. Rechtspfleger

26 Aufgaben und Stellung eines Rechtspflegers werden durch das **RPflG** geregelt. Rechtspfleger sind (in der Regel entsprechend speziell studierte) Beamte des gehobenen Justizdienstes, die – vornehmlich bei den (ordentlichen) Gerichten und

345 Vgl. BGH NJW 2001, 1056. S. auch § 14 Abs. 2 BGB. Zum Ganzen Schwab/Löhnig ZivilR Rn. 158 ff.

346 v. Mangoldt/Klein/Starck/Müller GG Art. 38 Rn. 3 auch zu historischen und rechtsvergleichenden Begriffsansätzen.

347 S. aber das **Abgeordnetenhaus** in Berlin und die **Bürgerschaften** in Bremen und Hamburg.

348 Vgl. insbes. Art. 92 Hs. 1, 97 Abs. 1 GG.

349 Zu den einzelnen Gerichtsbarkeiten bereits → § 3 Rn. 12 ff.

350 Vgl. § 1 DRiG. Die Rechtsstellung der (Berufs-)Richter ist im DRiG und in den Richtergesetzen der Bundesländer geregelt.

351 Vgl. Art. 97 Abs. 1 GG, § 1 GVG, § 25 DRiG. Zur sachlichen und persönlichen Unabhängigkeit des Richters vgl. Ipsen/Kaufhold/Wischmeyer StaatsR I § 16 Rn. 15 ff.

352 Model/Creifelds Staatsbürger S. 489.

der Staatsanwaltschaft organisiert – gesetzlich festgelegte (ehemals richterliche) Geschäfte der Rechtspflege eigenständig und sachlich unabhängig wahrnehmen (vgl. § 3 RPflG).

Beispiele für die Aufgaben eines Rechtspflegers:
- Mahnverfahren im Sinne des 7. Buchs der ZPO
- Urkundssachen
- Erlass von Pfändungsbeschlüssen (zB Lohnpfändungen)
- Grundbuchsachen
- Vollstreckung von Strafen in Strafsachen
- (Begrenzte) Amtsanwaltliche Aufgaben in Strafsachen (Rechtspfleger mit Zusatzausbildung)

IV. Polizei

Die Hauptaufgaben der Polizei liegen in den Bereichen der 27

- Verfolgung von Straftaten (und Ordnungswidrigkeiten) und der
- Gefahrenabwehr.[353]

Merke: Dem entspricht die klassische Differenzierung von **repressiven** und **präventiven** Polizeiaufgaben.[354]

Präventiv wird die Polizei tätig etwa zur Abwehr von Gefahren für die öffentliche Sicherheit oder Ordnung, wobei sich Zuständigkeiten und Kompetenzen aus den jeweiligen Polizei- und Sicherheitsgesetzen ergeben (vgl. zB § 1 PolG NRW); **repressiv** agiert sie insbesondere bei der Verfolgung begangener Straftaten (vgl. §§ 161, 163 StPO) unter Berücksichtigung der maßgebenden Regeln des Strafverfahrensrechts (vor allem StPO und GVG).[355] 28

V. Staatsanwaltschaft

Polizei und Staatsanwaltschaft haben die gemeinsame Aufgabe, Straftaten zu verfolgen.[356] Die Staatsanwaltschaft leitet indes das **strafrechtliche Ermittlungsverfahren** und trägt die **Gesamtverantwortung** für eine rechtsstaatliche, faire und ordnungsgemäße Durchführung des Verfahrens, auch soweit es durch 29

[353] Vgl. Bialon/Springer EingriffsR Kap. 1 Rn. 1 ff. und Kap. 4 Rn. 1 ff. auch zu weiteren Aufgaben der Polizei. Der Begriff **Polizei** wird verschiedenartig verwendet. Im allgemeinen Sprachgebrauch werden hierunter die (hoheitlich tätigen) Polizeibehörden der Länder und des Bundes ggf. auch in ihrer Gesamtheit verstanden, OLG Hamm MMR 2016, 691; Kingreen/Poscher POR § 1 Rn. 19 ff.

[354] Zum Ganzen auch BGH NStZ 2017, 651; Denninger in Lisken/Denninger, Handbuch des Polizeirechts, 6. Aufl. 2018, D. (Polizeiaufgaben) Rn. 1 ff. S. aber auch Bialon/Springer EingriffsR 1. Abschnitt Rn. 1 ff. zum dort nunmehr verwendeten umfassenden Begriff des **Eingriffsrechts**.

[355] S. Engländer StrafProzR Rn. 56. Zu **doppelfunktionalen Maßnahmen** (nach OVG Lüneburg, NVwZ-RR 2014, 327 sind dies Handlungen, die sich nicht ohne Weiteres als Maßnahme der Gefahrenabwehr oder Strafverfolgung einordnen lassen, weil sie nach Maßgabe entsprechender Befugnisnormen sowohl nach Polizeirecht als auch nach der Strafprozessordnung vorgenommen sein könnten) vgl. BGH NStZ 2017, 651; Kingreen/Poscher POR § 2 Rn. 9 ff.

[356] Haase/Keller Grundlagen Rn. 9.

die Polizei (als deren „verlängerter Arm") geführt wird.[357] Die Ermittlungen zur Verfolgung strafbarer Handlungen bilden letztlich eine Einheit, dh das Ermittlungsverfahren ist nicht in ein polizeiliches und ein staatsanwaltschaftliches Verfahren aufgespalten.[358]

! **Merke:** Das Amt der Staatsanwaltschaft wird ausgeübt beim BGH durch einen **Generalbundesanwalt** oder mehrere **Bundesanwälte**, bei den Oberlandesgerichten und den Landgerichten durch einen oder mehrere **Staatsanwälte**, bei den Amtsgerichten durch einen oder mehrere Staatsanwälte oder **Amtsanwälte** (§ 142 Abs. 1 GVG).

30 Der Staatsanwaltschaft kommen neben der

- zentralen Aufgabe der **Leitung des Ermittlungsverfahrens** (vgl. § 161 StPO) noch die Hauptaufgaben
- der **Vertretung der Anklage** (im gerichtlichen Verfahren) sowie
- der **Strafvollstreckung** (§ 451 StPO) zu.

VI. Verwaltungsbehörden

31 „Unter einer Behörde versteht man im Allgemeinen eine in den Organismus der Staatsverwaltung eingeordnete, organisatorische Einheit von Personen und sächlichen Mitteln, die mit einer gewissen Selbständigkeit ausgestattet dazu berufen ist, unter öffentlicher Autorität für die Erreichung der Zwecke des Staates oder von ihm geförderter Zwecke tätig zu sein".[359]

32 Die juristischen Personen des öffentlichen Rechts (zB Bund und Länder) sind keine Behörden, sondern sie *haben* Behörden.[360]

! **Merke:** Nach § 1 Abs. 4 VwVfG ist Behörde im Sinne dieses Gesetzes „jede Stelle, die Aufgaben der öffentlichen Verwaltung wahrnimmt" (Behörde im materiellen – funktionellen – Sinne[361]).

33 Verwaltungsbehörden **führen die Gesetze aus**; sie gestalten, lenken, fördern und sichern die Belange insbesondere des sozialen, wirtschaftlichen und kulturellen Lebens im Rahmen der Gesetze.[362]

VII. Rechtsanwälte und Notare

34 Rechtsanwälte sind unabhängige **Organe der Rechtspflege** (vgl. § 1 BRAO) mit eigenständiger Funktion – neben Richtern und Staatsanwälten – im „Kampf um das Recht", die jedoch nicht der staatlichen Justiz zuzuordnen sind.[363] Sie sind berufene **unabhängige Berater und Vertreter** in allen Rechtsangelegenheiten

[357] Vgl. BGH NJW 2003, 3142 (3143); NStZ 2009, 648.
[358] S. BVerwG NJW 1975, 893.
[359] BVerfGE 10, 20 (48) = NJW 1959, 1531.
[360] S. auch Detterbeck AllgVerwR Rn. 202; Kock/Stüwe ÖffR/Stüwe Rn. 1057. → § 4 Rn. 19 ff.
[361] Zu den **unterschiedlichen Behördenbegriffen** s. Detterbeck AllgVerwR Rn. 199 ff.
[362] Haase/Keller Grundlagen Rn. 9.
[363] S. Weyland/Brüggemann, Kommentar zum BRAO, 10. Aufl. 2020, BRAO § 1 Rn. 3.

und besitzen insoweit das Recht, insbesondere vor Gericht oder Behörden aufzutreten.[364] Gleichwohl werden – die teils hoch spezialisierten – Rechtsanwälte häufig bereits vor- bzw. außergerichtlich aktiv (zB durch Anwaltsschreiben) und sind demnach in der Regel praktisch die erste Anlaufstelle für Rechtssuchende in allen Rechtsgebieten.

Merke: Anwälte streiten berufsmäßig für die Interessen ihrer Mandanten, die ihrerseits frei sind, den ihnen zusagenden Rechtsvertreter zu wählen und zu mandatieren.[365]

Zur Rechtsanwaltschaft kann unter anderem nur zugelassen werden, wer die Befähigung zum Richteramt erlangt, dh ein rechtswissenschaftliches Studium an einer Universität mit der ersten Prüfung und einen anschließenden Vorbereitungsdienst mit der zweiten Staatsprüfung abgeschlossen hat (vgl. § 4 S. 1 Nr. 1 BRAO, § 5 Abs. 1 Hs. 1 DRiG). 35

Notare sind unabhängige **Träger eines öffentlichen Amtes**; vor allem sind sie zuständig für die Beurkundung von Rechtsvorgängen (s. § 1 BNotO). Zum Notar darf nur bestellt werden, wer die (zuvor angesprochene) Befähigung zum Richteramt besitzt. Unter bestimmten Voraussetzungen ist das Praktizieren als Anwaltsnotar (Rechtsanwalt und Notar) zulässig (vgl. § 3 Abs. 1 BNotO). 36

§ 5 Struktur, Arten und Verhältnis von Rechtsvorschriften

Merke: Rechtsvorschriften treten – als **„Elementarteilchen der Rechtsordnung“** – als Paragrafen (§) und Artikel (Art.) in Erscheinung und sind meistens abstrakt-generelle Anordnungen (→ § 2 Rn. 7 ff.).

Das Entschlüsseln von Rechtsvorschriften ist das **Fundament des Umgangs mit dem Recht** und dessen **Anwendung**. Wer das Recht verstehen möchte, muss in erster Linie zunächst Erkenntnis über **Struktur, Funktionen** und auch das **Verhältnis von Rechtsvorschriften** gewinnen.[366] Für diesen mehrschichtigen Prozess der Entschlüsselung hilft es, sich zu vergegenwärtigen, dass die im konkreten Fall erforderliche Rechtsanwendung eine essentielle Etappe auf dem Weg zur Rechtsfindung als deren Ziel ist. 1

A. Lesen und Zitieren von Rechtsvorschriften

Rechtsvorschriften lassen sich nur dann korrekt anwenden, wenn man ihre **Formalstruktur** durchdrungen hat und dies in jedem Prozess der Rechtsanwendung für jede Vorschrift von Neuem leistet. 2

[364] Vgl. neben § 3 BRAO auch BVerfGE 63, 266 (283 f.) = NJW 1983, 1535.

[365] Weyland/Brüggemann, Kommentar zur BRAO, 10. Aufl. 2020, BRAO § 1 Rn. 2.

[366] Zum Auffinden, Verstehen und Zerlegen von Rechtsvorschriften → § 8 Rn. 1 ff., zur Auslegung von Rechtsvorschriften → § 9 Rn. 1 ff.

3 Insoweit gilt es, sowohl im schriftlichen als auch im verbalen Umgang mit Rechtsvorschriften, stets **exakt, präzise und unmissverständlich**

- **zu zitieren** und
- **zu bezeichnen**,

welches Teilstück einer Rechtsvorschrift in Bezug genommen, *was* also überhaupt gerade Gegenstand der Bearbeitung wird. Nur so kann eine zutreffende Rechtsanwendung gewährleistet werden.[367]

4 Hierbei könnten folgende **Grundregeln** erste Hilfe leisten:[368]

Hinsichtlich des in Betracht kommenden Gesetzes (oder der in Betracht kommenden Rechtsverordnung etc) darf die offizielle (amtliche) Abkürzung verwendet werden.[369]

Beispiele:

- „AO“ statt Abgabenordnung
- „StGB“ statt Strafgesetzbuch

5 Hat man ein anwendbares Regelwerk identifiziert, lässt sich schnell herausfinden, ob man es in diesem mit **Paragrafen oder Artikeln** als Rechtsvorschriften zu tun hat. Diese dürfen dann mit „Art.“ bzw. „§“ abgekürzt werden.

6 Beim Zitieren und Bezeichnen von Rechtsvorschriften nennt man indes **zunächst die Vorschrift** und **dann das Regelwerk**, dem die Vorschrift entstammt.

Beispiele:

- Art. 19 GG
- § 263 StGB

7 Ein korrektes Vorgehen verlangt es aber, beim Zitieren und Bezeichnen **weiter in die Vorschrift einzudringen** – auch damit in einer Klausur- oder Praxissituation das Gegenüber zweifelsfrei folgen kann.

8 Hierbei wird auf den folgenden Gliederungsebenen der Rechtsvorschrift wie nachfolgend (Abb. 17) zitiert, wobei auf vereinzelten Stufen auch **unterschiedliche Möglichkeiten** zur Verfügung stehen.

9 Welche letztlich bevorzugt wird, ist dem Rechtsanwender überlassen, wenngleich unbedingt eine **einheitliche Zitierweise** (zB innerhalb einer Gesamtbearbeitung) gewählt werden muss.

[367] Vgl. auch Halkenhäuser/Blum JuS 2021, 297 (298); Schmidt JuS 2003, 649 (653).

[368] Zum Ganzen Byrd/Lehmann, Zitierfibel für Juristen, 2. Aufl. 2016, 71 ff.

[369] Diese kann etwa der zur Verfügung stehenden (elektronischen) Gesetzessammlung (Vorschriftensammlung) oder etwa dem elektronischen Einzelabruf des jeweiligen Gesetzes entnommen werden. Zu weiteren Einzelheiten und Differenzierungen vgl. BMJV Rechtsförmlichkeit-HdB Rn. 321 ff. in BAnz. 2008 Nr. 160a. S. aber auch Möllers Arbeitstechnik § 5 Rn. 49 ff.

- **Gesetz?** (Verwendung der zulässigen Abkürzung)
- Paragraf (**§**) oder Artikel (**Art.**)?

Gliederungsebenen	Zitat
Absatz	„Abs." oder „I" oder „(1)"
Unterabsatz	„UAbs."
Satz	„S." oder „1"
Halbsatz	„Hs."
Variante	„Var." *(oder „Alt." oder „1. Fall")*
Nummer	„Nr."
Buchstabe	„Buchst." oder „lit." oder „a)"

Abb. 18 Zitieren und Bezeichnen von Rechtsvorschriften

Daneben sollte lieber zu viel, als zu wenig zitiert werden, um Missverständnisse zu vermeiden. Zu achten ist zudem darauf, ob wirklich jede Ebene in der Vorschrift existiert. 10

Beispiele:

- § 263 Abs. 1 StGB (kein Satz innerhalb des Abs. 1, aber mehrere Absätze in der Rechtsvorschrift des StGB vorhanden)
- § 1 BGB (kein Satz und keine Absätze innerhalb der Rechtsvorschrift des BGB)
- Möchte man ausdrücken, dass alle Staatgewalt vom Volke ausgeht, nimmt man Art. 20 Abs. 2 S. 1 GG in Bezug: **„Alle Staatsgewalt geht vom Volke aus (Satz 1).** Sie wird vom Volke in Wahren und Abstimmungen und durch besondere Organe der Gesetzgebung, der vollziehenden Gewalt und der Rechtsprechung ausgeübt (Satz 2)." Die Sätze sind getrennt durch einen Punkt, die Rechtsvorschrift hat mehrere Absätze.

Werden mehrere Vorschriften zitiert, also **Paragrafen- oder Artikelketten** gebildet, sollte zur Vermeidung von Unklarheiten das Folgende beachtet werden: 11

Nacheinander geregelte Vorschriften können durch „§§" oder „Art." unter Verwendung der Abkürzung 12

- „f." (wenn *eine* folgende Vorschrift in Bezug genommen wird) oder
- „ff." (wenn *mehrere* folgende Vorschrift*en* in Bezug genommen werden)

aufgeführt werden.

Beispiele:

- §§ 104 ff. BGB (besser ist aber die genaue Angabe des letzten in Bezug genommenen Paragrafen, zB §§ 104–113 BGB, um zu verdeutlichen, wie weit das Zitat reicht)
- Art. 1 ff. (besser zB Art. 1, Art. 2 und Art. 3 GG)
- §§ 13 f. BGB (gemeint sind also § 13 und § 14 BGB)

- Zu **Missverständnissen** könnte die Zitierweise „Art. 1 Abs. 1, 2 GG" führen, da unklar ist, ob mit der „2" Absatz 2 des Art. 1 GG oder Art. 2 GG in Bezug genommen wird. Folglich sollte man besser die Bezeichnung „Art. 1 Abs. 1, Abs. 2 GG" bzw. „Art. 1 Abs. 1, Art. 2 GG" wählen.

13 Werden mehrere Vorschriften eines Regelwerks, die verteilt sind oder mehrere Vorschriften verschiedener Regelwerke zitiert, sollte zunächst die eine, dann die andere Vorschrift (getrennt durch ein Komma) unter Nennung der zulässigen Abkürzung(en) des Regelwerks bzw. der Regelwerke bezeichnet werden.

Beispiele:
- § 11 Abs. 2 Nr. 2, § 258a Abs. 1 StGB
- § 22 SchwarzArbG, §§ 196 f. AO

B. Vollständige Rechtsvorschriften

14 Dem oder der zur Rechtsetzung Berufenen steht eine Vielzahl unterschiedlicher Typen von Rechtsvorschriften zur Verfügung.[370]

15 Wenn etwas verboten, geboten oder erlaubt werden soll, werden regelmäßig vollständige Rechtsvorschriften eingesetzt.[371]

! **Merke:** Vollständige Rechtsvorschriften bestehen aus zwei Teilen: einem **Tatbestand** und einer **Rechtsfolge**.

16 Wenn

- bestimmte in der Rechtsvorschrift formulierte **Voraussetzungen** vorliegen, die Tatbestandsvoraussetzungen also erfüllt sind (der Tatbestand mithin verwirklicht ist),
- kann eine bestimmte von der Rechtsvorschrift angeordnete **rechtliche Konsequenz** (also das, was passieren kann oder soll = die Rechtsfolge) eintreten.

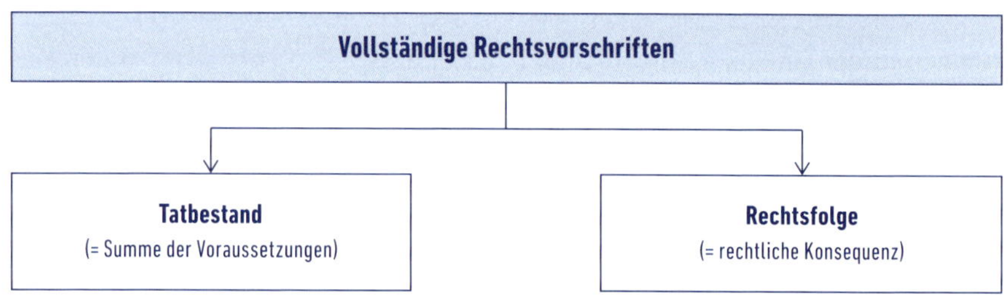

Abb. 19 Vollständige Rechtsvorschriften

[370] Zu Rechtsnormen im Allgemeinen, Rechtsetzung und Rechtsgestaltung s. Muthorst Grundlagen § 5 Rn. 1 ff. und § 9 Rn. 1 ff.

[371] S. Beaucamp/Beaucamp Methoden Rn. 44, 79; Herresthal/Weiß Fälle Methodenlehre Rn. 94 ff.; Rüthers/Fischer/Birk Rechtstheorie Rn. 120 ff.; Schmidt JuS 2013, 551 (554 f.); Schwacke Methodik S. 28 ff.; Wörlen/Leinhas JA 2006, 22 (23).

Beispiele für vollständige Rechtsvorschriften:

- § 223 StGB: „Wer eine andere Person körperlich misshandelt oder an der Gesundheit schädigt, wird mit Freiheitsstrafe bis zu fünf Jahren oder mit Geldstrafe bestraft."
- § 280 Abs. 1 S. 1 BGB: „Verletzt der Schuldner eine Pflicht aus dem Schuldverhältnis, so kann der Gläubiger Ersatz des hierdurch entstehenden Schadens verlangen."
- Art. 19 Abs. 4 S. 1 GG: „Wird jemand durch die öffentliche Gewalt in seinen Rechten verletzt, so steht ihm der Rechtsweg offen."

I. Der Tatbestand

Der Tatbestand umschreibt meist auf hoher Abstraktionsebene die Situation, für welche die Rechtsvorschrift Geltung haben soll, bestimmt also die Anwendungsvoraussetzungen.[372] 17

Er kann jedenfalls aus einer Einzelvoraussetzung (= Tatbestandsmerkmal) bestehen, kann sich aber auch aus mehreren Einzelvoraussetzungen zusammensetzen (= **Tatbestandsmerkmale** oder Tatbestandsvoraussetzungen[373]). 18

Merke: „Der Tatbestand einer Rechtsvorschrift ist hinreichende Bedingung für den Eintritt ihrer Rechtsfolge."[374]

Es werden verschiedene Arten von Tatbestandsmerkmalen differenziert.[375] So kann der Tatbestand einer Rechtsvorschrift insbesondere bestehen aus 19

- **kumulativen Tatbestandsmerkmalen** (dh alle Tatbestandsmerkmale müssen additiv vorliegen, damit die Rechtsfolge eintritt) oder
- **alternativen Tatbestandsmerkmalen** (dh „Oder-Verknüpfung": von mindestens zwei Tatbestandsmerkmalen muss nur eines vorliegen, was durch die Verwendung des Wortes „oder" im Vorschriftentext zum Ausdruck gebracht wird).[376]

Beispiele:

- § 37 Abs. 2 S. 2 Nr. 2 BBG enthält kumulative Tatbestandsmerkmale (Bekanntgabe des endgültigen Nichtbestehens einer vorgeschriebenen Zwischenprüfung)
- § 823 Abs. 1 BGB enthält sowohl kumulative als auch alternative Tatbestandsmerkmale (alternativ sind zB „vorsätzlich *oder* fahrlässig"; „Leben *oder* Körper *oder* Gesundheit *oder* ..."); → § 5 Rn. 27.

[372] Herresthal/Weiß Fälle Methodenlehre Rn. 94; Rüthers/Fischer/Birk Rechtstheorie Rn. 122. Zu unterschiedlichen Tatbestandsbegriffen (und Funktionen) Krell in Adick/Bülte, Fiskalstrafrecht, 2. Aufl. 2019, 7. Kap. Rn. 11 ff.

[373] S. etwa OVG Münster NJW 2020, 3797 (3798).

[374] Muthorst Grundlagen § 5 Rn. 30. S. auch Puppe Jur. Denken S. 253.

[375] Zum Ganzen etwa Beaucamp/Beaucamp Methoden Rn. 46 ff.; Mann Jur. Arbeitstechnik Rn. 249 ff.; Schwacke Methodik S. 25 ff.; → § 8 Rn. 26 ff. zum Zerlegen von Rechtsvorschriften.

[376] Beaucamp/Beaucamp Methoden Rn. 55, Mann Jur. Arbeitstechnik Rn. 249 f., Reimer Methodenlehre Rn. 304 f.

20 Weiter wird in der Theorie unterschieden – was im praktischen Einzelfall nicht immer eindeutig gelingt – zwischen

- **deskriptiven Tatbestandsmerkmalen**, die einer Tatsachenfeststellung zugänglich sind und sich insoweit schon (wertungsfrei) durch Beschreibung erfassen lassen und
- **normativen** (= wertungsausfüllungsbedürftige) **Tatbestandsmerkmalen**, (dh sie erfordern eine juristische Wertung).[377]

Beispiele für deskriptive und normative Tatbestandsmerkmale:

- **Deskriptive Tatbestandsmerkmale:** „Mensch" iSd § 1 BGB und § 212 Abs. 1 StGB; „Kraftfahrzeug" iSd § 24a StVG und § 248b StGB
- **Normative Tatbestandsmerkmale:** „Kunst" iSd Art. 5 Abs. 3 GG; „Beleidigung" iSd § 185 StGB; „arglistige Täuschung" iSd § 14 Abs. 1 Nr. 1 BBG

21 Daneben gibt es – neben jenen in der Rechtsvorschrift ausdrücklich genannten, also geschriebenen Tatbestandsmerkmalen – etwa auch **ungeschriebene Tatbestandsmerkmale** (= solche, die im Gesetzestext nicht aufgeführt, aber dennoch zu prüfen sind).[378]

Beispiel für ungeschriebene Tatbestandsmerkmale: Das (objektive) Tatbestandsmerkmal der „Vermögensverfügung" bei § 263 Abs. 1 StGB (Betrug) ist dem Wortlaut der Vorschrift zwar nicht zu entnehmen, aber doch Tatbestandsmerkmal[379]

22 Insbesondere im Strafrecht und Ordnungswidrigkeitenrecht wird zudem differenziert zwischen **objektiven Tatbestandsmerkmalen** (= äußeres Erscheinungsbild der Tat) und **subjektiven Tatbestandsmerkmalen** (= innere Haltung, Einstellung und Gedankenwelt des Täters).[380] Entsprechend wird bei der Prüfung eines Straf- und Ordnungswidrigkeitentatbestandes (im Sinne eine Vorschrift) auch zwischen dem *Objektiven Tatbestand* und dem *Subjektiven Tatbestand* differenziert (→ § 5 Rn. 46 und § 13 Rn. 44).

Beispiele:

- **Objektives** Tatbestandsmerkmal: „Arbeitgeber" iSd § 266a Abs. 1 StGB
- **Objektives** Tatbestandsmerkmal: „Nichtzahlen" iSd § 21 Abs. 1 Nr. 9 MiLoG
- **Subjektives** Tatbestandsmerkmal: **Vorsatz** (= Wille zur Verwirklichung eines Straftat-/Bußgeldtatbestandes in Kenntnis aller seiner objektiven Tatbestandsmerkmale) bei Vorsatzdelikten (vgl. auch § 15 StGB)
- **Subjektives** Tatbestandsmerkmal: „zur Täuschung im Rechtsverkehr" iSd § 267 StGB (als besonderes subjektives Tatbestandsmerkmal)

377 Vgl. Beaucamp/Beaucamp Methoden Rn. 48 ff.; Rengier StrafR AT § 8 Rn. 10 ff.; s. Roxin/Greco StrafR AT I § 10 Rn. 57 ff.; Schwacke Methodik S. 25 ff.

378 Hierzu Wank Methodenlehre § 5 Rn. 227 ff.

379 Vgl. BGH NJW 1960, 1068 (1069).

380 Vgl. Rengier StrafR AT § 8 Rn. 4, 16; Roxin/Greco StrafR AT I § 10 Rn. 8 f., 61 ff.

!

Merke: Der Begriff „Tatbestand" im Kontext vollständiger Rechtsvorschriften darf nicht mit dem **Straftatbestand** im Sinne einer (ganzen) Strafvorschrift (zB des StGB) verwechselt werden. Auch ein Straftatbestand besteht als vollständige Rechtsvorschrift aus Tatbestand und Rechtsfolge.[381]

Zu beachten ist zudem, dass Tatbestandsmerkmale nicht nur positiv (= muss vorliegen, damit die Rechtsfolge eintreten kann), sondern auch **negativ** (= darf nicht vorliegen, damit die Rechtsfolge eintreten kann) sein können.[382] 23

Beispiele für negative Tatbestandsmerkmale:

- § 28 Abs. 1 Nr. 1 GastG: „Ordnungswidrig handelt, wer **ohne die nach § 2 Abs. 1 erforderliche Erlaubnis** ein Gaststättengewerbe betreibt."
- § 812 Abs. 1 S. 1 BGB: „Wer durch die Leistung eines anderen oder in sonstiger Weise auf dessen Kosten etwas **ohne rechtlichen Grund** erlangt, ist ihm zur Herausgabe verpflichtet."
- § 327 Abs. 1 StGB: „**Ohne** die erforderliche **Genehmigung**".

II. Die Rechtsfolge

Die **Rechtsfolge** einer Rechtsvorschrift benennt in abstrakter Form die rechtliche Konsequenz, die eine Verwirklichung des Tatbestandes (mit allen Tatbestandsvoraussetzungen) nach sich zieht. 24

Dies kann beispielsweise sein: 25

- im **Privatrecht** beispielsweise die Pflicht zum Schadensersatz (zB § 823 BGB)
- im **Öffentlichen Recht** etwa ein staatliches Eingriffsrecht (zB gem. § 5a Abs. 2 SchwarzArbG oder § 34 PolG NRW) und
- im **Strafrecht** ieS insbesondere eine Freiheits- oder Geldstrafe (zB § 266a Abs. 1 StGB)
- im **Ordnungswidrigkeitenrecht** die Verhängung eines Bußgeldes (zB gem. § 21 MiLoG).

Beispiel (stark vereinfacht): § 242 StGB: „Wer einen Diebstahl begeht (Tatbestand), wird bestraft (Rechtsfolge)."

!

Merke: Die Rechtsfolge einer Vorschrift kann nur eintreten, wenn alle deren Tatbestandsvoraussetzungen vorliegen.

Gegebenenfalls bedarf es auch der **Konkretisierung** der von der Rechtsvorschrift abstrakt formulierten **Rechtsfolgenmerkmale,** um die genaue Rechtsfolge für einen bestimmten Lebenssachverhalt zu bestimmen.[383] 26

[381] Zu Straftatbeständen → § 5 Rn. 43 ff. Zu unterschiedlichen Tatbestandsbegriffen (und Funktionen) Krell in Adick/Bülte, Fiskalstrafrecht, 2. Aufl. 2019, 7. Kap. Rn. 11 ff.

[382] S. auch Schwacke Methodik S. 27.

[383] Vgl. Beaucamp/Beaucamp Methoden Rn. 63 mwN.

Beispiele:

- § 823 Abs. 1 BGB spricht davon, dass jemand „dem anderen zum Ersatz des daraus entstehenden Schadens verpflichtet" ist. Die Höhe des Schadensersatzes ist im konkreten Fall also noch zu bestimmen
- Nach § 266a Abs. 1 StGB wird mit Freiheitsstrafe bis zu fünf Jahren oder mit Geldstrafe bestraft, wer als Arbeitgeber der Einzugsstelle Beiträge des Arbeitnehmers zur Sozialversicherung einschließlich der Arbeitsförderung, unabhängig davon, ob Arbeitsentgelt gezahlt wird, vorenthält. Zu bestimmen bliebe bei Vorliegen aller Strafbarkeitsvoraussetzungen, a) ob eine Geld- oder eine Freiheitsstrafe und b) in welcher Höhe eine solche Strafe zu verhängen ist.

III. Gedankliche Hilfestellung: „Wenn-Dann-Format"

27 Viele Rechtsvorschriften erschweren durch ihre Formulierung die Identifizierung von Tatbestand und Rechtsfolge. In diesem Fall (und auch generell) hilft eine **gedankliche Umformulierung** des Rechtssatzes in einen **„Wenn-Dann-Satz"**. Auf diese Weise wird die **konditionale Verbindung** zwischen Tatbestand und Rechtsfolge deutlich.[384]

! **Merke:** WENN die Tatbestandsvoraussetzungen vorliegen, DANN tritt die Rechtsfolge ein.

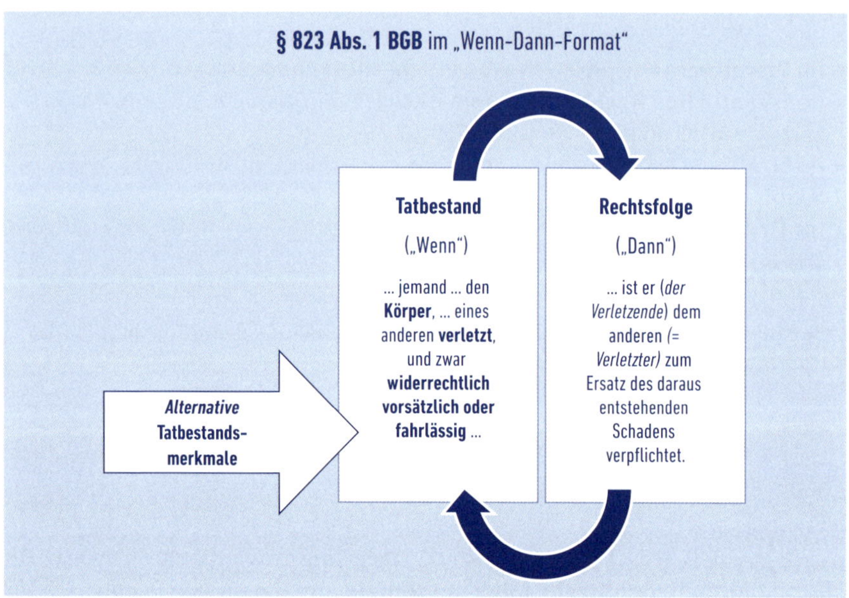

Abb. 20 § 823 Abs. 1 BGB im „Wenn-Dann-Format"[385]

[384] S. auch Muthorst Grundlagen § 5 Rn. 30 f.; Zippelius Methodenlehre S. 23. Ferner Gußen Wissenschaft. Arbeiten Jura S. 105.

[385] Einzelheiten zu § 823 BGB bei Medicus/Petersen BürgerlR Rn. 604 ff.; Schwab/Löhnig ZivilR Rn. 268 ff.

Weitere Beispiele:

- § 105 Abs. 1 BGB: „Die Willenserklärung eines Geschäftsunfähigen ist nichtig."
- § 105 Abs. 1 BGB umformuliert in das „Wenn-Dann-Format":
- WENN ein Geschäftsunfähiger eine Willenserklärung abgibt (kumulative Tatbestandsmerkmale), DANN ist sie (die Willenserklärung) nichtig.
- Art. 19 Abs. 4 S. 1 GG: „Wird jemand durch die öffentliche Gewalt in seinen Rechten verletzt, so steht ihm der Rechtsweg offen."
- Art. 19 Abs. 4 S. 1 GG umformuliert in das „Wenn-Dann-Format":
- WENN jemand durch die öffentliche Gewalt in seinen Rechten verletzt wird, DANN steht ihm der Rechtsweg offen.
- § 223 Abs. 1 StGB: „Wer eine andere Person körperlich misshandelt oder an der Gesundheit schädigt, wird mit Freiheitsstrafe bis zu fünf Jahren oder mit Geldstrafe bestraft."
- § 223 Abs. 1 StGB umformuliert in das „Wenn-Dann-Format":
- WENN jemand eine andere Person körperlich misshandelt oder an der Gesundheit schädigt, DANN wird er mit Freiheitsstrafe bis zu fünf Jahren oder mit Geldstrafe bestraft.

IV. Verknüpfung von Tatbestand und Rechtsfolge

Tatbestand und Rechtsfolge einer Rechtsvorschrift können unterschiedlich miteinander verknüpft sein. Dies ist vor allem im Kontext öffentlich-rechtlicher Rechtsvorschriften (des Verwaltungsrechts im weiteren Sinne) bedeutsam.[386] 28

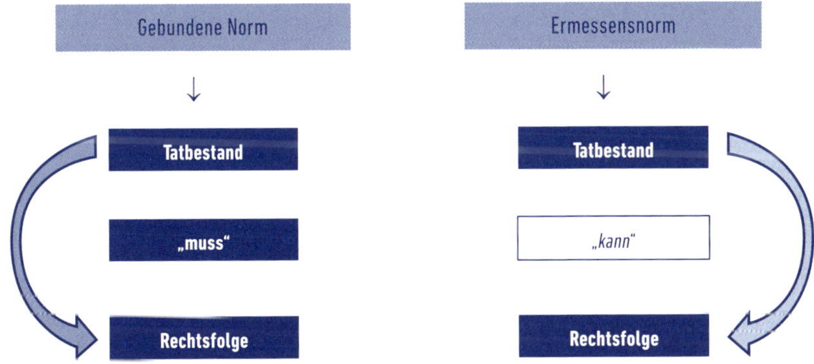

Abb. 21 Verknüpfung von Tatbestand und Rechtsfolge

1. Gebundene Vorschriften

Wenn die Rechtsvorschrift so formuliert ist, dass bei Vorliegen aller Tatbestandsvoraussetzungen die vorgegebene **Rechtsfolge ohne Wahlmöglichkeit eintreten muss**, spricht man von einer **gebundenen Norm** (Vorschrift).[387] Insoweit besteht nämlich gerade im Bereich des Verwaltungsrechts im weiteren Sinne eine ver- 29

386 Zum Verwaltungsverfahren → § 3 Rn. 39 ff. S. auch Herresthal/Weiß Fälle Methodenlehre Rn. 95 („Sinn und Zweck der Verknüpfung liegen mithin im Normativen; der Normgeber will mit seiner Geltungsanordnung einen bestimmten Erfolg in der Rechtswirklichkeit erreichen (...)").

387 Beaucamp/Beaucamp Methoden Rn. 67 ff. (auch zum Privatrecht); Mann Jur. Arbeitstechnik Rn. 269.

pflichtende „normative Handlungsbindung" (der zuständigen Verwaltungsbehörde).[388]

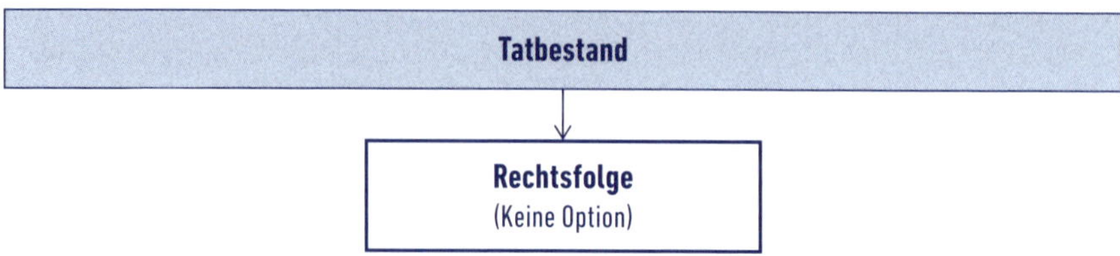

Abb. 22 Gebundene Norm

30 Dieser Zwang oder diese Automatik kommt insbesondere zum Ausdruck durch die Verwendung des Wortes **„ist"** oder ähnliche Formulierungen („Muss-Vorschriften"[389]).

Beispiele für gebundene Vorschriften:

- § 35 Abs. 1 S. 1 GewO: „Die Ausübung eines Gewerbes **ist** von der zuständigen Behörde ganz oder teilweise zu untersagen, wenn Tatsachen vorliegen (...)."
- § 14 Abs. 1 Nr. 1 BBG: „Die Ernennung **ist** mit Wirkung auch für die Vergangenheit zurückzunehmen, wenn (...)."
- § 49a Abs. 1 S. 1 VwVfG: „Soweit ein Verwaltungsakt mit Wirkung für die Vergangenheit zurückgenommen oder widerrufen worden oder infolge Eintritts einer auflösenden Bedingung unwirksam geworden ist, **sind** bereits erbrachte Leistungen zu erstatten."

2. Ermessensvorschriften

31 Liberaler ist die Lage für den Rechtsanwender, wenn Rechtsvorschriften vor allem im Verwaltungsrecht im weiteren Sinne einen **Entscheidungsspielraum** (im Sinne einer Handlungsmöglichkeit oder Handlungsfreiheit) im Hinblick auf das Eintreten der Rechtsfolge eröffnen (**Ermessensnorm bzw. Ermessensvorschrift**). Liegen alle Tatbestandsvoraussetzungen vor, wird die Entscheidung, ob die Rechtsfolge eintreten soll (oder auch nicht) auf die Verwaltung verlagert.[390] Mit anderen Worten ermächtigt der Gesetzgeber den praktischen Rechtsanwender, sich bei Vorliegen eines bestimmten Sachverhalts in einer ihm angemessen erscheinenden Weise - aber nicht wie es ihm gefällt, sondern doch in bestimmten Grenzen - zu verhalten.[391]

32 „Die Tätigkeit der Verwaltungsbehörden ist im Rechtsstaat auch dann niemals „völlig frei", wenn die Verwaltungsbehörden auf Grund der gesetzlichen Bestimmungen nach ihrem Ermessen vorzugehen berechtigt sind. Auch dann bleiben sie an die *allgemeinen* Erfordernisse des Rechtsstaats gebunden, vor allem an den Gleichheitssatz und an den Grundsatz, dass von jeder Ermächtigung zum Ver-

[388] Vgl. BVerwG BeckRS 1981, 30433107.

[389] BVerwG BeckRS 2010, 45510.

[390] Vgl. BFH NVwZ-RR 2012, 425 (auch zu anderen Bedeutungen des Wortes „kann" im Vorschriftentext); Beaucamp/Beaucamp Methoden Rn. 72 ff. (auch zum Privatrecht). Zum Ermessen im Verwaltungsrecht Sauerland AllgVerwR § 14 Rn. 1 ff. S. auch Hufen ZJS 2010, 603 ff.

[391] S. BVerwG BeckRS 1981, 30433107. Vgl. auch **§ 40 VwVfG, § 114 VwGO, § 5 AO und § 39 SGB I.**

waltungshandeln nur im Sinne des Gesetzeszwecks Gebrauch gemacht werden darf. Jedes Ermessen ist **„pflichtmäßiges" Ermessen** und darf, wenn es die Freiheit des Bürgers beschränkt, nur in strenger Bindung an die Ziele des Gesetzes betätigt werden, in dessen Vollzug die Verwaltung handelt".[392]

Merke: Während man in der Verwaltungspraxis selbst dieser aktive praktische Rechtsanwender ist, der im pflichtgemäßen Ermessen zu entscheiden hat, ob die Rechtsfolge eintreten soll, nimmt man in der **verwaltungsrechtlichen Klausursituation** den Blickwinkel eines Gerichts ein und hat keine eigenen Zweckmäßigkeitserwägungen anzustellen, sondern zu prüfen, ob die Behörde das ihr durch eine Rechtsvorschrift eingeräumte Ermessen fehlerfrei ausgeübt hat, ihr Handeln also rechtmäßig war.

Insoweit werden im Verwaltungsrecht im weiteren Sinne zB die Worte **„kann"** oder **„darf"** oder **„ist befugt"** verwendet, wenn eine Ermessensvorschrift (auch „Kann-Vorschrift") formuliert wird.[393] 33

Beispiele für Ermessensvorschriften:

- § 48 Abs. 1 S. 1 VwVfG: „Ein rechtswidriger Verwaltungsakt **kann**, auch nachdem er unanfechtbar geworden ist, ganz oder teilweise mit Wirkung für die Zukunft oder für die Vergangenheit zurückgenommen werden."
- § 131 Abs. 1 AO: „Ein rechtmäßiger nicht begünstigender Verwaltungsakt **kann**, auch nachdem er unanfechtbar geworden ist, ganz oder teilweise mit Wirkung für die Zukunft widerrufen werden, außer wenn ein Verwaltungsakt gleichen Inhalts erneut erlassen werden müsste oder aus anderen Gründen ein Widerruf unzulässig ist".[394]
- § 4 Abs. 1 S. 1 AÜG: „Eine rechtswidrige Erlaubnis **kann** mit Wirkung für die Zukunft zurückgenommen werden."
- § 17 Abs. 2 S. 1 SGB XII: „Über Art und Maß der Leistungserbringung ist nach pflichtgemäßem **Ermessen** zu entscheiden (...)".

Eine Rechtsvorschrift kann auf der Rechtsfolgenseite 34

- **Entschließungsermessen** (= Entscheidung, **ob** überhaupt eine Rechtsfolge gesetzt wird) und
- **Auswahlermessen** (= Entscheidung, **wie** gehandelt wird, dh verschiedene Verhaltensweisen/Handlungsmöglichkeiten stehen zur Verfügung)

einräumen.[395]

392 BVerfGE 18, 353 (363) = NJW 1965, 741 mwN. Hervorhebung (Fettdruck) durch Verfasser.

393 Vgl. Gußen Wissenschaft. Arbeiten Jura S. 109; Kock/Stüwe ÖffR/Stüwe Rn. 1099.

394 Zu Einzelheiten Schönknecht/Küchenhoff AbgabenR Rn. 754 ff. S. auch Koenig/Vorbeck, Abgabenordnung, 4. Aufl. 2021, AO § 131 Rn. 10.

395 Detterbeck AllgVerwR Rn. 311 ff.; Engisch Einführung S. 188; Sauerland AllgVerwR § 14 Rn. 9 ff. auch zu Funktionen des Ermessens; Schwacke Methodik S. 24.

Beispiel: § 8 Abs. 1 PolG NRW: „Die Polizei kann die notwendigen Maßnahmen treffen, um eine im einzelnen Falle bestehende, konkrete Gefahr für die öffentliche Sicherheit oder Ordnung (Gefahr) abzuwehren (...)." Hier kommt durch das Wort *kann* zum Ausdruck, dass der Polizei ein Entschließungsermessen eingeräumt wurde (= es bleibt ihr überlassen *ob* sie die notwendigen Maßnahmen trifft, also überhaupt einschreitet - sie *kann* einschreiten, muss es aber nicht). Entscheidet sie sich zum Handeln, hat sie zudem die Wahl, auf welche Weise (*wie*, mit was für einer Maßnahme) sie einschreitet (Auswahlermessen).

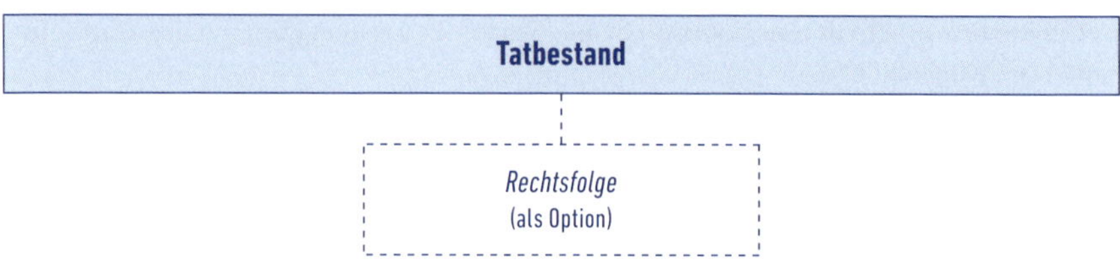

Abb. 23 Entschließungsermessen („Ob")

35 Ob der Gesetzgeber in einer Rechtsvorschrift (etwa für eine Behörde) eine Handlungsbindung bestimmt oder einen Handlungsspielraum eingeräumt hat, kann immer nur aus dem Inhalt der betreffenden Rechtsvorschrift entnommen werden.[396]

Soll-Vorschriften

Rechtsvorschriften, die das Wort *soll* verwenden nehmen eine **Sonderstellung** ein (zB § 20 Abs. 2 S. 1 BImSchG: „Die zuständige Behörde **soll** anordnen, dass eine Anlage, die ohne die erforderliche Genehmigung errichtet, betrieben oder wesentlich geändert wird, stillzulegen oder zu beseitigen ist"): „Soll-Vorschriften sind im **Regelfall** für die mit ihrer Durchführung betraute Behörde rechtlich zwingend und verpflichten sie, so zu verfahren, wie es im Gesetz bestimmt ist. Nur bei Vorliegen von Umständen, die den Fall als atypisch erscheinen lassen, darf die Behörde anders verfahren als im Gesetz vorgesehen und den **atypischen Fall** nach pflichtgemäßem Ermessen entscheiden."[397]

C. Auswahl wichtiger Normtypen

36 Als vollständige Rechtsvorschriften (= bestehen aus Tatbestand und Rechtsfolge) hervorzuheben sind **Ermächtigungs- und Anspruchsgrundlagen** sowie **Straf- und Ordnungswidrigkeitentatbestände**.

[396] BVerwG BeckRS 1981, 30433107.

[397] BVerwG BeckRS 2010, 45510 (Hervorhebung durch Verfasser); BVerwG NVwZ 1993, 675 (zu § 52 Abs. 2 HwO). S. auch Detterbeck AllgVerwR Rn. 320 ff.; Sauerland AllgVerwR § 14 Rn. 8 zum geläufigen Begriff des „intendierten Ermessens".

Eine Rechtsvorschrift kann daneben eine andere Rechtsvorschrift aber etwa auch 37

- **ausschließen**,
- **ergänzen** oder
- einer solchen bzw. dem Rechtsanwender schlicht **hilfeleisten**.

Insoweit lassen verschiedene Normtypen funktionsbezogen systematisieren.[398] 38

I. Ermächtigungs- und Anspruchsgrundlagen

1. Ermächtigungsgrundlagen

Merke: Der Begriff *Ermächtigungsgrundlage* wird auch für solche Rechtsvorschriften in formellen Gesetzen verwendet, welche zum Erlass von **Rechtsverordnungen** und **Satzungen** ermächtigen.[399]

Rechtsvorschriften, welche die gesetzliche *Grundlage* für staatliche Eingriffe in die Rechte des Einzelnen bilden, den Staat also (im Sinne einer Erlaubnis) zu einer Eingriffshandlung *ermächtigen*, werden häufig ebenfalls Ermächtigungsgrundlagen genannt. Systematischer ausgedrückt gestatten solche Rechtsvorschriften Hoheitsträgern als **Rechtsfolge** einen **Eingriff** in bestimmte (Grund-) Rechte Einzelner, wenn die jeweiligen Tatbestandsvoraussetzungen der Vorschrift als Bedingung vorliegen. Daher werden diese auch als **Eingriffsgrundlagen** bezeichnet.[400] 39

Merke: Eingriffsgrundlagen sind öffentlich-rechtliche Rechtsvorschriften, die Hoheitsträgern das Recht geben, belastende Maßnahmen zu Lasten Dritter zu treffen.

Beispiele für Eingriffsgrundlagen:

- § 35 Abs. 1 GewO (= Rechtsfolge: Gewerbeuntersagung)
- §§ 94 ff. StPO (= Rechtsfolge: Beschlagnahme) als strafverfahrensrechtliche Zwangsmaßnahme, die zu Eingriffen zB in Art. 10 Abs. 1 GG ermächtigt.[401]

Diese Terminologie ist insoweit von erheblicher praktischer Bedeutung, als der Grundsatz des **Vorbehalts des Gesetzes** stets eine gesetzliche Grundlage gerade für belastende Verwaltungstätigkeit im Feld der Eingriffsverwaltung verlangt (dh die Verwaltung darf nur dann in Rechte der Bürger oder sonstiger privater Rechtspersonen eingreifen, wenn sie hierzu in einem formellen Gesetz ermächtigt ist).[402] So soll Verwaltungstätigkeit vorhersehbar und kontrollierbar werden. 40

398 Die für die Systematisierung der verschiedenen Normtypen verwendete Terminologie ist uneinheitlich, vgl. etwa Kohler-Gehrig Einführung S. 43 mwN; Muthorst Grundlagen § 13 Rn. 76 ff.; Rüthers/Fischer/Birk Rechtstheorie Rn. 129 ff.; Schmidt JuS 2003, 551 (554 f.); Wank Auslegung S. 19 ff.; Wank Methodenlehre § 5 Rn. 256 ff.; Zippelius Methodenlehre S. 25.

399 S. zB BVerfG NVwZ 2014, 1219 ff. und → § 2 Rn. 44 ff. S. zu Satzungen → § 2 Rn. 50.

400 Vgl. Kohler-Gehrig Einführung S. 41.

401 BVerfG NJW 2009, 2431 (2433).

402 Detterbeck AllgVerwR Rn. 259. Zum Vorbehalt des Gesetzes und der auch in diesem Kontext relevanten Wesentlichkeitslehre Albrecht/Küchenhoff StaatsR Rn. 131 ff.; Sauerland AllgVerwR § 6 Rn. 7 ff. S. auch **§ 31 SGB I**.

Grundsatz des Vorrangs des Gesetzes

Von diesem Grundsatz des *Vorbehalts* des Gesetzes („Kein Handeln ohne Gesetz“) ist der Grundsatz des **Vorrangs des Gesetzes** („Kein Handeln gegen das Gesetz“) zu unterscheiden, der insbesondere die Bindung der Exekutive an die bestehenden Gesetze zum Ausdruck bringen soll.[403]

2. Anspruchsgrundlagen

Anspruchsgrundlagen sind Rechtsvorschriften, welche die Befugnis geben, von einer anderen Person ein Tun oder Unterlassen zu verlangen.

41 Anspruchsgrundlagen finden sich im

- Privatrecht und
- Öffentlichen Recht.

42 Soweit die entsprechenden Tatbestandsvoraussetzungen gegeben sind, gestatten sie dem Anspruchsinhaber (**Rechtsfolgenseite**), von einem anderen ein Tun oder Unterlassen zu verlangen (= **Anspruch**, vgl. § 194 BGB). Ohne Anspruchsgrundlagen ist also Wollen und Fordern bloßer Wunsch ohne rechtliche Relevanz.[404]

Beispiele für Anspruchsgrundlagen:

- § 823 Abs. 1 BGB (Anspruch auf Schadensersatz)
- § 985 BGB (Anspruch auf Herausgabe)
- § 136 SGB III (Anspruch auf Arbeitslosengeld)
- § 49a Abs. 1 S. 1 VwVfG (öffentlich-rechtlicher Erstattungsanspruch)

II. Straf- und Ordnungswidrigkeitentatbestände

43 Straftatbestände entstammen dem Strafrecht im engeren Sinne („Kriminalstrafrecht“), Ordnungswidrigkeitentatbestände dem Recht der Ordnungswidrigkeiten – jeweils sind sie vollständige Rechtsvorschriften.[405]

44 Soweit häufig die Begriffe *Straftatbestand* oder *Ordnungswidrigkeitentatbestände* (auch *Bußgeldtatbestand*[406]) verwendet werden, darf es nicht zu Verwechslungen mit dem „Tatbestand“ als Bestandteil einer vollständigen Rechtsvorschrift kommen.[407]

Merke: Bei **Straftatbeständen** wird bei bestimmten Delikten zwischen *Grundtatbestand* (= Deliktstyp in seiner einfachsten Form) und **Qualifikationstatbestand** (Qualifikation) unterschieden. Während Grundtatbestände als in sich geschlossene Straftatbestände bereits eine eigenständige Strafbarkeit begründen können,

[403] Sauerland AllgVerwR § 6 Rn. 3. S. auch Art. 20 Abs. 3 GG.

[404] Kohler-Gehrig Einführung S. 41.

[405] S. auch Kohler-Gehrig Einführung S. 41, die Straftatbestände den Ermächtigungsgrundlagen zuordnet, da sie dem Staat das Recht zur Verhängung einer Strafe geben würden.

[406] Hierzu auch Gassner OWiR 1. Teil Rn. 15.

[407] → § 5 Rn. 22; zum Ordnungswidrigkeitenverfahren → § 3 Rn. 52 ff.; zur unterschiedlichen Verwendung des Begriffs „Tatbestand“ im Strafrecht s. Rengier StrafR AT § 8 Rn. 1 ff.

sind Qualifikationstatbestände ebenfalls Straftatbestände, die aber als unselbstständige Tatbestandsabwandlungen auf dem Grunddelikt als Ausgangspunkt aufbauen und hinzutretende strafschärfende Tatbestandsmerkmale vorsehen (zB § 242 StGB – Diebstahl – als Grundtatbestand und § 244 StGB – Diebstahl mit Waffen; Bandendiebstahl; Wohnungseinbruchdiebstahl – als Qualifikation).[408]

Viele Straftatbestände findet man im **Besonderen Teil des StGB** (§§ 80–358 StGB), den „der Gesetzgeber" nach bestimmten Deliktsgruppen und geschützten Rechtsgütern gegliedert hat, sowie im **Nebenstrafrecht**.[409] Bußgeldtatbestände sind in geringer Zahl im OWiG, darüber hinaus zahlreich vor allem in unterschiedlichen in der Rechtsordnung verteilten (Fach-)Gesetzen beheimatet.[410] 45

Während Straftatbestände auf der Rechtsfolgenseite regeln, welche *Strafen* und welcher Strafrahmen für ein bestimmtes Verhalten bei Bejahung der Strafbarkeit in Betracht kommen, drohen Bußgeldtatbestände für den Fall einer bestimmten Ordnungswidrigkeit (vgl. § 1 Abs. 1 OWiG) nur eine Geld*buße* (und nie eine Freiheits- oder Geld*strafe*) an.[411] 46

Beispiele:[412]

- § 370 Abs. 1 AO (Steuerhinterziehung): „Mit Freiheits**strafe** bis zu fünf Jahren oder mit Geld**strafe** wird **bestraft**, wer
  1. den Finanzbehörden oder anderen Behörden über steuerlich erhebliche Tatsachen unrichtige oder unvollständige Angaben macht,
  2. die Finanzbehörden pflichtwidrig über steuerlich erhebliche Tatsachen in Unkenntnis lässt oder
  3. pflichtwidrig die Verwendung von Steuerzeichen oder Steuerstemplern unterlässt und dadurch Steuern verkürzt oder für sich oder einen anderen nicht gerechtfertigte Steuervorteile erlangt."
- § 378 AO (Leichtfertige[413] Steuerverkürzung): „(1) **Ordnungswidrig** handelt, wer als Steuerpflichtiger oder bei Wahrnehmung der Angelegenheiten eines Steuerpflichtigen eine der in § 370 Abs. 1 bezeichneten Taten leichtfertig begeht. § 370 Abs. 4 bis 7 gilt entsprechend.

408 Vgl. Heinrich, Strafrecht Allgemeiner Teil, 6. Aufl. 2019, Rn. 177 ff.; Roxin/Greco StrafR AT I § 10 Rn. 132 ff.

409 S. Nolden/Palkovits/Dittert/Pichocki StrafR 1. Teil Rn. 12 ff.; Rengier StrafR AT § 2 Rn. 2 ff. Zum Nebenstrafrecht → § 2 Rn. 97.

410 Zum Ganzen Bülte OWiR § 1 Rn. 7 ff. S. auch Nimtz StrafR I Rn. 44.

411 Vgl. Bülte OWiR § 1 Rn. 3, § 2 Rn. 146 ff. auch zu (weiteren) Rechtsfolgen der Ordnungswidrigkeit; Rengier StrafR AT § 2 Rn. 14 f. S. zu den Maßregeln der Besserung und Sicherung die §§ 61 ff. StGB.

412 Zu weiteren Beispielen auch → § 2 Rn. 96 ff. und → § 3 Rn. 52 ff. Zu Einzelheiten der hier genannten Beispiele Schönknecht/Küchenhoff AbgabenR Rn. 1351 ff. S. zudem Gassner OWiR 4. Teil Rn. 111 ff.

413 Der Begriff der Leichtfertigkeit bezeichnet einen erhöhten Grad der Fahrlässigkeit, vgl. Perkams in Adick/Bülte, Fiskalstrafrecht, 2. Aufl. 2019, 18. Kap. Rn. 13. Zum Begriff der Fahrlässigkeit im Strafrecht Roxin/Greco StrafR AT I § 24 Rn. 66 ff. und Holzberg/Reichelt, Hauptstudium Strafrecht, 2. Aufl. 2021, Kap. 1 Rn. 5 f. auch zur Abgrenzung zum Vorsatz. S. auch → § 5 Rn. 57. **Leichtfertig** handelt nach BGH NStZ 2012, 160 (161), „wer die Sorgfalt außer Acht lässt, zu der er nach den besonderen Umständen des Einzelfalls und seinen persönlichen Fähigkeiten und Kenntnissen verpflichtet und imstande ist, obwohl sich ihm aufdrängen musste, dass dadurch eine Steuerverkürzung eintreten wird."

(2) Die Ordnungswidrigkeit kann mit einer **Geldbuße** bis zu fünfzigtausend Euro geahndet werden.
(3) ..."

Merke: Steht eine möglicherweise strafrechtlich oder ordnungswidrigkeitenrechtlich relevante Handlung im Raum, wird als erste Prüfungsstufe die **Tatbestandsmäßigkeit** erörtert, die einen Blick auf den **objektiven Tatbestand** der Vorschrift (= äußeres Erscheinungsbild der „Tat") und ihren **subjektiven Tatbestand** (= innere Haltung, Einstellung, Gedankenwelt des „Täters" – dh insbesondere vorsätzliches Handeln) wirft.[414]

III. Gegennormen

47 Das Ergebnis einer Anwendung von Tatbestand und Rechtsfolge kann unter Umständen nur vorläufiger Natur sein, weshalb der Rechtsanwender den Blick stets auch auf einschlägige Gegennormen zu richten hat.

48 Gegennormen sind Rechtsvorschriften, deren Rechtsfolge die **Rechtsfolge** der bei der Fallbearbeitung benötigten Vorschrift **einschränken oder ausschließen**.[415]

49 Sie funktionieren damit zB als **Gegenstück** zu Anspruchs- und Ermächtigungsgrundlagen, sind aber ihrerseits regelmäßig vollständige Rechtsvorschriften.[416]

50 Gegennormen gibt es im Zivilrecht,[417] im Strafrecht und im Öffentlichen Recht.

Beispiele für Gegennormen:

- **Zivilrecht:** Nichtigkeit eines Vertrags nach § 138 Abs. 1 BGB (= rechtshindernde Gegennorm)
- **Strafrecht:** Rechtfertigungsgrund der Notwehr § 32 StGB (steht bei Erfüllung aller Voraussetzungen einer Bestrafung – trotz Vorliegens einer Handlung, die den Tatbestand eines Straftatbestandes erfüllt – entgegen)
- **Öffentliches Recht:** Nichtigkeit eines Verwaltungsakts nach § 44 VwVfG[418]

IV. Generalklauseln

51 Da es bei der Rechtsetzung unmöglich ist, die „unendliche Vielfalt der regelungsbedürftigen Lebensvorgänge sämtlich einzeln gesetzlich zu erfassen", wird auf Generalklauseln zurückgegriffen.[419]

[414] S. neben § 15 StGB auch Rengier StrafR AT § 8 Rn. 16 ff. und § 11 Rn. 8. → § 5 Rn. 22 zum **Begriff des Vorsatzes** und → § 13 Rn. 44.

[415] Wank Methodenlehre § 5 Rn. 310. Zur Terminologie auch BVerfGE 47, 146 (153) = NJW 1978, 1151.

[416] Kohler-Gehrig Einführung S. 42; Schwacke Methodik S. 33.

[417] S. hierzu Brox/Walker BGB AT § 31 Rn. 1 ff.; Möllers Arbeitstechnik § 2 Rn. 26 ff.; Mann Jur. Arbeitstechnik Rn. 196; Wank Methodenlehre § 5 Rn. 311 ff.

[418] Zur Nichtigkeit in Abgrenzung zur Rechtswidrigkeit etwa Braun PSP 2020, 40 (44). Zum Begriff des Verwaltungsakts s. zB § 35 VwVfG, § 118 AO und § 31 SGB X (→ § 5 Rn. 55).

[419] Rüthers/Fischer/Birk Rechtstheorie Rn. 836.

Hierunter sollen „flexible“ Rechtsvorschriften (oder Teile davon) verstanden werden, die bewusst besonders abstrakt formuliert sind und dem Rechtsanwender im Einzelfall daher einen breiten Interpretations- und damit Wertungsfreiraum bieten.[420] 52

Beispiele für Generalklauseln:
- § 242 BGB: „Der Schuldner ist verpflichtet, die Leistung so zu bewirken, wie Treu und Glauben mit Rücksicht auf die Verkehrssitte es erfordern.“
- Polizeirechtliche Generalklauseln: zB § 11 HSOG: „Die Gefahrenabwehr- und die Polizeibehörden können die erforderlichen Maßnahmen treffen, um eine im einzelnen Falle bestehende Gefahr für die öffentliche Sicherheit oder Ordnung (Gefahr) abzuwehren, soweit nicht die folgenden Vorschriften die Befugnisse der Gefahrenabwehr- und der Polizeibehörden besonders regeln.“
- § 3 Abs. 1 UWG: „Unlautere geschäftliche Handlungen sind unzulässig.“

Generalklauseln sind daher insbesondere im engen Zusammenhang mit der (jedoch insoweit teils unergiebigen) **Auslegung** zu sehen und stehen aufgrund der ihnen vorgeworfenen Vieldeutigkeit und Unbestimmtheit durchaus in der Kritik.[421] 53

Die Rechtsprechung hat zur Förderung der Rechtssicherheit jeweils typisierende **Fallgruppen** herausgebildet, anhand derer geprüft werden kann, ob der in Rede stehende Sachverhalt erfasst ist oder nicht.[422] 54

V. Legaldefinitionen

Definition bedeutet Begriffsbestimmung.[423] *Legal*definitionen sind Rechtsvorschriften, die bestimmte Definitionen für Rechtsbegriffe beinhalten. Mit ihnen regelt also der **Gesetzgeber** selbst, wie etwa ein Tatbestandsmerkmal einer anderen Rechtsvorschrift zu verstehen ist.[424] 55

Beispiele für Legaldefinitionen:
- Die §§ 13 und 14 Abs. 1 BGB definieren die Begriffe des „Verbrauchers“ und des „Unternehmers“, die dann in weiteren Vorschriften des BGB (wie § 474 BGB oder § 491 BGB) wieder verwendet werden und dort im Sinne der Legaldefinition verstanden werden sollen.
- Nach der Legaldefinition des Gemeingebrauchs in § 14 Abs. 1 S. 1 StrWG NRW ist der Gebrauch der öffentlichen Straßen jedermann im Rahmen der Widmung und der verkehrsrechtlichen Vorschriften gestattet.

420 Beaucamp/Beaucamp Methoden Rn. 255 ff.; Kohler-Gehrig Einführung S. 81; Kramer Methodenlehre 78 f.; Mann Jur. Arbeitstechnik Rn. 255 f.; Schmidt JuS 2003, 551 (555); Puppe Jur. Denken S. 108; Schwacke Methodik S. 49; Wank Methodenlehre § 3 Rn. 55 und § 13 Rn. 18. Zu anderen Verständnissen und der Abgrenzung zu unbestimmten Rechtsbegriffen s. etwa Möllers Methodenlehre § 7 Rn. 8.

421 Vgl. BVerfGE 45, 363 (371 f.) = NJW 1977, 1815; BVerfGE 86, 288 (311) = NJW 1992, 2947. Zum Ganzen Möllers Methodenlehre § 7 Rn. 5 ff.; Rüthers/Fischer/Birk Rechtstheorie Rn. 836 ff. Zur Auslegung → § 9 Rn. 1 ff.

422 BVerfGE 66, 116 (138) = NJW 1984, 1741; Kohler-Gehrig Einführung S. 82 f.; Mann Jur. Arbeitstechnik Rn. 257 f.; Puppe Jur. Denken S. 108. S. auch BGH NJW 2009, 2671 (2672 f.).

423 Zu Einzelheiten Schmidt JuS 2003, 551 (552 f.).

424 Der Gesetzgeber hat aber vielerorts eben auch darauf verzichtet und eine Begriffsbestimmung der Rechtsprechung und -praxis überantwortet, vgl. → § 9 Rn. 5 f.

- Personen- und Sachbegriffe des § 11 StGB (als Sammlung mehrerer Legaldefinitionen)
- Legaldefinition des **Verwaltungsakts** in § 35 VwVfG als zentraler Handlungsform der Verwaltung[425]
- Begriffe der „Schwarzarbeit" in § 1 Abs. 2 SchwarzArbG und der „illegalen Beschäftigung" in § 1 Abs. 3 SchwarzArbG
- „Ausländer" in § 2 Abs. 1 AufenthG

56 Die gesetzlichen Definitionsvorschriften müssen bei der Rechtsanwendung im Feld des jeweiligen Regelwerks bei Verwendung des Begriffs **zwingend beachtet** und als Inhaltsgeber verwendet werden.[426] Das bedeutet, dass eine Legaldefinitionen jedenfalls zB im Rahmen des Gesetzes wirken und Erkenntnis stiften kann, in welchem sie niedergeschrieben ist.[427] Dies beschreibt der Gesetzgeber auch häufig (aber nicht immer) selbst (zB in § 90 BGB: „Sachen *im Sinne dieses Gesetzes* sind alle körperlichen Gegenstände").

57 Für andere Regelwerke gleicher Rangstufe in der Normenhierarchie, die einen solchen in einem anderen Regelwerk legaldefinierten Begriff ebenfalls enthalten, sollte eine Legaldefinition **keinesfalls blind übernommen** werden.[428] Sie können im Lichte der Einheit der Rechtsordnung aber – soweit zweckmäßig – gegebenenfalls als Interpretationshilfe dienen.[429]

! **Merke:** Legaldefinitionen tauchen in verschiedener Gestalt in allen Rechtsgebieten auf[430]: Eine Legaldefinition durch **Klammerzusatz** verwendet zB § 232 Abs. 1 S. 2 StGB („ausbeuterische Beschäftigung"). Nach dem Muster einer **beschreibenden Erläuterung** eines vorangestellten Begriffes arbeitet zB § 276 Abs. 2 BGB: „*Fahrlässig* handelt, wer die im Verkehr erforderliche Sorgfalt außer Acht lässt" (als Einzelvorschrift). In Gestalt eines **umfangreichen Katalogs** sammelt hingegen zB § 2 AufenthG („Begriffsbestimmungen") verschiedene Legaldefinitionen und soll durch diese zentrale Benennung wichtiger Rechtsbegriffe die Anwendung des AufenthG erleichtern.[431]

VI. Regelbeispiele

58 Regelbeispiele sind Rechtsvorschriften, die an den Grundgedanken einer vorhergehenden Regelung bzw. eines vorhergehenden Rechtsbegriffs anknüpfen und diese(n) anhand **nicht abschließender Beispiele** näher konkretisieren und handhabbarer machen wollen.[432]

425 S. auch § 118 AO und § 31 SGB X.

426 Vgl. auch Mann Jur. Arbeitstechnik Rn. 228.

427 S. auch Wank Methodenlehre § 5 Rn. 277.

428 Vgl. Möllers Methodenlehre § 6 Rn. 22; Reimer Methodenlehre Rn. 297; Schmidt JuS 2003, 551 (552) auch zur Frage der Verwendung von Legaldefinitionen zur Bestimmung eines Begriffs einer höherrangigen Regelung. Zur Normenhierarchie → § 2 Rn. 59 ff.

429 Zur **Relativität der Rechtsbegriffe** → § 9 Rn. 25.

430 Vgl. Barczak JuS 2020, 905 (907); Mann Jur. Arbeitstechnik Rn. 228; Wank Methodenlehre § 5 Rn. 273 ff.

431 S. BT-Drs. 15/420, 68.

432 Vgl. Haase/Keller Grundlagen Rn. 87; Kohler-Gehrig Einführung S. 44; Möllers Methodenlehre § 7 Rn. 17 ff.; Reimer Methodenlehre Rn. 262; Wank Methodenlehre § 7 Rn. 102 ff. und § 8 Rn. 107 f.

Beispiele:

- § 243 Abs. 1 S. 2 StGB benennt Regelbeispiele für einen besonders schweren Diebstahl (§ 243 Abs. 1 StGB: Satz 1: „In besonders schweren Fällen wird der Diebstahl mit Freiheitsstrafe von drei Monaten bis zu zehn Jahren bestraft. **Satz 2**: „Ein besonders schwerer Fall liegt in der Regel vor, wenn der Täter…").
- § 138 Abs. 1 BGB („Ein Rechtsgeschäft, das gegen die guten Sitten verstößt, ist nichtig") wird in § 138 Abs. 2 BGB („Nichtig ist insbesondere ein Rechtsgeschäft, durch das …") durch die beispielhafte Nennung besonderer Ausbeutungsgeschäfte konkretisiert.[433]
- § 3a Abs. 2 AsylG:[434] „Als Verfolgung im Sinne des Absatzes 1 können unter anderem die folgenden Handlungen gelten: …"

Regelbeispiele verwenden häufig die Formulierungen 59

- „insbesondere" oder
- „in der Regel".

Merke: Im **Strafrecht** dürfen Regelbeispiele (= gesetzliche Normierungen besonders schwerer oder minder schwerer Fälle eines bestimmten Grunddelikts, die keine Straftatbestände im engeren Sinn, sondern lediglich Regeln für die richterliche Strafzumessung enthalten – Strafzumessungsregeln) **nicht mit Qualifikationstatbeständen verwechselt** werden.[435] !

VII. Verweisungen

Durch eine Verweisung nimmt eine Rechtsvorschrift auf den Inhalt einer anderen Rechtsvorschrift (oder mehrerer anderer Rechtsvorschriften) Bezug. Dies soll Wiederholungen vermeiden, indem ein bereits an anderer Stelle existierendes (passendes) Regelungsprogramm herangezogen wird.[436] 60

Beispiele für Verweisungen:

- § 46 Abs. 1 OWiG: „Für das Bußgeldverfahren gelten, soweit dieses Gesetz nichts anderes bestimmt, sinngemäß die Vorschriften der allgemeinen Gesetze über das Strafverfahren, namentlich der Strafprozessordnung, des Gerichtsverfassungsgesetzes und des Jugendgerichtsgesetzes."
- § 31 Abs. 1 VwVfG: „Für die Berechnung von Fristen und für die Bestimmung von Terminen gelten die §§ 187–193 des Bürgerlichen Gesetzbuchs entsprechend, soweit nicht durch die Absätze 2 bis 5 etwas anderes bestimmt ist."
- § 22 SchwarzArbG: „Soweit dieses Gesetz nichts anderes bestimmt, gelten die Vorschriften der Abgabenordnung sinngemäß für das Verwaltungsverfahren der Behörden der Zollverwaltung nach diesem Gesetz."[437]

433 Möllers Methodenlehre § 7 Rn. 18.

434 BVerwG NVwZ 2020, 161 (162).

435 Vgl. Heinrich, Strafrecht Allgemeiner Teil, 6. Aufl. 2019, Rn. 184 mwN.; Roxin/Greco StrafR AT I § 10 Rn. 134. Zum Ganzen auch Eisele JA 2006, 309 ff. Zu Qualifikationstatbeständen → § 5 Rn. 44.

436 BMJV Rechtsförmlichkeit-HdB Rn. 225 in BAnz. 2008 Nr. 160a; Beaucamp/Beaucamp Methoden Rn. 89; Mann Jur. Arbeitstechnik Rn. 282; Rüthers/Fischer/Birk Rechtstheorie Rn. 132.

437 Zur Frage der Notwendigkeit einer Einzelfallprüfung vgl. BFH NZA-RR 2013, 148; FG Berlin-Brandenburg DStRE 2010, 769; Möller StBp 2010, 131 (132).

61 Für die Rechtsanwendung bekannt sein sollte vor allem die auf den Verweisungsumfang abzielende Differenzierung von

- Rechtsfolgenverweisung und
- Rechtsgrundverweisung.

62 Eine **Rechtsfolgenverweisung** ist anzunehmen, wenn eine Rechtsvorschrift zwar bestimmte eigene Tatbestandsvoraussetzungen aufstellt, aber hinsichtlich der **Rechtsfolge** auf eine andere Rechtsvorschrift verweist (deren Tatbestandsvoraussetzungen dann nicht relevant sind).[438]

Beispiel für eine Rechtsfolgenverweisung: § 49a Abs. 2 S. 1 VwVfG: „Für den Umfang der Erstattung mit Ausnahme der Verzinsung gelten die Vorschriften des Bürgerlichen Gesetzbuchs über die Herausgabe einer ungerechtfertigten Bereicherung entsprechend." – es muss hier für den Umfang der Erstattung nicht untersucht werden, ob ein Tatbestand des § 812 BGB verwirklicht ist, sondern nur die §§ 818 ff. BGB sind anzuwenden.[439]

63 Von einer **Rechtsgrundverweisung** – auch **Tatbestandsverweisung** – wird gesprochen, wenn eine Rechtsvorschrift auf eine andere Vorschrift hinsichtlich deren Tatbestandsvoraussetzungen (und deren Rechtsfolge) verweist.[440] Neben den Tatbestandsvoraussetzungen der Verweisungsnorm (Ausgangsnorm) müssen also auch die Tatbestandsvoraussetzungen der Zielnorm vorliegen.[441]

Beispiele für eine Rechtsgrundverweisung (Tatbestandsverweisung):

- § 992 BGB: „Hat sich der Besitzer durch verbotene Eigenmacht oder durch eine Straftat den Besitz verschafft, so haftet er dem Eigentümer nach den Vorschriften über den Schadensersatz wegen unerlaubter Handlungen". Begehrt der Eigentümer bei verbotener Eigenmacht Schadensersatz vom Besitzer, so müssen auch die tatbestandsmäßigen Voraussetzungen etwa des § 823 BGB vorliegen.[442]
- § 35 Abs. 1 Kreislaufwirtschaftsgesetz: „Die Errichtung und der Betrieb von Anlagen, in denen eine Entsorgung von Abfällen durchgeführt wird, sowie die wesentliche Änderung einer solchen Anlage oder ihres Betriebes bedürfen der Genehmigung nach den Vorschriften des Bundes-Immissionsschutzgesetzes; einer weiteren Zulassung nach diesem Gesetz bedarf es nicht."[443]
- Bezugnahme in § 82 Abs. 4 S. 3 AufenthG auf § 40 BPolG.[444]

[438] S. Mann Jur. Arbeitstechnik Rn. 282; Muthorst Grundlagen § 13 Rn. 86; Wank Methodenlehre § 5 Rn. 305 ff.

[439] Vgl. Beaucamp/Beaucamp Methoden Rn. 103 f.

[440] S. auch Wörlen/Leinhas JA 2006, 22 (23).

[441] Muthorst Grundlagen § 13 Rn. 86 auch zu statischen und dynamischen Verweisungen; Wienbracke Methodenlehre Rn. 109 ff.

[442] OLG Karlsruhe NJW 1990, 719; Beaucamp/Beaucamp Methoden Rn. 101 f.

[443] BT-Drs. 17/6052, 94.

[444] OVG Bautzen BeckRS 2012, 45477.

VIII. Vermutungen

Mit einer „gesetzlichen Vermutung" will der Gesetzgeber aus Gründen der Vereinfachung unterstellen, dass unter bestimmten Voraussetzungen ein Sachverhalt so sei, wie er sich nach der Lebenserfahrung üblicherweise präsentiert; ein rechtlich relevanter Sachverhalt wird also vermutet, wobei diese Vermutung den Tatsachen entsprechen kann oder auch nicht.[445] 64

Merke: Differenziert wird häufig unter anderem zwischen **widerlegbaren** Vermutungen (= gegen die Vermutung kann der Beweis des Gegenteils geführt werden, um diese zu entkräften) und **unwiderlegbaren** Vermutungen (= kein Beweis des Gegenteils möglich).

Beispiele:

- § 1006 Abs. 1 S. 1 BGB: „Zugunsten des Besitzers einer beweglichen Sache **wird vermutet**, dass er Eigentümer der Sache sei." Dies stellt eine **Rechtsvermutung** dar, bei der die Rechtsvorschrift von einer Tatsache unmittelbar auf das Bestehen oder Nichtbestehen eines Rechts oder Rechtsverhältnisses schließt.[446]
- § 1117 Abs. 3 BGB: „Ist der Gläubiger im Besitz des Briefes, so wird **vermutet**, dass die Übergabe erfolgt sei." Die Vorschrift schließt als **Tatsachenvermutung** (bei ihnen schließt die Rechtsvorschrift von einer tatbestandsfremden Tatsache auf ein Tatbestandsmerkmal) vom Besitz eines Gläubigers am Hypothekenbrief auf die Übergabe.[447]
- § 1566 Abs. 2 BGB: „Es wird **unwiderlegbar vermutet**, dass die Ehe gescheitert ist, wenn die Ehegatten sei drei Jahren getrennt leben."
- Art. 16a Abs. 3 GG:[448] „Durch Gesetz, das der Zustimmung des Bundesrates bedarf, können Staaten bestimmt werden, bei denen auf Grund der Rechtslage, der Rechtsanwendung und der allgemeinen politischen Verhältnisse gewährleistet erscheint, dass dort weder politische Verfolgung noch unmenschliche oder erniedrigende Bestrafung oder Behandlung stattfindet. Es **wird vermutet**, dass ein Ausländer aus einem solchen Staat nicht verfolgt wird, solange er nicht Tatsachen vorträgt, die die Annahme begründen, dass er entgegen dieser Vermutung politisch verfolgt wird."
- § 2 Abs. 1 S. 2 Gefahrenabwehrverordnung über das Halten und Führen von Hunden (Hessen):[449] „Für folgende Rassen und Gruppen von Hunden sowie deren Kreuzungen untereinander oder mit anderen Hunden wird eine Gefährlichkeit **vermutet**: 1. Pitbull-Terrier oder American Pitbull Terrier (...)."
- Es gibt auch andere Formulierungen, zB in § 11 Abs. 3 S. 3 BauNVO: „Auswirkungen im Sinne des Satzes 2 sind bei Betrieben nach Satz 1 Nr. 2 und 3 **in der Regel anzunehmen**, wenn die Geschoßfläche 1 200 m² überschreitet." [450]

[445] Mann Jur. Arbeitstechnik Rn. 258, 285; Wank Methodenlehre § 5 Rn. 194 und Muthorst Grundlagen § 13 Rn. 87. Vgl. auch § 292 ZPO. Zu § 921 BGB s. BGH NJW-RR 2018, 528. S. auch Rüthers/Fischer/Birk Rechtstheorie Rn. 132a ff.; BAG NZA 2013, 559 (562); OVG Münster NVwZ-RR 1989, 500 ff. und Oberheim ZivilProzR Rn. 1325 ff.

[446] Musielak/Voit/Huber, Zivilprozessordnung, 18. Aufl. 2021, ZPO § 292 Rn. 3. S. zu § 1006 BGB: BVerwG NJW 2003, 689 (690); BGH BeckRS 1977, 31122686; OLG Brandenburg NJW-RR 2013, 173; OVG Münster BeckRS 2013, 51576.

[447] Musielak/Voit/Huber, Zivilprozessordnung, 18. Aufl. 2021, ZPO § 292 Rn. 2.

[448] Vgl. hierzu etwa BVerfG NVwZ 1996, 691.

[449] Hierzu VGH Kassel NVwZ-RR 2006, 794 ff.

[450] Hierzu BVerwG NVwZ-RR 1990, 230; BeckRS 2002, 23137. S. auch § 11 Abs. 3 S. 4 BauNVO zur Widerlegbarkeit.

IX. Fiktionen

65 Niemals den Tatsachen entsprechen kann hingegen das Ergebnis einer (damit auch nicht zu widerlegenden) „gesetzlichen Fiktion".[451] Durch die Rechtsvorschrift wird hier etwas fingiert, das der Lebenswirklichkeit unter keinen Umständen entspricht.

66 Anders ausgedrückt wird bei der Fiktion insbesondere „unabhängig von der Faktenlage so getan, als wäre etwas der Fall, **weil der Gesetzgeber eine bestimmte rechtliche Behandlung anstrebt**. (...) Sie kann etwas als rechtlich geltend festlegen, was faktisch gerade nicht zutrifft."[452]

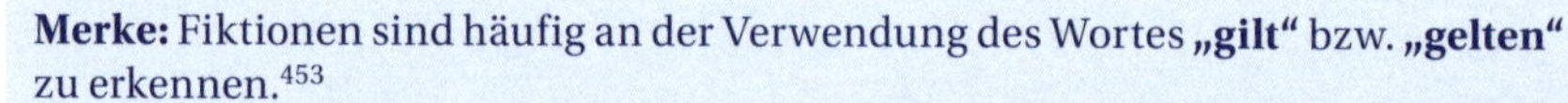

Merke: Fiktionen sind häufig an der Verwendung des Wortes **„gilt"** bzw. **„gelten"** zu erkennen.[453]

Beispiele:

- § 1923 Abs. 2 BGB: „Wer zur Zeit des Erbfalls noch nicht lebte, aber bereits gezeugt war, **gilt** als vor dem Erbfall geboren."
- Begründung eines Arbeitsverhältnisses kraft gesetzlicher Fiktion gem. § 10 Abs. 1 S. 1 AÜG iVm § 9 Nr. 1 AÜG[454] (§ 10 Abs. 1 S. 1 Hs. 1 AÜG lautet: „Ist der Vertrag zwischen einem Verleiher und einem Leiharbeitnehmer nach § 9 unwirksam, so **gilt** ein Arbeitsverhältnis zwischen Entleiher und Leiharbeitnehmer zu dem zwischen dem Entleiher und dem Verleiher für den Beginn der Tätigkeit vorgesehenen Zeitpunkt als zustande gekommen. [...]").
- § 92 Abs. 1 S. 1 VwGO: „Die Klage **gilt** als zurückgenommen, wenn der Kläger das Verfahren trotz Aufforderung des Gerichts länger als zwei Monate nicht betreibt."
- § 108 Abs. 2 S. 2 BGB: „Die Genehmigung kann nur bis zum Ablauf von zwei Wochen nach dem Empfang der Aufforderung erklärt werden; wird sie nicht erklärt, so **gilt** sie als verweigert."
- § 2 Abs. 2 S. 3 HBO (Hessische Bauordnung): S. 1: „Bauliche Anlagen sind mit dem Erdboden verbundene, aus Bauprodukten hergestellte Anlagen. S. 2 Eine Verbindung mit dem Erdboden besteht auch dann, (...) S. 3: „Als bauliche Anlagen **gelten**: (...) zB nach Nr. 3 *Sport und Spielflächen*". In diesem Falle stellt die Fiktion sogar eine besondere Form der **Legaldefinition** dar.

D. Verhältnis von Rechtsvorschriften

67 Eine wesentliche Etappe zur erfolgreichen Rechtsanwendung hat genommen, wer erkennt, dass Rechtsvorschriften Bestandteil eines großen Ganzen sind. Für das Verhältnis von Rechtsvorschriften untereinander existieren bestimmte zu

[451] Möllers Methodenlehre § 2 Rn. 9 und § 4 Rn. 54 f.; Muthorst Grundlagen § 13 Rn. 87.

[452] Beaucamp/Beaucamp Methoden Rn. 93 f. mwN und Beispielen. S. auch Larenz/Canaris Methodenlehre S. 83; Mann Jur. Arbeitstechnik Rn. 285; Rüthers/Fischer/Birk Rechtstheorie Rn. 132a; Zippelius Methodenlehre S. 29 f., aber auch Schwacke Methodik S. 39.

[453] S. Rüthers/Fischer/Birk Rechtstheorie Rn. 132a und 133. Zu verschiedenen Bedeutungen des Wortes „gelten" in Rechtsvorschriften s. aber BMJV Rechtsförmlichkeit-HdB Rn. 85 BAnz. 2008 Nr. 160a.

[454] Hierzu BAG NZA 2018, 931 (932).

beachtende **Regeln**.[455] Dies gilt in besonderem Maße, wenn sie in (inhaltlichen) Konflikt miteinander geraten. Jedenfalls wird der Rechtsanwender es in den seltensten Fällen mit nur *einer* Rechtsvorschrift zu tun haben.

Die vielfältigen Fragen, die sich um dieses Problemfeld ranken, werden regelmäßig im Kontext der nicht einheitlich verwendeten Begriffe **„Kollision" und/oder „Konkurrenz"** behandelt.[456] 68

I. Funktionales Zusammenspiel

Wichtig für die Rechtsanwendung ist die Erkenntnis, dass Rechtsvorschriften nicht etwa starr oder beliebig nebeneinanderstehen müssen, sondern sich im Sinne eines Miteinanders (auch rechtsgebietsübergreifend)[457] gegenseitig funktional beeinflussen, ergänzen oder gar ausschließen können. 69

Beispiele:

- Anspruchsgrundlagen und Ermächtigungsgrundlagen als vollständige Rechtsvorschriften können im Prozess der Rechtsfindung von („helfenden") Legaldefinitionen und Gegennormen ergänzt bzw. ausgefüllt werden.
- § 986 ergänzt § 985 BGB und schränkt letzteren in der Anwendung ein.
- Zusammenspiel von Ausfüllungs- und Sanktionsnorm, zB § 21 Abs. 1 Nr. 9 MiLoG: „Ordnungswidrig handelt, wer vorsätzlich oder fahrlässig entgegen § 20 (MiLoG) das dort genannte Arbeitsentgelt nicht oder nicht rechtzeitig zahlt."

II. Konflikt und Nebeneinander von Rechtsvorschriften

Unter bestimmten Voraussetzungen können in einem konkreten Fall durchaus verschiedene von ihren gesetzlichen Erfordernissen (= Tatbestand und Rechtsfolge) her zu diesem Fall „passende" Rechtsvorschriften **nebeneinander** (dh parallel) anwendbar sein.[458] 70

Beispiele:

- Fährt ein Fahrrad-Rikscha-Unternehmer in Münster durch Unachtsamkeit gegen einen Bordstein und zerbricht in der Folge der Bildschirm des Smartphones seines Fahrgastes, kann der Fahrgast den Ersatz seines Schadens zwar nur einmalig verlangen, dieser Anspruch kann aber aus dem Deliktsrecht und dem Vertragsrecht (jeweils Privatrecht) hergeleitet werden.[459]
- Entwendet L eine Flasche Münsterländer Lagerkorn aus dem Supermarkt, macht er sich strafbar (§ 242 StGB = Geld- oder Freiheitsstrafe = Strafrecht)

455 S. hierzu etwa Mann Jur. Arbeitstechnik Rn. 87 ff. und 281 ff.; Herresthal/Weiß Fälle Methodenlehre Rn. 115 ff.; Schwacke Methodik S. 13 ff.; Wank Methodenlehre § 5 und § 16; Wienbracke Methodenlehre Rn. 31 f.; Zippelius Methodenlehre S. 30 ff.; → § 2 Rn. 67 ff.

456 Barczak JuS 2015, 969 (970); Mann Jur. Arbeitstechnik Rn. 87 ff. und 281 ff.; Larenz/Canaris Methodenlehre S. 87 f.; Röhl/Röhl Rechtslehre S. 585 ff.; Wank Methodenlehre § 16 Rn. 1 ff.; Wienbracke Methodenlehre Rn. 35 mwN; Zippelius Methodenlehre S. 30. Zu „Kollisionslücken" s. Rüthers/Fischer/Birk Rechtstheorie Rn. 274.

457 Vgl. hierzu Lagodny Gesetzestexte S. 159 ff.

458 Röhl/Röhl Rechtslehre S. 599 f.; Wienbracke Methodenlehre Rn. 31 ff.; Zippelius Methodenlehre S. 30 jeweils mit weiteren Beispielen.

459 S. auch BGH NJW 1976, 1505.

und begeht eine privatrechtlich relevante unerlaubte Handlung (§ 823 BGB = Schadensersatz = Privatrecht).

71 Allerdings können im konkreten zu bearbeitenden Fall etwa auch **Konflikte** im Sinne von Widersprüchen zwischen Rechtsvorschriften unterschiedlicher oder gleicher Stufen der Normenhierarchie bestehen. Die Rechtsordnung soll aber dem Grunde nach ein einheitliches, konsistentes und widerspruchsfreies System bilden **(Widerspruchsfreiheit der Rechtsordnung)**.[460] Die Konflikte sind deshalb etwa insoweit aufzulösen, als eine Rechtsvorschrift im Einzelfall vernichtet bzw. unanwendbar wird oder nur eine von mehreren „passenden" Rechtsvorschriften zur Anwendung gelangen soll (bereits → § 2 Rn. 67 ff.).

E. Rechtsvorschriften und Allgemeine Rechtsgrundsätze

!

Merke: Allgemeine Rechtsgrundsätze werden als **übergreifende Rechtsmaßstäbe** bezeichnet, die typischerweise der Erstreckung bzw. Verallgemeinerung von Einzelwertungen und damit der Einheits- und Systembildung dienen.[461]

72 Die Allgemeinen Rechtsgrundsätze – zT auch „(Rechts-)Prinzipien" genannt[462] – sollen als (in erster Linie) ungeschriebene Regeln grundlegende Rechts- und Strukturgedanken sowie Wertevorstellungen einer Rechtsordnung oder eines Rechtsgebiets widerspiegeln und somit eine **richtungslenkende Funktion** auf dem Weg zur Rechtsfindung (also auch bei der Auslegung) einnehmen können.[463] Häufig werden sie von höchsten Gerichten geschaffen.[464]

Beispiele für Allgemeine Rechtsgrundsätze:
- Grundsatz der Rechtssicherheit[465]
- Grundsatz von Treu und Glauben[466] (= Grundsatz des anständigen und rücksichtsvollen Verhaltens, das Gebot der billigen Rücksichtnahme auf die berechtigten Belange des anderen Teils – Treue verweise auf Rechtstugenden

460 Vgl. Maurer/Waldhoff AllgVerwR § 4 Rn. 5; Röhl/Röhl Rechtslehre S. 585; Schwacke Methodik S. 93. S. auch BVerfGE 33, 23 (27) = NJW 1972, 1183.

461 Oberreuter StaatsLex/F. Reimer Stichwort „Allgemeine Rechtsgrundsätze" auch zu Funktionen und der Abgrenzung zur Gesamtanalogie mwN. Eine abschließende Definition wird sich nicht finden lassen, vgl. Barczak JuS 2021, 1 ff. (auch zum Begriff der „besonderen" Rechtsgrundsätze).

462 **Terminologie und Bedeutungsverständnis** variieren stark (zB daneben noch „allgemeine Rechtsinstitute", „fundamentale Rechtsnormen", „Rechtsgrundsatz" etc). Zum Ganzen auch Barczak JuS 2021, 1 f.; Wank Methodenlehre § 5 Rn. 327 ff. und Wank Auslegung S. 9, 90, zur Einordnung von „Verfassungsprinzipien" s. Reimer Methodenlehre Rn. 510 ff. und Oberreuter StaatsLex/F. Reimer Stichwort: „Allgemeine Rechtsgrundsätze".

463 Hierzu BVerwG NJW 1996, 2669 ff.; VerwRspr 1974, 674 ff.; EuGH EuZW 2009, 894 (896); Beaucamp/Beaucamp Methoden Rn. 350 ff. auch zur Anwendung und Kritik mwN; Engisch Einführung S. 217 f.; Kramer Methodenlehre 293; Möllers Methodenlehre § 9 Rn. 1 ff.; Muthorst Grundlagen § 5 Rn. 35 ff.; Röhl/Röhl Rechtslehre S. 288 ff.; Rüthers/Fischer/Birk Rechtstheorie Rn. 756 ff.; Zippelius Methodenlehre S. 44 f. Zur Auslegung → § 9 Rn. 1 ff.

464 Beaucamp/Beaucamp Methoden Rn. 351 mwN.

465 BVerfG NVwZ-RR 2018, 169 (172); EuGH EuZW 2009, 251 (253).

466 BGH NJW 1989, 2530 (2531); BVerwG NVwZ 1986, 1019 (1020).

der Verlässlichkeit, des Worthaltens und der Loyalität; Glauben meine das Vertrauen auf die Treue des anderen Teils.[467] S. auch § 242 BGB)

- Willkürverbot[468]
- „Es entspricht einem allgemeinen Rechtsgedanken, dass die Verletzung eines Rechtes in Kauf genommen werden muss, wenn es nur so möglich erscheint, ein höheres Rechtsgut zu retten.“[469]
- Grundsatz der Vertragstreue (= Verträge sind einzuhalten)[470]
- Verfassungsrechtlicher Grundsatz der Bundestreue[471] (= aus dem Föderalismus folgende „Rechtspflicht des Bundes und aller seiner Glieder zu „bundesfreundlichem Verhalten“; dh alle an dem verfassungsrechtlichen „Bündnis“ Beteiligten sind gehalten, dem Wesen dieses Bündnisses entsprechend zusammenzuwirken und zu seiner Festigung und zur Wahrung seiner und der wohlverstandenen Belange seiner Glieder beizutragen.“)[472]

Grundsatz der Verhältnismäßigkeit

Zu den allgemeinen Rechtsgrundsätzen soll auch der in der gesamten Rechtsordnung in unterschiedlicher Weise bedeutsame Grundsatz der Verhältnismäßigkeit gezählt werden können.[473] Er verbietet unter Bindung aller drei staatlichen Gewalten, dass staatliches Handeln den nachteilig betroffenen Einzelnen übermäßig belastet und wird anhand von vier Kriterien in der Rechtsanwendung berücksichtigt[474]:

(1) Die Maßnahme muss einen **legitimen Zweck** verfolgen,
(2) sie muss geeignet (**Geeignetheit**),
(3) erforderlich (**Erforderlichkeit**) und
(4) angemessen (**Angemessenheit**) sein.

Zu beachten ist, dass dieser Grundsatz auch den Weg in einfaches Gesetzesrecht gefunden, also **gesetzliche Fixierung** erfahren hat (zB § 15 BPolG, § 328 Abs. 2 AO), aber gleichwohl Bedeutung erlangt, wenn er nicht ausdrücklich gesetzlich geregelt wurde.[475] Ein Verstoß gegen den Grundsatz der Verhältnismäßigkeit kann

[467] Jauernig/Mansel, Bürgerliches Gesetzbuch, 18. Aufl. 2021, BGB § 242 Rn. 3 mwN.

[468] BAG NZA 1991, 850 (851) mwN; BayVerfGH NJW 1986, 1096 f.

[469] BGH NJW 1977, 2172. **„Rechtsgüter“** bezeichnet rechtlich anerkannte und geschützte Positionen oder Werte, die einzelnen Personen (Individualrechtsgüter – zB Leben) oder der Allgemeinheit (Universalrechtsgüter – zB Umwelt) zustehen können.

[470] BGH NJW 1958, 1772; BAG NZA 2012, 81 (85).

[471] BVerfGE 8, 122 (138 ff.) = NJW 1958, 1341.

[472] BVerfGE 1, 299 (315) = NJW 1952, 737 (Ls.).

[473] BVerfGE 19, 342 (348 f.) = NJW 1966, 243; BVerfG NVwZ 2018, 140 (146); BGH NJW 1987, 2238 (2239); BAG NJW 1980, 1642; Detterbeck AllgVerwR Rn. 229; Kramer Methodenlehre 293; Meister/Klatt JuS 2014, 193 ff.; Möllers Methodenlehre § 10 Rn. 93 ff.; Puppe Jur. Denken S. 155; Röhl/Röhl Rechtslehre S. 655; Sauerland AllgVerwR § 7 Rn. 1; Voßkuhle JuS 2007, 429 ff.; Wank Methodenlehre § 5 Rn. 329 und Rn. 339, 357. S. etwa auch BVerfG NJW 2019, 827 (833) und BVerfG NStZ 2019, 351 ff.

[474] S. BVerfG NJW 2016, 1781 ff. mwN; Detterbeck AllgVerwR Rn. 229 ff. auch zu Einzelheiten; Voßkuhle JuS 2007, 429 (430); Sauerland AllgVerwR § 7 Rn. 1 ff.; Wank Methodenlehre § 5 Rn. 330 ff. („drei Untermerkmale“).

[475] Vgl. etwa BVerfG BeckRS 2012, 53181; BAG NZA 2008, 173 ff.; Barczak JuS 2021, 1 (2); Kock/Stüwe ÖffR/Stüwe Rn. 1086; Wank Methodenlehre § 5 Rn. 329 (unter Hinweis unter anderem auf § 15 NRWOBG und § 904 S. 1 BGB).

zB bei verwaltungsrechtlichen Maßnahmen zu deren Rechtswidrigkeit führen, dessen Prüfung ist daher in den Prüfungsaufbau eingebettet.[476]

Besonders bedeutsam bei der Verhältnismäßigkeitsprüfung ist die Angemessenheit (auch **„Verhältnismäßigkeit im engeren Sinne"**) der Maßnahme. Eine Maßnahme ist angemessen, wenn die den Einzelnen treffende Belastung in einem angemessenen Verhältnis zu dem mit der Maßnahme verfolgten Zweck und den dabei erstrebten Vorteilen für die Allgemeinheit steht.[477] Insoweit bedarf es einer **Abwägung** privater und öffentlicher Interessen.[478]

73 Allgemeine Rechtsgrundsätze können demnach insbesondere sowohl als ungeschriebene als auch als in Rechtsvorschriften (zum Teil ansatzweise) geschriebene Leitlinien tendenzgebende Bedeutung bei der Rechtsanwendung und somit für die Rechtsfindung erlangen.

74 Im Kontext eines Miteinanders, Nebeneinanders und Konfliktverhältnisses der ungeschriebenen Allgemeinen Rechtsgrundsätze und des in Rechtsvorschriften geschriebenen Rechts ist stets eine genaue und kritische Betrachtung der jeweiligen Wirkungskreise mit gegebenenfalls sorgfältiger Abwägung erforderlich.[479]

!

Merke: Abwägungsvorgänge erlangen an verschiedener Stelle im Öffentlichen Recht, Privatrecht und Strafrecht Bedeutung, zuweilen verlangt sogar der Gesetzgeber eine Abwägung (s. zB § 34 StGB, § 46 StGB, § 1 Abs. 7 BauGB, § 626 Abs. 1 BGB).[480] Sie wird häufig mit den Waagschalen der Justitia in Verbindung gebracht.[481]

476 Detterbeck AllgVerwR Rn. 230, 245, 334 f.; Kock/Stüwe ÖffR/Stüwe Rn. 1086.

477 BVerfG NVwZ 2005, 203; Voßkuhle JuS 2007, 429 (430).

478 BVerfG NJW 1991, 555; BVerwG NVwZ 2005, 334 (335); BeckOK VwVfG/Aschke, 54. Ed. 1.1.2022, VwVfG § 40 Rn. 55; Daiber JA 2020, 37 ff. Meister/Klatt JuS 2014, 193 (195 ff.) mwN; Voßkuhle JuS 2007, 429 (430). Zur Klausurbearbeitung Sauerland AllgVerwR § 7 Rn. 7. S. zur Abwägung auch Herresthal/Weiß Fälle Methodenlehre Rn. 269 ff.; Martini/Finkenzeller JuS 2012, 126 („**Wesen der Abwägung** ist die Optimierung der Entscheidungsfindung unter möglichst umfassender Berücksichtigung aller entscheidungsrelevanten konfligierenden Aspekte. Ihre Aufgabe ist es, die widerstreitenden Gesichtspunkte nach Maßgabe ihres Gewichts zum Ausgleich zu bringen.").

479 Zum Ganzen Wank Methodenlehre § 5 Rn. 327 ff., insbes. 353 f. mit dem Hinweis, in vielen Fällen dienten Prinzipien der Rechtsprechung oder der Literatur als Mittel, sich über geschriebenes Recht hinwegzusetzen. S. auch Beaucamp/Beaucamp Methoden Rn. 352 ff.; Möllers Methodenlehre § 9 Rn. 1 ff. und § 10 Rn. 76 ff. zu Konflikten allgemeiner Rechtsgrundsätze.

480 Zu Einzelheiten der Abwägung s. Erbguth JZ 2006, 484 ff.; Meister/Klatt JuS 2014, 193 (195 ff.); Möllers Methodenlehre § 10 Rn. 1 ff.; Reimer Methodenlehre Rn. 484 ff.; Röhl/Röhl Rechtslehre S. 651 ff. und Bäcker JuS 2019, 321 (325 ff.) sowie Rückert JZ 2011, 913 ff. jeweils mwN. **Beispiele zur Verdeutlichung von Abwägungsvorgängen** etwa bei BVerfG NJW 2000, 1021 ff. = JuS 2000, 912 ff. und LG Magdeburg BeckRS 2017, 130506 = JuS 2018, 83 ff. (mAnm Hecker).

481 S. zB Reimer Methodenlehre Rn. 484 ff.

§ 6 Wiederholungsfragen 1. Kapitel

Zu § 1 Begriff und Funktionen des Rechts

- Was bedeutet „Recht im objektiven Sinne“? (→ § 1 Rn. 5)
- Was sind subjektive Rechte? (→ § 1 Rn. 5)
- Die Bezeichnung „Positives Recht“ bedeutet? (→ § 1 Rn. 8)
- Was zeichnet das „Gewohnheitsrecht“ aus? (→ § 1 Rn. 10)
- Was ist gemeint, wenn von „Naturrecht“ gesprochen wird? (→ § 1 Rn. 9)
- Welche Funktionen des Rechts lassen sich besonders hervorheben? (→ § 1 Rn. 11 ff.)
- Was umfasst die Funktion der „Rechtssicherheit“? (→ § 1 Rn. 16)

Zu § 2 Grundstrukturen des Rechts und des Rechtssystems

- Was zeichnet einen Rechtsstaat insbesondere aus? (→ § 2 Rn. 1)
- Bitte ergänzen: Die Verfassung der BRD ist das ...gesetz. (→ § 2 Rn. 2)
- Was besagt der „Grundsatz der Gewaltenteilung“? (→ § 2 Rn. 3 ff.)
- Aus welcher Vorschrift folgt insbesondere die Rechtsbindung der (Organe der) Staatsgewalten? (→ § 2 Rn. 6)
- Was sind die „Elementarteilchen“ der Rechtsordnung? (→ § 2 Rn. 8)
- In welcher Gestalt tauchen Rechtsvorschriften auf? (→ § 2 Rn. 8)
- Bitte ergänzen: Mehrere Rechtsvorschriften sind regelmäßig in einem ... zusammengefasst. (→ § 2 Rn. 9)
- Was bringt das „Klammerprinzip“ zum Ausdruck? (→ § 2 Rn. 9)
- Die meisten Rechtsvorschriften sind abstrakt-generelle Anordnungen. Was bedeuten insoweit die Worte „abstrakt“ und „generell“? (→ § 2 Rn. 10 f.)
- Wovon müssen Rechtsvorschriften abgegrenzt werden? (→ § 2 Rn. 12)
- Welche Rechtskreise können unterschieden werden? (→ § 2 Rn. 15)
- Bitte ergänzen: Innerstaatliches Recht kann neben der Ebene des Bundes auch auf der Ebene der ... gesetzt werden. (→ § 2 Rn. 19)
- Was ist die Europäische Union? (→ § 2 Rn. 21)
- Hat die EU uneingeschränkte Befugnis Recht zu setzen? (→ § 2 Rn. 22)
- Wie werden die Rechtsquellen des Unionsrechts insbesondere unterteilt? (→ § 2 Rn. 23)
- Welche sekundärrechtlichen Handlungsformen gibt es? (→ § 2 Rn. 24)
- Was zeichnet eine EU-Verordnung, was eine europäische Richtlinie aus? (→ § 2 Rn. 26 f.)
- Was ist Völkerrecht? (→ § 2 Rn. 28)
- Welche Rechtsquellen umfasst das Völkerrecht? (→ § 2 Rn. 30)
- Hauptsächlich auf welchem Wege entfalten diese völkerrechtlichen Rechtsquellen Relevanz im innerstaatlichen Recht? (→ § 2 Rn. 31 ff.)
- Was ist der Unterschied zwischen formellen und materiellen Gesetzen? (→ § 2 Rn. 38 ff.)
- Wer erlässt innerstaatliche Rechtsverordnungen und wie wirken diese? (→ § 2 Rn. 44 ff.)
- Was ist eine Satzung? (→ § 2 Rn. 48 ff.)

- Unter welchen Voraussetzungen soll Gewohnheitsrecht entstehen können? (→ § 2 Rn. 54)
- Was wird verbirgt sich hinter dem Begriff „Richterrecht"? (→ § 2 Rn. 55)
- Was ist eine Verwaltungsvorschrift? (→ § 2 Rn. 56 ff.)
- Wie lässt sich das Rangverhältnis zwischen Rechtskreisen und innerstaatlichen Rechtsquellen beschreiben? (→ § 2 Rn. 59 ff.)
- Was beschreiben die Begriffe Anwendungsvorrang und Geltungsvorrang? (→ § 2 Rn. 67 ff.)
- Welche Regeln können bei einem Konflikt gleichrangiger Rechtsvorschriften Bedeutung erlangen? (→ § 2 Rn. 70 und Fn. 162)
- Welche Geltungsbereiche sowie inhaltlichen Vorgaben und Einschränkungen sind bei rechtlichen Regelungen zu bedenken bzw. können für die Rechtsanwendung bedeutsam werden? (→ § 2 Rn. 71 ff.)
- Was verbirgt sich hinter dem Begriff „Verkündung" und inwiefern ist eine solche von Relevanz? (→ § 2 Rn. 72 ff.)
- Welche (Haupt-)Rechtsgebiete werden im innerstaatlichen Recht unterschieden? (→ § 2 Rn. 77)
- Was zeichnete diese (Haupt-)Rechtsgebiete insbesondere aus? (→ § 2 Rn. 79 ff., 86 ff., 96 ff.)
- Wie werden Öffentliches Recht und Privatrecht abgegrenzt? (→ § 2 Rn. 95)
- Warum ist diese Abgrenzung erforderlich? (→ § 2 Rn. 95)
- Wo finden sich Vorschriften des Kerns des (materiellen) Strafrechts? (→ § 2 Rn. 96)
- Was ist mit dem Begriffspaar „formelles und materielles Recht" angesprochen? (→ § 2 Rn. 99 ff.)

Zu § 3 Gerichtlicher Rechtsschutz, Gerichte und Verfahren

- Warum hat der Staat dem Rechtsuchenden Rechtsschutz zu gewährleisten? (→ § 3 Rn. 1 ff.)
- Was beinhaltet der allgemeine Justizgewährungsanspruch? (→ § 3 Rn. 4 f.)
- Was gewährleistet Art. 19 Abs. 4 GG? (→ § 3 Rn. 6 f.)
- Die „Garantie des gesetzlichen Richters" meint? (→ § 3 Rn. 9 ff.)
- „Rechtliches Gehör" bedeutet? (→ § 3 Rn. 11)
- Wer übt die rechtsprechende Gewalt aus? (→ § 3 Rn. 13)
- Was bezeichnet der Begriff „Rechtszug"? (→ § 3 Rn. 16)
- Was ist ein Rechtsbehelf, was ein Rechtsmittel? (→ § 3 Rn. 16)
- Welche Gerichtsbarkeiten werden unterschieden? (→ § 3 Rn. 19)
- Bitte ergänzen: Die drei „Verwaltungsverfahrensordnungen" sind ... (→ § 3 Rn. 42 f.)
- Was wird im strafrechtlichen Ermittlungsverfahren geklärt? (→ § 3 Rn. 44)
- In welche Abschnitte lässt sich das gesamte Strafverfahren unterteilen? (→ § 3 Rn. 48)
- Was meint der Begriff „Richtervorbehalt"? (→ § 3 Rn. 51)
- Bitte ergänzen: Im Strafverfahren gilt grundsätzlich das ...prinzip, im Ordnungswidrigkeitenverfahren das ...! (→ § 3 Rn. 53)
- Welche Abschnitte werden im Ordnungswidrigkeitenverfahren unterschieden und welche Stelle ist im ersten Abschnitt zentraler Akteur? (→ § 3 Rn. 55 ff.)

Zu § 4 Wesentliche Akteure des innerstaatlichen Rechtslebens

- Wer ist dem Recht unterworfen? (→ § 4 Rn. 1 ff.; s. auch § 2 Rn. 76)
- Was ist ein Rechtssubjekt und wovon müssen diese unterschieden werden? (→ § 4 Rn. 6 f.)
- Was bezeichnet der Begriff „Rechtsfähigkeit"? (→ § 4 Rn. 9)
- Was ist „Handlungsfähigkeit"? (→ § 4 Rn. 10)
- Die „Schuldfähigkeit" ist in welchem Rechtsgebiet essentiell und was ist damit gemeint? (→ § 4 Rn. 14 ff.)
- Was sind juristische Personen? (→ § 4 Rn. 19 ff.)
- Welche Aufgabe haben die Parlamente? (→ § 4 Rn. 23)
- Was ist der Unterschied zwischen „Berufsrichtern" und „Laienrichtern"? (→ § 4 Rn. 24)
- Bitte ergänzen: Richter sind ... und nur dem ... unterworfen. (→ § 4 Rn. 24)
- Welche Aufgaben erfüllen
  Rechtspfleger? (→ § 4 Rn. 26)
  Polizei? (→ § 4 Rn. 27 f.)
  Staatsanwaltschaft? (→ § 4 Rn. 30)
- Was wird unter einer „Behörde" verstanden? (→ § 4 Rn. 31 f.)
- Welche Stellung nehmen Rechtsanwälte und Notare ein? (→ § 4 Rn. 34 ff.)

Zu § 5 Struktur, Arten und Verhältnis von Rechtsvorschriften

- Was ist eine vollständige Rechtsvorschrift? (→ § 5 Rn. 15)
- Was ist der „Tatbestand" einer Rechtsvorschrift? (→ § 5 Rn. 17 ff.)
- Welche Arten von Tatbestandsmerkmalen werden häufig unterschieden? (→ § 5 Rn. 19 ff.)
- Was meint der Begriff „Rechtsfolge" einer Rechtsvorschrift? (→ § 5 Rn. 24 ff.)
- Welches gedankliche Format hilft bei der Trennung von Tatbestand und Rechtsfolge? (→ § 5 Rn. 27)
- Auf welche Weise können Tatbestand und Rechtsfolge einer Rechtsvorschrift miteinander verknüpft sein? (→ § 5 Rn. 28 ff.)
- Wie ist der Begriff „Ermächtigungsgrundlage" belegt? (→ § 5 Rn. 39)
- Was ist den Grundsätzen des
  „Vorbehalts des Gesetzes" und
  „Vorrangs des Gesetzes" angesprochen? (→ § 5 Rn. 40)
- Was versteht man unter einer Anspruchsgrundlage? (→ § 5 Rn. 41)
- Was unterscheidet vor allem Straf- und Ordnungswidrigkeitentatbestände? (→ § 5 Rn. 46)
- Was sind
  Gegennormen? (→ § 5 Rn. 47 ff.)
  Generalklauseln? (→ § 5 Rn. 51 ff.)
  Regelbeispiele? (→ § 5 Rn. 58 f.)
- In welcher Gestalt treten Legaldefinitionen in Erscheinung? (→ § 5 Rn. 57)
- Was ist der Unterschied zwischen einer Rechtsfolgenverweisung und einer Rechtsgrundverweisung? (→ § 5 Rn. 61 ff.)
- Was zeichnet „gesetzliche" Vermutungen und Fiktionen aus? (→ § 5 Rn. 64 ff.)
- Was sind „Allgemeine Rechtsgrundsätze"? (→ § 5 Rn. 72 ff.)

- Welches Ziel verfolgt der „Grundsatz der Verhältnismäßigkeit“ und wie wird er geprüft? (→ § 5 Rn. 72)
- Bitte ergänzen: Rechtsvorschriften sind Bestandteil eines … (→ § 5 Rn. 67)

2. KAPITEL. Grundriss juristischer Arbeitsweise

§ 7 Einleitendes

A. Kompetenzen und Erwartungen

Der Umgang mit dem Recht erfordert ein verständiges, systematisches, strukturelles und methodisches Denken. Es geht nicht darum – wie häufig vermutet – „Gesetze auswendig zu lernen". Vielmehr muss die Fähigkeit entwickelt werden, insbesondere die Strukturen und Zusammenhänge des Rechts (die auch hinter dem geschriebenen Recht verborgen liegen können) zu erkennen und seine Klaviatur rechtsmethodisch zu bespielen. 1

Situationen, in denen juristisches Wissen und Können gefragt sind, zeichnen sich ganz überwiegend dadurch aus, dass ein bestimmter **Lebenssachverhalt** vor allem mit Hilfe von Rechtsvorschriften zunächst zu beleuchten und sodann einer rechtlichen Beurteilung zuzuführen ist. Letztlich relevant ist daher nicht nur „das Verstehen einzelner Paragrafen", sondern auch das „rechtliche Verständnis des Problemkomplexes eines Lebenssachverhalts".[482] 2

Aus diesem Grund sind neben **spezifisch-inhaltlichem Fachrechtswissen** der einzelnen Rechtsfächer (zB fachindividuelle Kenntnisse über Rechts- und Prüfungsfragen des Verwaltungsrechts etc.) und **universellem Rechtsmethodenwissen** (beide Elemente sind auszubilden) auch die hieraus jeweils entspringenden und zu entwickelnden **Rechtsanwendungs- und Transferkompetenzen** von elementarer Wichtigkeit (auch → § 13 Rn. 50 ff.). 3

Abb. 24 Rechtswissen und entsprechende Kompetenzen

Gerade dies greift die **juristische Methodenlehre** auf, um einen harmonisierten, konsensualen und folglich möglichst rechtssicheren Weg für Rechtsanwendung 4

[482] OVG Münster NJW 2020, 561 (562).

und Rechtsfindung an die Hand zu geben. Denn die Rechtsanwendung fördert eher selten ein glasklares juristisches Ergebnis als Rechtsfindung zu Tage, lässt sich häufig doch auch vertretbar anders argumentieren.[483]

!

Merke: Auch aus diesem Grund werden im und über das Recht unzählige (teils heftige und zuweilen beinahe leidenschaftliche) Diskurse geführt. Diese **Meinungsstreitigkeiten** werden häufig durch Meinungslager mehrerer Akteure als **herrschende Meinung (hM)** und eine oder mehrere **andere Ansicht(en) (aA)** abgebildet.[484]

Dabei ist zu beachten, dass die Linie der **Rechtsprechung** – gleich welchem Meinungslager sie angehören mag – in der (Verwaltungs-)Praxis sinnvollerweise als maßgebend betrachtet werden sollte, wenngleich sie sich jedoch vielfach berechtigter (aber auch unberechtigter) Kritik aus Wissenschaft und Lehre auszusetzen hat. Letztlich ist aber vielfach auch die Linie der Rechtsprechung zu bestimmten Rechtsfragen nicht einheitlich.[485]

5 Ziel des Rechtsanwenders muss es daher sein, sich unter Bedingungen juristischer Unsicherheit **ganz klar** (und mit dem höchsten erreichbaren Maß an Rechtssicherheit) **zu positionieren**.

6 Ein guter Rechtsanwender muss das Recht verstehen, das Recht als Ganzes anwenden und dieses insbesondere beurteilen, analysieren und in Frage stellen können. **Ziel** ist es insoweit, sich die Fähigkeit anzueignen, rechtlich vertretbare Lösungen für bislang gegebenenfalls unbekannte (oder unbehandelte) Fallkonstellationen finden zu können.

7 Hierzu muss man willens und in der Lage sein,

- zu diskutieren,
- zu entwickeln,
- zu entkräften

und insbesondere die einzelnen Ebenen auf dem Weg zur Lösung hinreichend **argumentativ zu belegen**.

8 Mit anderen Worten: **man muss durchweg (argumentativ) überzeugen!**

9 Die Fähigkeit zur Argumentation ist damit ein essentieller Aspekt der Rechtsanwendung.[486] Dabei geht es aber natürlich darum, sich rein **objektiv und vorurteilsfrei** nur mit rechtlich relevanten Fragen und bedeutsamen Rechtsvorschriften des konkreten Falles hinreichend rechtsmethodisch-argumentativ auseinanderzusetzen; Rechtsanwendende können also insoweit nicht uneingeschränkt auf alles „Unjuristische" zurückgreifen, was ihnen zu den juristisch

[483] Vgl. BVerfG NJW 1990, 2457 (2458); Haug Fallbearbeitung Rn. 77; Möllers Methodenlehre § 1 Rn. 64 ff.; Putzke Jur. Arbeiten Rn. 4; Wank Methodenlehre § 1 Rn. 1 ff.; Weimar DÖV 2009, 931 (935). S. auch Gußen Wissenschaft. Arbeiten Jura S. 55; Neupert JuS 2016, 489 ff.

[484] Zur Darstellung von Meinungsstreitigkeiten s. etwa Mann Jur. Arbeitstechnik Rn. 299 ff.; Valerius Gutachtenstil S. 30 ff.

[485] S. hierzu zB OLG Hamm NJW 2020, 351 f. (m Anm Fromm); Hütwohl NZWiSt 2019, 277 (278) und → § 2 Rn. 68.

[486] Zu Einzelheiten Früh JuS 2021, 905 (908 ff.); Pilniok JuS 2009, 394 ff.

zu bewertenden Ereignissen in den Sinn kommt – der **Normbezug** muss stets gewahrt sein.[487]

Aus den genannten Gründen werden in juristischen Prüfungssituationen (zB Klausur) nicht nur das gefundene Ergebnis für die rechtliche Bewertung eines Lebenssachverhalts, sondern gerade der niedergeschriebene Gedankengang und die hierbei präsentierte zielführende Argumentation als Lösungsweg bewertet. 10

Meint: **Der Weg ist das Ziel.** !

B. Rechtsvorschriften als Grundlage der Rechtsanwendung und -findung

Zentrales Fundament juristischer Arbeit sind **Rechtsvorschriften** (bereits → § 2 Rn. 7 ff. und → § 5 Rn. 1 ff.). Sie sind die Säulen rechtsstaatlichen Handelns und Werkstück zugleich. Man muss dieses Werkstück nur mit dem richtigen (methodischen) Handwerkszeug bearbeiten. 11

Ausgangspunkt der angestrebten Rechtsfindung durch Rechtsanwendung ist immer die Frage, wie ein Lebenssachverhalt rechtlich zu bewerten ist. Mithin hat ein Abgleich des Lebenssachverhalts mit den einschlägigen Rechtsvorschriften zu erfolgen. 12

Beispiele:[488]

- Um rechtlich zu bewerten, ob jemand **Ansprüche** aus einem konkreten Lebenssachverhalt für sich herleiten kann, muss man den Lebenssachverhalt mit Tatbestandsvoraussetzungen und Rechtsfolge einschlägiger Anspruchsgrundlagen abgleichen
- Stellt sich die rechtlich zu bewertende Frage, mit welcher **Maßnahme** die zuständige Behörde auf einen Lebenssachverhalt reagieren kann oder ob eine bereits erfolgte Reaktion rechtskonform war, müssen taugliche Ermächtigungsgrundlagen mit dem Lebenssachverhalt abgeglichen werden
- Ob sich jemand **strafbar** gemacht hat, beurteilt sich in einem ersten Schritt anhand des Abgleichs von Lebenssachverhalt und Straftatbestand

Dabei sollte rechtsgebietsübergreifend und umsichtig gedacht und gegebenenfalls auch gearbeitet werden.[489] 13

Beispiel für eine Verknüpfung der Rechtsgebiete: Stellt sich im Strafrecht mit Blick auf § 242 Abs. 1 StGB (Diebstahl) die Frage, ob eine „fremde" Sache vorliegt, wird darauf abgestellt, wer Eigentümer der Sache ist, was wiederum nach zivilrechtlichen, also privatrechtlichen Regeln bestimmt wird.

487 Beaucamp/Beaucamp Methoden Rn. 269 ff. mit folgendem Beispiel: „Wollen sich zwei Eheleute scheiden lassen, prüft die Familienrichterin nur die Voraussetzungen der §§ 1565 ff. BGB, ohne sich für die psychologischen Hintergründe des Scheiterns der Ehe zu interessieren."

488 Zu Anspruchs- und Ermächtigungsgrundlagen → § 5 Rn. 39 ff., zu Straftatbeständen → § 5 Rn. 43 ff.

489 S. auch Kröpil JuS 2014, 786 ff.; Mann Jur. Arbeitstechnik Rn. 227.

14 Bevor man aber das Recht finden kann (im Sinne der Rechtsfindung), also herauszufinden im Stande ist, ob eine Rechtsvorschrift überhaupt auf einen bestimmten Lebenssachverhalt anwendbar ist und eine gewünschte (oder unerwünschte) Rechtsfolge eintritt, bedarf es einiger **Vorschritte**:

15 Man muss

- überhaupt eine oder mehrere geltende, anwendbare und „passende" Rechtsvorschrift(en) in der Rechtsordnung identifizieren und
- diese Rechtsvorschrift(en) handhabbar machen (dh in Tatbestand und Rechtsfolge sowie weitergehend zerlegen und die Tatbestandsvoraussetzungen falls erforderlich mit Leben füllen, also bestimmte Begriffe auslegen und definieren).[490]

16 Erst dann wird man zu der Beurteilung im Stande sein, ob die Rechtsvorschrift zur rechtlichen Bewertung des konkreten Falles herangezogen werden kann. Bei den meisten dieser Schritte ist – wie bereits ausgeführt – **Argumentationskompetenz** gefragt.

§ 8 Auffinden, Verstehen und Zerlegen von Rechtsvorschriften

A. Auffinden von Rechtsvorschriften

1 Fast alles, was in einer **praktischen Alltagssituation** oder theoretischen **Klausursituation** zu prüfen ist, steht in Rechtsvorschriften, man muss die zur rechtlichen Bewertung eines Lebenssachverhaltes einschlägige(n) Rechtsvorschrift(en) aber zuvorderst finden.[491] Man findet jedoch nur etwas, wenn man einerseits eine **Vorstellung** davon hat, wo es zu suchen sein könnte und sich andererseits einer gewissen **Suchsystematik** bedient.

I. Rechtswissen und Suchsystematik

2 Primäre (gedankliche) Quelle der Suche nach Rechtsvorschriften ist zwangsläufig das **bereits vorhandene (Rechts-)Wissen**.

3 Man sollte sich zur inhaltlichen Orientierung zunächst fragen, welche konkrete **Rechtsfolge** überhaupt **begehrt** wird (zB Personenkontrolle, Verhängung eines Bußgeldes oder einer Strafe, Schadensersatz, Herausgabe einer Sache, Arbeitslosengeld etc).

4 Über die Identifizierung dieses Begehrens (in der Klausur womöglich anhand der Fallfrage[492]) gelingt die erste Orientierung, in welchem **Rechtsgebiet** man überhaupt nach welchem **Normtyp** (zB Anspruchsgrundlage oder Ermächtigungsgrundlage unter Beachtung etwaiger Gegen- und unterstützender Normen) suchen muss.

[490] Zum Zerlegen vollständiger Rechtsvorschriften → § 8 Rn. 26 ff., zur Auslegung → § 9 Rn. 1 ff.
[491] S. auch Lagodny Gesetzestexte S. 1.
[492] Zur Fallfrage → § 13 Rn. 6 ff.

Hierbei ist es entscheidend, unter Beachtung unterschiedlicher Geltungsbereiche und inhaltlicher Vorgaben bzw. Einschränkungen (→ § 2 Rn. 71 ff.), solche Vorschriften für die rechtliche Bewertung in Betracht zu ziehen, deren **Tatbestände** den konkreten Sachverhalt beschreiben und deren **Rechtsfolgen** in abstrakter Form die Antwort auf das konkrete Begehren enthalten.[493] 5

Beispiele:

- Beschädigt Bürger X die Sache eines anderen Bürgers Y und will X nun seinen Schaden ersetzt haben, macht man sich im Rechtsgebiet Privatrecht auf die Suche nach einer Rechtsvorschrift, die als Anspruchsgrundlage das Begehren des X auf Schadensersatz auf der Rechtsfolgenseite abbildet.
- Sieht Arbeitgeber A um Kosten zu sparen davon ab, Sozialversicherungsabgaben für seine Arbeitnehmer zu zahlen und die Frage nach einer möglichen Strafbarkeit des A im Raum steht, gilt es einschlägige Straftatbestände zu identifizieren, welche die Handlung des A Handlung auf Tatbestandsebene widerspiegeln und die Rechtsfolge der Strafe vorsehen.

Hilfreich zum Auffinden einer Rechtsvorschrift kann ein **Strukturdenken** sein, das eine hierarchische gedankliche Struktur zu Tagen fördern will. Strukturdenken bedeutet, dass man etwas Schwieriges, etwas Umfangreiches oder Kompliziertes in kleinere Teile aufteilt und über- sowie untergeordnete Beziehungen dieser Teile zueinander erkennt oder herstellt.[494] 6

Für die Suche nach einer bestimmten Rechtsvorschrift zur Bearbeitung eines bestimmten Lebenssachverhaltes bedeutet das, dass 7

- die Strukturen des Rechts etwa in der Gliederung einer Vorschriftensammlung,
- die Strukturen eines Regelwerkes in seiner internen Gliederung

sichtbar werden.[495]

Strukturdenken am Beispiel der E-VSF[496]

Im Startbildschirm werden auf der linken Bildschirmseite die Stoffgebiete angezeigt, welche die **Überschriften der 1. Ordnung** abbilden und eine erste, aber wesentliche, rechtliche Einteilung und Orientierung bieten (zB Stoffgebiet Außenwirtschaftsrecht und Außenhandelsstatistik).

Wird eines der dort genannten Stoffgebiete ausgewählt, öffnet sich eine Unterstruktur mit **Überschriften der 2. Ordnung,** die ganz überwiegend das strukturelle Wissen um Rechtskreise und Rechtsgebiete (→ § 2 Rn. 15 ff.) verlangen, um weiter zur Systematik der **Überschriften der 3. Ordnung** zu navigieren, die insbesondere nach Rechtsquellen kategorisiert und den Weg zB zu einzelnen

493 Leisner-Egensperger JA 2019, 841 (842); Reimer Methodenlehre Rn. 165; Wank Auslegung S. 4 f.; Wienbracke Methodenlehre Rn. 28 mwN.

494 Lagodny Gesetzestexte S. 13. S. auch Möllers Arbeitstechnik § 1 Rn. 73 f.

495 S. auch Zippelius Methodenlehre S. 71 ff. Zur Recherche auch → § 15 Rn. 1 f.

496 E-VSF = Elektronische Vorschriftensammlung der Bundesfinanzverwaltung. Die Suchsystematik bietet sich aber natürlich auch für andere Vorschriftensammlungen an, hierzu Lagodny Gesetzestexte S. 13 ff.

Gesetzen freigibt. Je weiter systematisch vorgedrungen bzw. eingetaucht wird, desto näher kommt man der eigentlichen Rechtsvorschrift.

Ist man auf der Gliederungsebene zB eines **Gesetzes** angekommen, kann zunächst auch hier inhaltsbezogen mit dem **Inhaltsverzeichnis** gearbeitet werden, um eine möglicherweise einschlägige Rechtsvorschrift zu identifizieren. Geachtet werden sollte darauf, dass es auch hier strukturgebende **Überschriften verschiedener Ordnungen** gibt, welche die Suche erleichtern.

8 Hat man zB anhand der Überschrift der Rechtsvorschrift eine möglicherweise einschlägige Rechtsvorschrift innerhalb eines Regelwerks gefunden, sollte man nicht nur diese in Gänze (also alle Absätze, Sätze), sondern auch immer wenigstens die unmittelbar vorausgehende und unmittelbar nachfolgende Rechtsvorschrift lesen, um vielleicht eine Regelung zu finden, die sogar noch näher liegt oder die gefundene Regelung gar (zB im **Regel-Ausnahme-Verhältnis** als Ausnahme von der Regel) in ihrer Wirkung beeinträchtigt („eins vor und eins zurück").[497]

Beispiele für Regel-Ausnahme-Verhältnisse:

- § 985 BGB gewährt dem Eigentümer einer Sache als Regel ein Herausgabeanspruch gegen den Besitzer, aber nicht, wenn der Besitzer nach § 986 BGB ein Recht zum Besitz hat (als Ausnahme von der Regel)
- § 253 BGB soll ein Regel-Ausnahme-Verhältnis (Abs. 1 als Regel, Abs. 2 die Ausnahme von dieser Regel) statuieren[498]: „(1) Wegen eines Schadens, der nicht Vermögensschaden ist, kann Entschädigung in Geld nur in den durch das Gesetz bestimmten Fällen gefordert werden. (2) Ist wegen einer Verletzung des Körpers, der Gesundheit, der Freiheit oder der sexuellen Selbstbestimmung Schadensersatz zu leisten, kann auch wegen des Schadens, der nicht Vermögensschaden ist, eine billige Entschädigung in Geld gefordert werden."
- Nicht immer weisen Rechtsvorschriften auf ein bestehendes Regel-Ausnahme-Verhältnis so deutlich hin, wie § 2 Abs. 2 NLöffVZG (Niedersächsisches Gesetz über Ladenöffnungs- und Verkaufszeiten): „An Sonntagen und staatlich anerkannten Feiertagen dürfen Verkaufsstellen nur in den Ausnahmefällen der §§ 4 bis 5a geöffnet werden." = Grundsätzliches Öffnungsverbot an Sonntagen als Regel und als Ausnahme zB § 4 Abs. 1 S. 1 Nr. 1 NLöffVZG („An Sonntagen und staatlich anerkannten Feiertagen dürfen geöffnet werden 1. in der Zeit von 0 bis 24 Uhr a) Apotheken, b)Tankstellen für den Verkauf von Betriebsstoffen, Ersatzteilen für die Erhaltung oder Wiederherstellung der Fahrbereitschaft und Waren des täglichen Kleinbedarfs…")

II. Zusammenfassung

9 Insgesamt können also folgende Überlegungen hilfreich sein:

- Eine sinnvolle Suche setzt eine ungefähre inhaltliche Vorstellung voraus (mit den Vorschriften welches Rechtsbereichs wird der Lebenssachverhalt wohl zu

[497] Vgl. Adomeit/Hähnchen Rechtstheorie Rn. 88 auch mit weiteren Beispielen; Lagodny Gesetzestexte S. 26 ff. Zur rechtstheoretischen Figur des Regel-Ausnahme-Verhältnisses auch Lindner VerwArch 2007, 213 ff.

[498] S. NK-BGB/Huber, 4. Aufl. 2021, BGB § 253 Rn. 3 ff.

„lösen" sein? Privatrecht? Strafrecht? Öffentliches Recht? Polizeirecht? Allgemeines Steuerrecht? Verbrauchsteuerrecht? etc).

- Was wird konkret begehrt (zB Zahlung? Behördliche Maßnahme? Bestrafung?) und welche Rechtsfolgen welchen Normtyps passen hierzu?
- Gesucht werden sollte unter Zuhilfenahme des Regelwerkes (als Strukturgeber) immer ausgehend von der höchsten (= allgemeinsten) Gliederungsebene zu den tieferen (= spezielleren) Gliederungsebenen.[499]
- Rechtsvorschriften stets vollständig lesen (amtliche Überschrift, Absatz, Unterabsatz, Satz).
- „Eins vor und eins zurück" (= Vorschrift davor, danach?).

B. Verstehen von Rechtsvorschriften

I. Recht und Sprache

Wenn der Gesetzgeber etwas normieren, also eine rechtliche Norm (im Sinne 10
einer Regel) setzen will (zB das Verbot, jemanden körperlich zu misshandeln), bedient er sich der Sprache und formuliert eine Rechtsvorschrift als Träger des Normgedankens. Erst so wird eine Regel als solche körperlich gemacht und in der (sowie durch die) Rechtsvorschrift zum Leben erweckt.

Die Sprache ist also das Medium des Rechts.[500] Recht ist Sprache, Sprache besteht 11
aus Worten. Ohne Sprache sind Recht und Rechtsanwendung sprachlos.[501] Die herausragende Wichtigkeit sprachlicher Aspekte und Feinheiten im Kontext des Rechts und seiner Anwendung kann daher nicht deutlich genug betont werden.

Merke: „Wenn die Sprache nicht stimmt, dann ist alles, was gesagt wird, nicht das, was gemeint ist. […] Trifft die Justiz nicht, so weiß das Volk nicht, wohin Hand und Fuß setzen. Also dulde man keine Willkür in den Worten." (Konfuzius)

Zu beachten ist in Anlehnung an Konfuzius, dass die Qualität des Rechts, der 12
Rechtsanwendung und der Rechtsfindung unmittelbar von der **Qualität der gebrauchten Sprache** abhängt.

Praktischer Hinweis: Wird in einem juristischen Kontext davon gesprochen, dass etwas *grundsätzlich* so sei, soll damit verdeutlicht werden, dass es auch Ausnahmen gibt; es ist gerade nicht damit gemeint, dass die Aussage in jedem Fall gelte.[502] Dies wird auch so beschrieben: „**Grundsätzlich** ist der juristische Fachausdruck dafür, dass es auch anders sein könnte."[503]

[499] Es sollte versucht werden, Gliederungsebenen auf möglichst hoher Stufe auszuscheiden, da man sich damit das Durchsehen der nicht in Betracht kommenden Ebenen erspart.

[500] Krüper Grundlagen/Thiel § 13 Rn. 5

[501] Rüthers/Fischer/Birk Rechtstheorie Rn. 150.

[502] Vgl. auch Haug Fallbearbeitung Rn. 92.

[503] Gast Juristische Rhetorik Rn. 82 (Fn. 4).

II. Die Sprache der Rechtsvorschriften

13 Rechtsvorschriften versuchen dem Grunde nach mit wenigen Worten abstrakt-generell (also eine unbestimmte Vielzahl noch unbekannter Sachverhalte für eine unbestimmte Vielzahl von Personen) zu regeln. Dies sorgt für einen **hohen juristisch-technischen Abstraktionsgrad** in Gesetzesformulierungen, der von Knappheit und dem Vermeiden von Wiederholungen geprägt ist. In den meisten Fällen haben Rechtsvorschriften den Anspruch, präzise zu sein und die Regelung ohne unnötigen Wortaufwand wortgewandt-wirtschaftlich auf den Punkt zu bringen.

! **Merke:** Bei der Lektüre von Rechtsvorschriften muss immer besonders genau und aufmerksam gearbeitet werden. Es kommt regelmäßig auf **sprachliche Details** und auch auf die gezielte Verwendung einzelner **Satzzeichen** an, die einer Vorschrift gerade das entscheidende Gepräge geben können.

14 Das Lesen von Gesetzen verlangt daher nicht nur höchste Konzentration, sondern häufig schon ein gewisses systematisches Rechtsverständnis.

Beispiel: § 164 Abs. 2 BGB: „Tritt der Wille, in fremdem Namen zu handeln, nicht erkennbar hervor, so kommt der Mangel des Willens, im eigenen Namen zu handeln, nicht in Betracht."[504]

15 Vorschriftentexte müssen sprachlich richtig und möglichst für jedermann verständlich gefasst sein (vgl. § 42 Abs. 5 S. 1 GGO).[505] Es gilt das rechtsstaatliche **Gebot der Normenklarheit**; Vorschriften, „deren Inhalt und Systematik sich bei hoher Fehleranfälligkeit allenfalls mit subtiler Sachkenntnis, außerordentlichen methodischen Fähigkeiten und einer gewissen Lust zum Lösen von Denksport-Aufgaben erschließt", geraten mit diesem in Konflikt.[506]

16 Praktischen Bedürfnissen im Rahmen der Rechtssetzung steht also die angestrebte und gebotene Verständlichkeit (im Sinne einer **Transparenz)** gegenüber, die dem Rechtsanwender dann überhaupt erst die Nutzung der Rechtsvorschrift ermöglicht und häufig die Frage nach gerade erforderlicher hinreichender **Bestimmtheit** der Worte, des Wortgefüges und somit der Rechtsvorschrift aufwirft.[507]

17 Gerade das **Mehrdeutigkeitspotential** verschiedener Worte[508] verlangt zum Zwecke größtmöglicher Rechtssicherheit in der meist wertungsgesteuerten Rechtsanwendung eine gewisse Einheitlichkeit im juristischen Sprachgeschäft („**Gemeinsamer juristischer Sprachnenner**").

18 Aus diesem Bedürfnis entspringt etwa die Existenz von Definitionen einzelner Rechtsbegriffe, bei deren Entwicklung der Rechtsanwender nicht etwa auto-

504 Zu Bedeutung und Relevanz der Vorschrift MüKoBGB/Schubert BGB § 164 Rn. 187 ff.
505 BMJV Rechtsförmlichkeit-HdB Rn. 54 in BAnz. 2008 Nr. 160a.
506 BFH DStR 2006, 2019 (2024) unter Verweis auf das österr. Verfassungsgericht.
507 Hierzu etwa BVerwG NVwZ 2013, 1614 ff. und BVerfGE 134, 141 (184 ff.) = BeckRS 2013, 56594.
508 Vgl. hierzu auch Rüthers/Fischer/Birk Rechtstheorie Rn. 165.

nom agieren kann, sondern stets **an eine bestimmte (Auslegungs-)Methodik gebunden** ist (→ § 9 Rn. 1 ff.).

Der Wunsch nach Präzisierung der Sprache des Rechts ließ und lässt noch immer 19
eine **juristische Fachsprache** entstehen.[509] Diese muss nicht unbedingt mit dem „normalen" (auch umgangssprachlichen) Sprachgebrauch übereinstimmen:[510] „Eine Besonderheit der juristischen Fachsprache liegt in der Verwendung von Ausdrücken, die der Form nach mit denen der Gemeinsprache, dh der allgemein verwendeten Sprache, übereinstimmen, ihrer Bedeutung nach aber von der Gemeinsprache abweichen können. Wörter wie „Eigentum" und „Besitz", „Darlehen" und „Leihe", „Mord" und „Totschlag", „Schuld", „Widmung" usw. unterscheiden sich im juristischen Sprachgebrauch erheblich von der Gemeinsprache – es sind **juristische Fachausdrücke**."[511]

> **Beispiel:** Es soll häufig ein gesamter Vorgang angesprochen sein, wenn in der Alltagssprache davon gesprochen wird, dass jemand „ein Auto *kauft*". Bei detaillierter juristischer (privatrechtlicher) Betrachtung setzt sich der Vorgang indes aus drei unterschiedlichen Rechtsgeschäften zusammen (1. Verpflichtungsgeschäft als eigentlicher „Kauf", 2. Übereignung des Autos und 3. Übereignung des Geldes).[512]

III. Die Sprache des Rechtsanwenders

> **Merke:** Die Sprache ist das „**Arbeitsgerät**" des Rechtsanwenders. !

Hat man die sprachlich-inhaltliche Botschaft einer Rechtsvorschrift identifiziert, 20
gehört zu ihrem Verstehen und ist es der **Auftrag des Rechtsanwenders**, diese Botschaft inhaltlich und sprachlich korrekt zu transportieren.

Mitgeteilte Rechtsanwendung und -findung außerhalb des eigenen Gedanken- 21
raums verlangt ebenso eine sprachliche **Klarheit** und uneingeschränkte **Richtigkeit** (nach den Regeln der Orthografie, Grammatik und Interpunktion). Dies gilt sowohl für die praktische Arbeit als auch für Studien- und Prüfungssituationen.

Hierbei ist zu beachten, dass sprachliche Mängel durchaus als sachliche Mängel 22
in die Bewertung von Prüfungsarbeiten einfließen können.[513]

[509] Hierzu Engisch Einführung S. 115 f.; Krüper Grundlagen/Thiel § 13 Rn. 14; Rüthers/Fischer/Birk Rechtstheorie Rn. 207 ff.; Wörlen/Metzler-Müller BGB AT Rn. 1 ff. S. zur Verwendung von Synonymen und Antonymen mit Beispielen auch Schmidt JuS 2003, 551 (553 f.).

[510] Vgl. auch Mann Jur. Arbeitstechnik Rn. 231.

[511] BMJV Rechtsförmlichkeit-HdB Rn. 57 in BAnz. 2008 Nr. 160a. Zur rechtlich sehr bedeutsamen Differenzierung von Eigentum und Besitz bereits → § 1 Rn. 5.

[512] Brox/Walker BGB AT § 5 Rn. 15; Krüper Grundlagen/Thiel § 13 Rn. 14. Es gelten das **Trennungsprinzip** (= Trennung des Verpflichtungs- und des Verfügungsgeschäfts) und das **Abstraktionsprinzip** (= Verpflichtungs- und Verfügungsgeschäft sind grundsätzlich in ihrer Wirksamkeit voneinander unabhängig).

[513] S. auch Putzke Jur. Arbeiten Rn. 87. Sprachliche Anleitungen finden sich etwa bei Gast Juristische Rhetorik Rn. 1 ff.; Walter, Kleine Stilkunde für Juristen, 3. Aufl. 2017. S. auch Mann Jur. Arbeitstechnik Rn. 211 ff.; Möllers Arbeitstechnik § 6 Rn. 1 ff.; Wieduwilt JuS 2010, 288 ff.

Merke: „Zur Rechtsanwendung gehört auch die Fähigkeit, sich bei Falllösungen wie überhaupt bei Rechtsausführungen grammatikalisch korrekt, in verständlicher Sprache und in einem sachangemessenen Stil in Wort und Schrift auszudrücken."[514]

23 Daneben sollte die Sprache des Rechtsanwenders stets vom Bemühen um **Objektivität** und **Sachlichkeit** geprägt sein.[515] Der vorgelegte Text muss emotionsfrei, von professioneller Distanz getragen und ohne Verwendung der „Ich-Form" abgefasst sein.[516]

24 Zudem ist sprachliche **Knappheit und Präzision** geboten: Der Rechtsanwender „will überzeugen; er schreibt für andere und sollte sich auf kürzestem Weg verständlich machen".[517]

25 Zusammengefasst bei der Rechtsanwendung erforderlich sind also insbesondere eigene sprachliche

- Klarheit,
- Richtigkeit,
- Objektivität,
- Sachlichkeit,
- Knappheit,
- Präzision.

Merke: Die juristische (Fach-)Sprache ist geprägt von **lateinischen Redewendungen und Fachtermini**, was den Zugang zum Verständnis des Rechts und seiner Anwendung für den Anfänger (mag er Vorkenntnisse der lateinischen Sprache haben oder nicht) regelmäßig verkompliziert.[518] Ihre Verwendung mag zwar häufig richtig und wichtig sein, man sollte sie aber nur dort (und nicht inflationär) benutzen, wo es zwingend notwendig ist und sich überdies auch nicht hinter ihnen verstecken (um etwa Fachkunde vorzugeben).

C. Zerlegen vollständiger Rechtsvorschriften

26 Hat man eine vollständige Rechtsvorschrift gefunden, die zur Bearbeitung des Lebenssachverhaltes dienlich sein könnte, muss diese – freilich gegebenenfalls unter Berücksichtigung etwaiger weiterer relevanter Vorschriften – für die Rechtsanwendung und damit auch Rechtsfindung vor- bzw. aufbereitet werden.

514 OVG Münster NVwZ 1995, 800 (803).

515 Mann Jur. Arbeitstechnik Rn. 213.

516 → § 12 Rn. 8. Zum Ganzen auch Bringewat Methodik Rn. 183 ff. und Valerius Gutachtenstil S. 35 ff.

517 Möllers Arbeitstechnik § 6 Rn. 4 mwN. S. auch Gußen Wissenschaft. Arbeiten Jura S. 135.

518 Aus diesem Grunde wollte sich diese Darstellung für den ersten Schritt der Einführung in das Recht auch von lateinischen Begriffen und Sätzen freihalten, weshalb vielerorts mit Umschreibungen gearbeitet wird. Nur vereinzelt sind gezielt Begriffe zur Erläuterung eingefügt, soweit sie als Wortherkunft das Verständnis des jeweilig gebrauchten Begriffs erleichtern. Zum Ganzen und zum Einstieg in das Juristenlatein zB Hähnchen, Latein für Jurastudierende, 8. Aufl. 2022.

I. Trennung von Tatbestand und Rechtsfolge

Von ganz erheblicher Bedeutung ist es daher, die vollständige Rechtsvorschrift als Vorschritt jeder Rechtsanwendung (gedanklich) zu unterteilen in 27

- Tatbestand und
- Rechtsfolge.

Diese bereits dargestellte **elementare Differenzierung** (→ § 5 Rn. 14 ff.) ist für die (praktische und theoretische) Sachverhalts- und damit auch Klausurbearbeitung von höchster Relevanz. Denn: 28

„Nur WENN alle Tatbestandsvoraussetzungen vorliegen, (DANN) tritt die Rechtsfolge ein“.

Mit anderen Worten betrifft die Rechtsfolge die Frage, zu was (Konsequenz) die Anwendung der Rechtsvorschrift führt oder konkreter, zB welche behördliche Maßnahme als Resultat des Vorliegens bestimmter Tatbestandsvoraussetzungen ergriffen werden darf. Die **Rechtsfolge** einer Rechtsvorschrift herauszuarbeiten (und **von den Tatbestandsvoraussetzungen abzugrenzen**) ist also grundlegend, um deren Anwendbarkeit für den konkreten Lebenssachverhalt zu identifizieren und somit Recht (im Sinne der Rechtsfindung) finden zu können. 29

II. Tatbestandsmerkmale identifizieren

Hat man Tatbestand und Rechtsfolge voneinander getrennt, müssen sodann die einzelnen Tatbestandsmerkmale als Voraussetzungen der Tatbestandsseite herausgearbeitet werden. Hierbei ist es für das Vorgehen und die Rechtsanwendung insbesondere von besonderer Wichtigkeit, ob der Tatbestand **alternative Tatbestandsmerkmale** oder **kumulative Tatbestandsmerkmale** enthält, die mitunter sogar kombiniert sein können (→ § 5 Rn. 19). 30

Beispiele:

- Enthält der Tatbestand **kumulative Tatbestandsmerkmale**, müssen alle Merkmale nebeneinander erfüllt sein. Dies kann man bei in einer Vorschrift gegliederten Auflistungen häufig etwa an dem Wort „und“ erkennen. Beispielsweise heißt es in § 95 Abs. 1 Nr. 2 AufenthG: „Mit Freiheitsstrafe bis zu einem Jahr oder mit Geldstrafe wird bestraft, wer 1. (...) 2. ohne erforderlichen Aufenthaltstitel nach § 4 Absatz 1 Satz 1 sich im Bundesgebiet aufhält, wenn
  a) er vollziehbar ausreisepflichtig ist,
  b) ihm eine Ausreisefrist nicht gewährt wurde oder diese abgelaufen ist **und**
  c) dessen Abschiebung nicht ausgesetzt ist, (...).
- **Alternative Tatbestandsmerkmale** (= nur eine von mehreren Optionen muss gegeben sein – die Vorschrift enthält also mehrere zusammengefasste Regelungen) werden in gegliederten Auflistungen hingegen regelmäßig mit dem Wort „oder“ kenntlich gemacht. So beschreibt § 2 Abs. 2 GastG, wer einer Erlaubnis zum Betrieb eines Gaststättengewerbes nicht bedarf: „(2) Der Erlaubnis bedarf nicht, wer
  1. alkoholfreie Getränke,
  2. unentgeltliche Kostproben,
  3. zubereitete Speisen **oder**
  4. in Verbindung mit einem Beherbergungsbetrieb Getränke und zubereitete Speisen an Hausgäste verabreicht.

- § 823 Abs. 1 BGB enthält **sowohl kumulative als auch alternative Tatbestandsmerkmale**: Wer vorsätzlich **oder** fahrlässig das Leben (oder) den Körper (oder) die Gesundheit (oder) die Freiheit (oder) das Eigentum **oder** ein sonstiges Recht eines anderen widerrechtlich verletzt, ist dem anderen zum Ersatz des daraus entstehenden Schadens verpflichtet.[519]
- Tauchen bei einer Auflistung die Worte ***und*** **bzw.** ***oder*** **im Vorschriftentext nicht** auf, muss anhand des Inhalts der Vorschrift ermittelt werden, ob es sich um alternative oder kumulative Tatbestandsmerkmale handelt. Beispielsweise heißt es in § 104 BGB: „Geschäftsunfähig ist:
  1. wer nicht das siebente Lebensjahr vollendet hat,
  2. wer sich in einem die freie Willensbestimmung ausschließenden Zustand krankhafter Störung der Geistestätigkeit befindet, sofern nicht der Zustand seiner Natur nach ein vorübergehender ist."
  Hier tritt die Rechtsfolge (Geschäftsunfähigkeit) sowohl im Falle der Nr. 1 und auch altersunabhängig im Falle der Nr. 2 ein (= alternative Tatbestandsmerkmale).

III. Tatbestandsmerkmale filtern und ordnen

31 Um eine Rechtsvorschrift für die Rechtsanwendung aufzubereiten, sollten die Tatbestandsmerkmale sodann gefiltert und geordnet werden.

32 So können abwegige Tatbestandsvarianten gedanklich **herausgefiltert** werden, die keinen unmittelbaren Bezug zum Fall aufweisen. Allerdings sollte darauf geachtet werden, dass es in einem (Klausur-)Gutachten auch Anforderung ist, sich mit allen in ernsthaft in Betracht kommenden Vorschriften (und ihren Kombinationen) auseinanderzusetzen (→ § 13 Rn. 14 ff.).

Beispiel: Steht die Geschäftsunfähigkeit (§ 104 BGB) eines 59-jährigen Mannes in Frage, wäre es nicht ökonomisch, Energie auf die Anwendung des § 104 Nr. 1 BGB zu verwenden.

33 Weiter sollten die gefilterten Tatbestandsmerkmale für den Prozess der Rechtsanwendung geordnet, also in eine **zweckmäßige Prüfungsreihenfolge** gebracht werden.

Beispiele:

- Logisch vorrangig ist bei § 280 Abs. 1 BGB („Verletzt der Schuldner eine Pflicht aus dem Schuldverhältnis, so kann der Gläubiger Ersatz des hierdurch entstehenden Schadens verlangen. Dies gilt nicht, wenn der Schuldner die Pflichtverletzung nicht zu vertreten hat.") das Bestehen eines Schuldverhältnisses vor der Pflichtverletzung zu prüfen, da sich aus dem Schuldverhältnis erst die in Rede stehende Pflicht ergibt.[520]
- § 11 Abs. 1 Nr. 2 SchwarzArbG[521] sieht vor, dass mit Freiheitsstrafe bis zu einem Jahr oder mit Geldstrafe bestraft wird, wer „eine in
  a) § 404 Abs. 2 Nr. 3 des Dritten Buches Sozialgesetzbuch,
  b) § 404 Abs. 2 Nr. 4 des Dritten Buches Sozialgesetzbuch,

[519] S. auch die Übersicht bei Beaucamp/Beaucamp Methoden Rn. 58.
[520] Vgl. Medicus/Petersen BürgerlR Rn. 15.
[521] S. zum SchwarzArbG BT-Drs. 19/8691.

c) § 98 Absatz 2a Nummer 1 des Aufenthaltsgesetzes oder
d) § 98 Abs. 3 Nr. 1 des Aufenthaltsgesetzes
bezeichnete vorsätzliche Handlung beharrlich wiederholt." Hier sollte sinnvollerweise zunächst die Handlung identifiziert und geprüft werden, bevor auf ein beharrliches Wiederholen eingegangen wird.

§ 9 Auslegen von Rechtsvorschriften

A. Grundlagen

Gegenstand der Auslegung sind insbesondere **Rechtsvorschriften**. 1

Merke: Ausgelegt werden können zB auch

- Willenserklärungen,
- Verträge,
- Verwaltungsakte.[522]

Auslegung meint zu klären, was der Text einer solchen bedeutet. Eine entsprechende Klärung kann zB deshalb notwendig werden, weil der Gesetzgeber bei der Formulierung von Rechtsvorschriften – die mit dem Anspruch gestaltet werden, abstrakt-generell zu sein – häufig offene Formulierungen, abstrakte Beschreibungen oder unbestimmte Rechtsbegriffe verwendet.[523] 2

Es wird also letztlich ausgelegt, um zu ermitteln, was das geltende Recht in bestimmten Situationen anordnet, also ein Bild dessen zu zeichnen, was eine Rechtsvorschrift bewirken will. Hierbei geht es insbesondere darum, im Rahmen der Rechtsanwendung rechtsmethodisch fundiert zu argumentieren und ein von Überzeugungskraft getragenes Ergebnis zu finden und zu begründen. 3

Anspruch muss also sein, den **Gedanken einer auslegungsbedürftigen Rechtsvorschrift** als Vorfrage herauszuarbeiten (zu interpretieren oder zu deuten), um eine **Grundlage** für den erst dann möglichen Abgleich mit dem konkreten Lebenssachverhalt zu haben.[524] 4

Merke: Für die Auslegung einer Gesetzesvorschrift soll der „Wille des Gesetzes" (= „objektivierter Wille des Gesetzgebers") maßgeblich sein.[525]

[522] S. neben **§§ 133, 157 BGB** hierzu etwa Beaucamp/Beaucamp Methoden Rn. 228 ff.; Muthorst Grundlagen § 7 Rn. 26 ff.; Rüthers/Fischer/Birk Rechtstheorie Rn. 714 ff.; Schmidt JuS 2003, 551 (553). Zu Verwaltungsakten (Begriff → § 5 Rn. 55). BVerwG NVwZ 2012, 1413 mwN. S. zudem auch Lundmark/Herrmann NJW 2020, 28 ff.

[523] Vgl. Metz JA 2018, 47 mwN. → § 8 Rn. 13 ff.

[524] Vgl. BVerfGE 11, 126 (129 f.) = NJW 1960, 1563; Horn Einführung Rn. 176 f.; Mann Jur. Arbeitstechnik Rn. 228 f.; Möllers Methodenlehre § 4 Rn. 9. Zum Ganzen auch Schwacke Methodik S. 85 ff.; Wank Auslegung S. 30 ff.; Wienbracke Methodenlehre Rn. 120 ff.

[525] BVerfGE 1, 299 (312) = NJW 1952, 737 (Ls.); BVerfGE 11, 126 (129 ff.) = NJW 1960, 1563; BVerfG NJW 2013, 1058 Rn. 66; BGH NJW 2018, 232 (233); 1986, 748 (749); BAG NZA 2016, 1327 Rn. 28. Hierzu und zum Ganzen (insbesondere zu Streitfragen, subjektiver Theorie und vermittelnden Standpunkten) Muthorst JA 2013, 721 (724) und Würdinger JuS 2016, 1 ff. jeweils mwN.

5 Kein Raum für die Auslegung ist aber dort, wo der Gesetzgeber die Bedeutung eines Rechtsbegriffs bereits durch eine **Legaldefinition** klar umrissen, diesen also bereits abschließend bestimmt hat – eine Legaldefinition legt die Bedeutung des Begriffs jedenfalls für ein bestimmtes Regelwerk verbindlich fest, sodass eigenständige Bestimmungsversuche durch den Rechtsanwender grundsätzlich überflüssig und im Zweifel unzulässig sein sollen.[526] Indes sind bei weitem nicht alle Legaldefinitionen eindeutig und bedürfen daher dann womöglich ihrerseits der Auslegung.[527]

6 Bewusst hat der Gesetzgeber zur Gewährleistung einer lebensnahen **Einzelfalldynamik** vielerorts gerade im Einklang mit der Verfassung auf Legaldefinitionen verzichtet.[528] Enthält eine Rechtsvorschrift **unbestimmte Rechtsbegriffe** (oder auch mehrdeutige Rechtsbegriffe), ergibt sich also die Notwendigkeit, im Wege der Auslegung der Vorschrift den Umfang und Inhalt der im Vorschriftengefüge verwendeten Rechtsbegriffe zu klären, den Bedeutungsspielraum des Begriffs also auszuleuchten und zu fixieren.[529]

Beispiele für unbestimmte Rechtsbegriffe:

- Nach § 35 Abs. 1 GewO kann die Ausübung eines Gewerbes von der zuständigen Behörde unter bestimmten Voraussetzungen wegen *„Unzuverlässigkeit"* in Bezug auf das jeweilige Gewerbe untersagt werden. Das Gesetz schweigt aber zum Begriff der Unzuverlässigkeit (keine Legaldefinition), sodass die Behörde, welche die Gewerbeausübung untersagen will, den Begriff der „Unzuverlässigkeit" zunächst auslegen muss.
- „Geringfügig" iSd § 12a Abs. 1 S. 3 StAG[530]
- § 211 Abs. 2 StGB: Mörder ist, wer „aus niedrigen Beweggründen" einen Menschen tötet.
- § 44 Abs. 2 Nr. 6 VwVfG: (...) ist ein Verwaltungsakt nichtig, der „gegen die guten Sitten" verstößt.

7 Die Entwicklung gänzlich eigener Definitionen (mit Hilfe der Auslegungskriterien) ist aber nicht zwingend, wenn sich in Anlehnung an eine bestimmte **Autorität** (zB Gericht oder wissenschaftliche Autorität) bereits eine **anerkannte Definition** durchgesetzt hat.[531] Insoweit bietet die Verwendung dieser Definition das höchste in dieser Situation zu erlangende Maß an Rechtssicherheit. So sollte zB bei der im vorherigen Beispiel genannten „Unzuverlässigkeit" auf die von der Rechtsprechung entwickelte anerkannte Definition zurückgegriffen werden.[532]

[526] Vgl. Barczak JuS 2020, 905 (907); Kohler-Gehrig Einführung S. 57; Möllers Arbeitstechnik § 3 Rn. 14; Mann Jur. Arbeitstechnik Rn. 228. S. auch BVerfGE 78, 350 (357). Zu Legaldefinitionen und Beispielen → § 5 Rn. 55 ff.

[527] Vgl. Möllers Methodenlehre § 4 Rn. 50.

[528] S. etwa BVerfG NJW 2010, 754 (755); Wienbracke Methodenlehre Rn. 121 f. mwN.

[529] Kohler-Gehrig Einführung S. 56; Möllers Methodenlehre § 7 Rn. 5 ff. (auch zu Generalklauseln).

[530] Eine lesenswerte Auslegung anhand der klassischen Methoden bietet BVerwG NVwZ 2012, 1250 ff.

[531] Vgl. Möllers Arbeitstechnik § 3 Rn. 14; Wienbracke Methodenlehre Rn. 135 mwN.

[532] Etwa BVerwG BeckRS 1982, 31268686 („Unzuverlässig ist ein Gewerbetreibender, der nach dem Gesamteindruck seines Verhaltens nicht die Gewähr dafür bietet, dass er sein Gewerbe künftig ordnungsgemäß betreibt."). → § 16 Rn. 9. Zur Fallbearbeitung → § 12 Rn. 21 f.

Nach Art. 20 Abs. 3 GG sind die vollziehende Gewalt und die Rechtsprechung an Gesetz und Recht gebunden (→ § 2 Rn. 6). Vor diesem Hintergrund hat die Rechtsanwendung zur Rechtsfindung in einem **geordneten, abgestimmten und anerkannten Verfahren** zu verlaufen und sich an der Gesamtrechtsordnung zu orientieren;[533] für ein „Rechtsgefühl" oder ein „aus der Hüfte schießen" bleibt in der Rechtsanwendung keinerlei Raum.[534] 8

Auslegung dient damit der **Legitimation** eines anhand von Argumenten rechtswissenschaftlich-objektiv entwickelten juristischen Ergebnisses (soweit die Argumentation bzw. Begründung rechtsstaatlichen Ansprüchen genügt) und stiftet ein gewisses Maß an Rechtssicherheit.[535] 9

Merke: Die Auslegung ist letztlich aber eine (rechts-)wissenschaftliche Arbeitsmethode, ihr Ergebnis soll und kann nur eine nachvollziehbar (juristisch) **vertretbare Lösung** sein, wie auch das BVerfG ausführt:

„Die Auslegung (...) hat den Charakter eines Diskurses, in dem auch bei methodisch einwandfreier Arbeit nicht absolut richtige, unter Fachkundigen nicht bezweifelbare Aussagen dargeboten werden, sondern Gründe geltend gemacht, andere Gründe dagegengestellt werden und schließlich die besseren Gründe den Ausschlag geben sollen. In dieser wissenschaftlichen Arbeitsweise ist es angelegt, dass der Autor bereit ist, seine Auffassungen auch im Bereich des mit guten Gründen Vertretbaren in Frage zu stellen und seine Rechtsansicht gegebenenfalls zu ändern."[536]

B. Der klassische Auslegungskanon

Der „Viererkanon der Gesetzesauslegung" prägt nicht nur die rechtswissenschaftliche Lehre und das Schrifttum, sondern auch die Rechtsprechung.[537] Als **anerkannte klassische „Methoden" der Auslegung** können bezeichnet werden, die 10

- grammatische Auslegung,
- systematische Auslegung,
- historische Auslegung und
- teleologische Auslegung.[538]

533 Vgl. auch Herresthal/Weiß Fälle Methodenlehre Rn. 31 ff. („Objektivierung der Rechtsgewinnung").

534 S. Kohler-Gehrig Einführung S. 57; Mann Jur. Arbeitstechnik Rn. 228.

535 Vgl. Mann Jur. Arbeitstechnik Rn. 228; Möllers Methodenlehre § 1 Rn. 8, 33 ff.; Muthorst Grundlagen § 7 Rn. 44 ff. S. auch Herresthal/Weiß Fälle Methodenlehre Rn. 30 ff. Die Auslegungskriterien ermöglichen zudem gerade die eigenstände Bildung von Argumenten, vgl. Forck JuS 2020, 931 (mit Beispielen).

536 BVerfG NJW 1990, 2457 (2458). S. auch Mann Jur. Arbeitstechnik Rn. 246; Möllers Methodenlehre § 1 Rn. 74 mwN.

537 Vgl. etwa BVerfGE 1, 299 (312) = NJW 1952, 737 (Ls.); BVerfGE 35, 263 (279) = NJW 1973, 1491; BVerfGE 93, 37 (81) = NVwZ 1996, 574; BVerfG NJW 2013, 1058 (1062); BVerwG NVwZ 2012, 1250 ff.; BGH NStZ 2000, 474 ff.; EuGH NJW 2013, 29 (36). Der klassische Auslegungskanon geht zurück auf Friedrich Carl von Savigny (1779–1861), vgl. statt vieler nur Rüthers/Fischer/Birk Rechtstheorie Rn. 698 ff. und Krüper Grundlagen/Sauer § 10 Rn. 17. S. aber auch Puppe Jur. Denken S. 121 ff.

538 Nicht nur die im Schrifttum verwendete **Terminologie** für den Auslegungskanon ist abweichend vgl. hierzu Muthorst Grundlagen § 7 Rn. 7 f.; Wank Auslegung S. 41. S. auch Herresthal/Weiß Fälle Methodenlehre Rn. 133 ff.

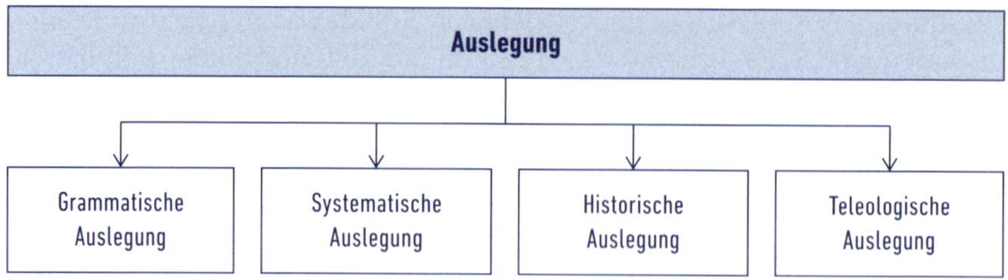

Abb. 25 Klassischer Auslegungskanon

!

Verhältnis und Nutzung der Auslegungskriterien

Bereits vom Ansatz her sind die einzelnen Auslegungskriterien (Wortlaut bzw. Wortsinn, Systematik, Historie, Sinn und Zweck) sachlich miteinander verzahnt.[539] Sie können (und sollen) durchaus **argumentativ ineinandergreifen**; sie existieren nebeneinander und miteinander, dh sie ergänzen sich gegenseitig.[540] Es sollten daher stets alle Kriterien – die nicht zwingend alle ergiebig sein müssen – auf einen konkreten Mehrwert untersucht werden, um starke Argumente zu entwickeln.[541]

Zur Erlangung einer argumentativen Ordnung und erhöhten Transparenz des Interpretationsvorgangs, bietet sich bei diesem Vorgehen folgende **Prüfungsreihenfolge** an: Zweckmäßigerweise sollte der Wortlaut bzw. Wortsinn der Ausgangspunkt der Auslegung sein, da hierdurch der maßgebliche Bereich möglicher Bedeutungen umrissen werden kann.[542] Anschließend können **systematische** und **historische** Aspekte betrachtet werden, um sodann einen besonders intensiven Blick auf den **Sinn und Zweck** der Vorschrift zu werfen.[543]

Zu beachten ist zudem, dass die Auslegungskriterien im Einzelfall durchaus zu **unterschiedlichen Ergebnissen** gelangen können.[544] Der Rechtsanwender hat dann im Wege der hinreichend argumentativ gestützten Wertung (im Sinne einer sorgfältigen Abwägung) zu entscheiden, welches der verschiedenen Ergebnisse das schwergewichtigste und zielführendste ist und ein **Gesamtauslegungsergebnis** zu formulieren.[545]

I. Grammatische Auslegung

11 Die (sprachlich-)grammatische Auslegung (auch „Wortlautauslegung") versucht den **Wortsinn** bzw. Bedeutungsinhalt einer Rechtsvorschrift aus ihrer sprach-

[539] Muthorst Grundlagen § 7 Rn. 8 mwN.

[540] BVerfG NJW 2013, 1058 (1062); BGH NJW 2018, 232 (233). S. aber im Kontext eines „eindeutigen" Wortlauts BVerfGE 78, 350 (357) = NJW 1989, 285.

[541] S. auch Wank Auslegung S. 75; Weimar DÖV 2009, 932 (933 f.).

[542] BVerfG NJW 2013, 1058 (1062); BGH NJW 1953, 72 („**Alle Auslegung fängt beim Worte an**"); NJW 1967, 343 (346). Zum Ganzen auch Herresthal/Weiß Fälle Methodenlehre Rn. 167.

[543] Vgl. BVerwG NVwZ 2012, 1250 (1251); Mann Jur. Arbeitstechnik Rn. 245; Puppe Jur. Denken S. 166 f.

[544] S. auch Wank Auslegung S. 75 („Zwischenergebnisse").

[545] Vgl. auch Horn Einführung Rn. 177; Mann Jur. Arbeitstechnik Rn. 246 auch zur Frage der **Rangordnung**. Gegen eine unbedingte Vorrangwirkung einer der Auslegungsmethoden BVerfG NJW 2013, 1058 (1062). Vgl. aber → § 9 Rn. 34 ff.

lichen Fassung (unter Berücksichtigung des Satzbaus) zu ermitteln.[546] Ihr Ansatzpunkt ist also hauptsächlich das sprachliche Verständnis.

Sie nimmt insbesondere 12

- den allgemeinen Sprachgebrauch und
- den juristischen Sprachgebrauch

in den Blick.

Um eine Wortbedeutung anhand des **allgemeinen Sprachgebrauchs** zu erforschen, kann im Zweifel ein seriöses Wörterbuch helfen.[547] Daneben darf man sich auch der Bedeutungsansätze anderer Wissenschaften, Berufs- oder Fachsprachen bedienen (so zB im Umwelt- und Technik- oder Medizinrecht).[548] 13

Das allgemeine (Alltags-)Sprachverständnis muss aber nicht zwingend mit dem **juristischen Sprachgebrauch** – der zB in der Gesetzessprache zum Ausdruck kommt – übereinstimmen.[549] 14

> **Beispiel:** Der alltagssprachliche „Auto*verleiher*" ist im juristischen Sprachgebrauch ein Auto*vermieter* iSd § 535 BGB, da für die Überlassung des Kraftfahrzeugs eine Miete (Entgelt) zu bezahlen ist, die Leihe iSd § 598 BGB jedoch einen unentgeltlichen Gebrauch der Sache verlangt.

Soweit mit Rechtsvorschriften gearbeitet wird, hat bei der Entfaltung der Wortbedeutung der **juristische Sprachgebrauch Vorrang**.[550] Das Recht spricht seine eigene Sprache. Dies meint, dass sich der Gesetzgeber der juristischen Fachsprache gerade bedient, um Begriffen schärfere Konturen zu geben, als es die Umgangs- und Alltagssprache zu leisten im Stande ist. 15

Der mögliche **Wortsinn** ist zugleich auch die äußerste **Grenze der Interpretation** (dh der Rahmen des Auslegungsvorgangs insgesamt), wobei sich diese „Wortlaut- bzw. Wortsinngrenze" unglücklicherweise nicht immer begrifflich exakt 16

546 BVerfGE 35, 263 (270) – NJW 1973, 1491; Bitter/Rauhut JuS 2009, 289 (292 ff.); Horn Einführung Rn. 178; Kock/Stüwe ÖffR/Kock Rn. 49 ff.; Kohler-Gehrig Einführung S. 58; Mann Jur. Arbeitstechnik Rn. 231; Metz JA 2018, 47 (48); Muthorst Grundlagen § 7 Rn. 9; Schönke/Schröder/Hecker StGB § 1 Rn. 37; Wienbracke Methodenlehre Rn. 141.

547 S. etwa OLG Oldenburg BeckRS 2020, 37387 unter Rückgriff auf „www.duden.de" hinsichtlich der Begriffe „nötig" und „Minimum"; BVerfG NJW 2002, 3314 (3315) zum Begriff „Spesen" oder BGH NJW 1967, 343 (346) zum Begriff „Verlagssystem" und „Verleger". Vgl. auch BAG NZA 2009, 946. **Wikipedia** nutzt BFH DStRE 2010, 222 (223) zum Stichwort: „Ingenieur". S. insoweit zB auch OLG Hamm NJW 2020, 351 (zur Frage der „Schrittgeschwindigkeit" wird auf „Wikipedia" Stichwort: „Gehen" zurückgegriffen) und FG Hamburg BeckRS 2013, 96507 (zur „Elektrolyse" wird auf elektronik-kompendium.de und wikipedia.de Bezug genommen). → § 16 Rn. 11 ff. S. auch Christensen/Pötters JA 2010, 566 (569); Kudlich/Christensen JR 2011, 146 ff.

548 Beaucamp/Beaucamp Methoden Rn. 166 mwN.

549 Vgl. Mann Jur. Arbeitstechnik Rn. 231 mwN.

550 Kohler-Gehrig Einführung S. 59; Möllers Methodenlehre § 6 Rn. 10; Muthorst Grundlagen § 7 Rn. 11; Wank Auslegung S. 43; Wienbracke Methodenlehre Rn. 146 jeweils mwN.

bestimmen lässt.[551] „Jede Auslegung des Gesetzes findet ihre absolute Schranke dort, wo der klare Wortlaut ihr entgegensteht."[552]

Beispiel: „Zombies" sollen nicht unter den Begriff des „Menschen" iSd § 131 Abs. 1 StGB gefasst werden können.[553]

! **Merke:** Im **Strafrecht** gilt insgesamt ein besonders strenger Auslegungsmaßstab:[554] Wegen des Gesetzlichkeitsprinzips (= Kein Verbrechen, keine Strafe ohne Gesetz[555]) bildet die Wortlautgrenze die rote Linie zwischen zulässiger Auslegung und verbotener Analogie.[556]

Beispiele für die grammatische Auslegung:

- Das BVerwG hatte zu entscheiden, ob man zum gewerbsmäßigen Züchten und Halten von Nerzen zu Zwecken der Pelzerzeugung einer tierschutzrechtlichen Genehmigung bedarf.[557] § 11 Abs. 1 TierSchG sah eine Genehmigungspflicht zwar grundsätzlich vor, jedoch war eine Genehmigung unter anderem bei **„landwirtschaftlichen Nutztieren"** nicht erforderlich („Wer (...) gewerbsmäßig (...) Wirbeltiere, außer landwirtschaftliche Nutztiere und Gehegewild, züchten oder (...) halten will, bedarf der Erlaubnis (...).").
- Es stellte sich mithin die Frage, ob zum Zwecke der Pelzerzeugung gezüchtete Nerze solche „landwirtschaftlichen Nutztiere" sind. Das Gericht führte aus, dass Nerze zwar Nutztiere seien, der Begriff „landwirtschaftlich" in der Gesetzessprache jedoch unterschiedliche Bedeutungsinhalte habe. Der **Wortlaut** als Ausgangspunkt der Auslegung führe noch nicht zu einem eindeutigen Ergebnis: Unter Landwirtschaft im engen, klassischen Sinn verstehe man die Nutzung des Bodens zur Erzeugung pflanzlicher oder tierischer Produkte. Landwirtschaftliche Nutztiere seien danach nur solche, die traditionell in den Landwirtschaftskreislauf eingebunden seien oder als Endprodukt aus ihm erwachsen würden. Im weiten Sinne könne man darunter aber auch Tiere fassen, die unter anderem allgemein zur Erzeugung tierischer Produkte dienten. Je nachdem, ob der Begriff „landwirtschaftlich" in diesem Zusammenhang weit oder eng ausgelegt werde, fielen Pelztiere darunter oder nicht.

[551] BVerfGE 92, 1 (12) = NJW 1995, 1141; BVerfG NJW 2015, 2949 (2954); 2013, 365 (366); 2007, 1667 mwN. S. hierzu Beaucamp/Beaucamp Methoden Rn. 169 ff. (und zum Modell von Begriffshof und Begriffskern) mwN; Metz JA 2018, 47 (48); Möllers Methodenlehre § 4 Rn. 43 ff.; Schönke/Schröder/Hecker StGB § 1 Rn. 37; Wienbracke Methodenlehre Rn. 150. Zur verfassungskonformen Auslegung aber BVerfGE 93, 37 (81) = BeckRS 9998, 170698. S. aber auch KG NJW 1977, 1786 f. und BayVerfGH 1983, 1600 ff.

[552] BVerwG NVwZ 1993, 270 (271).

[553] BVerfG NStZ 1993, 75.

[554] Zur Auslegung von Strafgesetzen vgl. Schönke/Schröder/Hecker StGB § 1 Rn. 36 ff.

[555] Vgl. § 1 StGB (aber auch § 103 Abs. 2 GG). Zum ganzen Roxin/Greco StrafR AT I § 5 Rn. 1 ff.

[556] S. hierzu BVerfG NStZ 1993, 75; Möllers Methodenlehre § 4 Rn. 65 ff.; Rengier StrafR AT § 4 Rn. 31 und § 5 Rn. 5. Zur Analogie → § 10 Rn. 13 ff. S. auch Kudlich/Christensen JR 2011, 146 (151): „Die Wortlautgrenze ist nicht im Gesetz auffindbar, ist keine durch die Norm gegebene Grenze. Und sie steht auch nicht in Wörterbüchern oder Kommentaren. Der Rechtsanwender muss sie selbst ziehen. Oder anders: Das Gericht muss die Säulen, die als Wortlaut seine Entscheidung tragen sollen, erst errichten."

[557] BVerwG NVwZ-RR 2005, 399 ff.

- Der BFH gelangte zu dem Ergebnis, dass ein Heißgetränk und unbelegte Backwaren kein **„Frühstück“** iSv § 2 Abs. 1 S. 2 Nr. 1 SvEV seien: „Das FG hat insoweit zutreffend darauf erkannt, dass ein Heißgetränk mit unbelegten Backwaren kein Frühstück darstellt. Nach der Verkehrsanschauung muss für die Annahme eines (einfachen) Frühstücks jedenfalls ein Aufstrich oder Belag hinzutreten. Dabei ist die Art der Brötchen – entgegen der Auffassung des FA – ohne Bedeutung. (...) Der Senat teilt auch nicht die Auffassung des FA, aufgrund veränderter Essgewohnheiten könne schon ein Kaffee (to go) und ein unterwegs verzehrtes unbelegtes Brötchen als Frühstück angesehen werden. Es handelt sich hierbei vielmehr um einzelne Lebensmittel, die erst durch Kombination mit weiteren Lebensmitteln (zB Butter, Aufschnitt, Käse oder Marmelade) zu einem Frühstück werden“.[558]

II. Systematische Auslegung

Die systematische Auslegung verlangt die Auseinandersetzung mit dem **System**, in dessen Zusammenhang eine Rechtsvorschrift bzw. ein in ihrem Gefüge verwendeter Rechtsbegriff steht. 17

Aus dem Kontext (= Gesamtzusammenhang oder Sinnzusammenhang), in welchen der Auslegungsgegenstand eingebettet ist, versucht sie **Rückschlüsse auf** dessen **Bedeutungsinhalt** zu ziehen.[559] 18

Das **Gesamtsystem**, in dem sich die Rechtsvorschrift (oder der Rechtsbegriff) befindet, besteht aus **unterschiedlichen Schichten**, vergleichbar mit ineinander schachtelbaren Puppen verschiedener Größe in einer großen Puppe („Matrjoschka“). 19

Ganz grob gesagt knüpft die systematische Auslegung an die Stellung der Begriffe 20

- in der Rechtsvorschrift,
- im Regelwerk (zB formelles Gesetz) und
- in der Gesamtrechtsordnung als Gesamtsystem an.[560]

Der Blick sollte ausgehend von dem Auslegungsgegenstand als Kern, vom „kleinen zum großen“ Element des Gesamtsystems wandern. 21

Eine entsprechende systematische Lektüre könnte am **Beispiel** der Struktur des StGB – unter etwaiger Berücksichtigung des **Klammerprinzips** (→ § 2 Rn. 9) – wie folgt verlaufen: 22

§ 244 Abs. 1 Nr. 1 lit. a StGB: „Mit Freiheitsstrafe von sechs Monaten bis zu zehn Jahren wird bestraft, wer 1. einen Diebstahl begeht, bei dem er oder ein anderer Beteiligter a) eine Waffe oder ein anderes gefährliches Werkzeug bei sich führt ...“). 23

558 BFH NJW 2019, 3103 (3104).

559 Vgl. BVerfG NJW 1978, 2499 (2500); 2013, 1058 (1062). Hierzu auch Bleckmann JuS 2002, 942 (944). Zum Ganzen auch Herrsthal/Weiß Fälle Methodenlehre Rn. 144 ff.; Horn Einführung Rn. 180; Mann Jur. Arbeitstechnik Rn. 235.

560 S. auch die Abbildung bei Beaucamp/Beaucamp Methoden Rn. 180 („Bild konzentrischer Kreise, welches die systematische Auslegung um die zu interpretierende Vorschrift legt.“). Soweit der ganze Satz einer Vorschrift in den Blick genommen wird („Nachbar“-Worte), gibt es durchaus **Überschneidungen zur grammatischen Auslegung**.

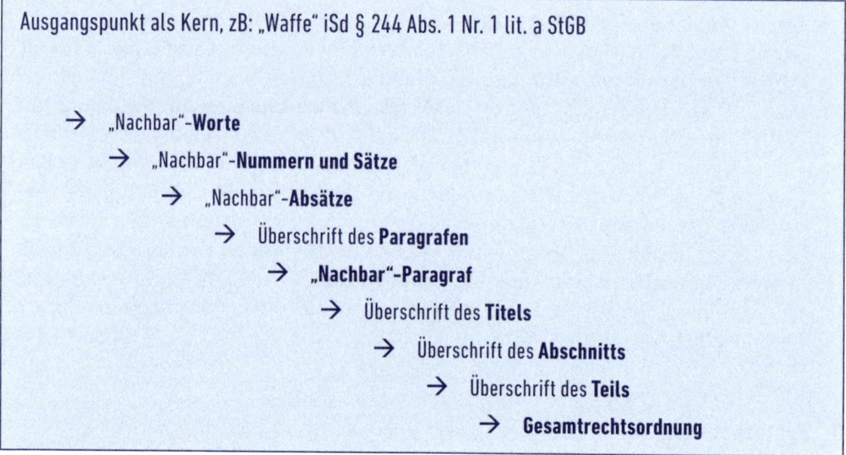

Abb. 26 Systematische Stellung im Gesamtsystem

24 So verrät beispielsweise die Formulierung „anderes" in § 244 Abs. 1 Nr. 1 lit. a StGB zunächst, dass „Waffe" ein Unterfall des Oberbegriffs „gefährliches Werkzeug" ist.[561]

Merke: Vorsicht ist geboten bei der **Überschrift von Paragrafen und Artikeln.** Es ist darauf zu achten, ob es sich um eine **amtliche** Überschrift des Vorschriftengebers – dann darf sie bei der Interpretation argumentativ verwendet werden (zB in SchwarzArbG und StGB) – oder eine zB von einem Verlag oder Herausgeber einer Textsammlung geschaffene Überschrift handelt (dann kein Argumentationswert).[562] Nicht amtliche Überschriften verwenden **eckige Klammern** (zB hat das GG keine amtlichen Artikelüberschriften).

25 Die systematische Auslegung wird im Grunde getragen von dem Gedanken der grundsätzlichen Widerspruchsfreiheit der Rechtsordnung (oder anders formuliert: Bemühung um die Einheitlichkeit der Rechtsordnung = Einheit der Rechtsordnung).[563] Allerdings ist die gesamte Rechtsordnung – also alle geltenden Regelungen in Kleinst- und Großsystemen – sachlich sehr vielseitig, sodass wortidentischen Rechtsbegriffen auch innerhalb eines Regelwerks (trotz der grundsätzlichen Vermutung einheitlicher Verwendung)[564] **unterschiedliche Bedeutungen** zukommen können.[565] Rechtsbegriffe stehen nämlich stets in einer inneren Relation (= Beziehung, Verhältnis, Zusammenhang), die angesichts der Vielschichtigkeit der Rechtsordnung sehr unterschiedlich sein kann. Daher steht dem grundsätzlichen Gebot der Widerspruchsfreiheit die **Relativität der Rechtsbegriffe** gegenüber.

561 BGH NJW 1998, 2915 (2916) zu § 250 StGB.
562 S. auch Mann Jur. Arbeitstechnik Rn. 135.
563 Rüthers/Fischer/Birk Rechtstheorie Rn. 744 ff.; Wank Auslegung S. 47; Zippelius Methodenlehre S. 36.
564 BVerfGE 17, 155 (164) = NJW 1964, 539.
565 S. etwa BVerfG NJW 1992, 1219 f.; BGH NJW 1957, 880; Engisch Einführung S. 116; Kock/Stüwe ÖffR/Kock Rn. 54; Kohler-Gehrig Einführung S. 60 mwN; Wank Auslegung S. 47; Wank Methodenlehre § 8 Rn. 46 ff.; → § 5 Rn. 57.

Beispiele:

- Der Begriff der **„Nachtzeit“** wird vom Gesetzgeber in § 19 Abs. 1 Nr. 4 BJagdG in Anlehnung an Sonnenaufgang und -untergang und in §§ 104 Abs. 3 StPO, 758a Abs. 4 S. 2 ZPO nach exakter Uhrzeit definiert, wobei die in § 2 Abs. 3 ArbZG genannte Uhrzeit wiederum hiervon abweicht.[566]
- **„Sache“** wird in § 90 BGB definiert; spricht § 119 Abs. 2 BGB (im identischen Gesetz) von „Eigenschaften einer *Sache*“, soll dort ein weiteres Verständnis zu Grunde gelegt werden.[567]

Merke: Relativität der Rechtsbegriffe meint, dass ein und derselbe Ausdruck in verschiedenen (und gleichen) Regelwerken eine unterschiedliche Bedeutung haben kann.[568]

Beispiele für die systematische Auslegung:

- § 266a Abs. 2 StGB leitet mit den Worten „*Ebenso* wird bestraft, wer (...)“ ein. Aus der systematischen Stellung des Absatzes 2 innerhalb des § 266a StGB (als dem Absatz 1 nachfolgend) ergibt sich, dass mit dem Wort „ebenso“ nur der in Absatz 1 der Vorschrift genannte Strafrahmen („Freiheitsstrafe bis zu fünf Jahre oder Geldstrafe“) gemeint und in Bezug genommen sein kann.
- § 326 BGB gilt nur für gegenseitige Verträge. Dies folgt zwar weder unmittelbar aus seinem Wortlaut noch aus der amtlichen Überschrift des Paragrafen, ergibt sich aber aus der amtlichen Bezeichnung des zweiten Titels (Titel 2 Gegenseitiger Vertrag – §§ 320–327 BGB), in welchen § 326 BGB eingeordnet ist.
- Bei § 823 Abs. 1 BGB stellt sich die Frage, welche Rechte als „sonstige Rechte“ in Frage kommen. Aus dem systematischen Blick auf die ausdrücklich genannten Rechtsgüter Leben, Körper, Gesundheit usw. (als absolute Rechte, dh sie gewähren eine Rechtsposition gegenüber jedem Dritten, → § 2 Rn. 94) folgt, dass das „sonstige Recht“ den übrigen Rechtsgütern gleichen und eine ebenso starke Rechtsposition gewähren, folglich auch ein absolutes Recht sein muss (etwa Recht an einer Marke). Relative Rechte (zB Forderungen, „Vermögen“) fallen demnach nicht darunter.

III. Historische Auslegung

Die historische Auslegung im weiteren Sinne richtet ihren Blick insbesondere auf 26
die **Entstehungsgeschichte** sowie die **Entwicklungsgeschichte** (seit Entstehung) einer Rechtsvorschrift.[569]

[566] Zur Einheitlichkeit der Rechtsordnung und der Relativität der Rechtsbegriffe im Kontext der „Nachtzeit“ s. Hütwohl NJW 2021, 3298.

[567] S. MüKoBGB/Armbrüster BGB § 119 Rn. 142; Wank Methodenlehre § 8 Rn. 49.

[568] Vgl. Engisch Einführung S. 116, 225; Hütwohl NJW 2021, 3289 (3299 f.); Möllers Methodenlehre § 6 Rn. 17; Wank Auslegung S. 47; Wienbracke Methodenlehre Rn. 164 mwN.

[569] S. zum Ganzen etwa Mann Jur. Arbeitstechnik Rn. 237; Rüthers/Fischer/Birk Rechtstheorie Rn. 778 ff.; Rengier StrafR AT § 5 Rn. 10; Wank Auslegung S. 67 ff. auch mit Hinweis auf die Bedeutung der **Vorgeschichte**; Wienbracke Methodenlehre Rn. 187 ff. und auch zur Paktentheorie Beaucamp/Beaucamp Methoden Rn. 183 ff. Ferner Bitter/Rauhut JuS 2009, 289 (292 ff.).

27 Der aufzudeckende allgemeine geschichtliche Zusammenhang einer Rechtsvorschrift kann sich etwa aus amtlichen **Gesetzesmaterialien**[570] (zB Bundestagsdrucksachen – hier Referenten- und Regierungsentwürfe nebst Begründungen, Bundesratsdrucksachen, Stellungnahmen, Beschlussempfehlungen und Ausschussberichte), Berichten, Protokollen oder historischer Rechtsprechung und Literatur ergeben.

28 Hierbei soll es nach dem BVerfG aber „nicht auf den Willen des Gesetzgebers, sondern auf den objektivierten Willen des Gesetzes ankommen, wie er in diesem zum Ausdruck kommt. (...) Das Gesetz kann eben klüger sein als die Väter des Gesetzes."[571] „Nicht entscheidend ist (...) die subjektive Vorstellung der am Gesetzgebungsverfahren beteiligten Organe oder einzelner ihrer Mitglieder über die Bedeutung der Bestimmung. Der Entstehungsgeschichte einer Vorschrift kommt für deren Auslegung nur insofern Bedeutung zu, als sie die Richtigkeit einer nach den angegebenen Grundsätzen ermittelten Auslegung bestätigt oder Zweifel behebt, die auf dem angegebenen Weg allein nicht ausgeräumt werden können."[572]

! Die Auslegung im Lichte historischer Aspekte ist ein kritisch betrachtetes[573] Kriterium, das in der Regel in einer **Klausursituation** angesichts fehlender Erkenntnisquellen kaum dienlich sein wird.

Beispiel für die historische Auslegung: Das BVerwG entschied im oben geschilderten Fall,[574] dass Nerze zwar Nutztiere, jedoch keine landwirtschaftlichen Nutztiere iSd § 11 Abs. 1 TierSchG seien, sodass das gewerbsmäßige Züchten und Halten dieser Wirbeltiere nach § 11 Abs. 1 TierSchG erlaubnispflichtig sei. Das Gericht stützte seine Entscheidung unter anderem auf Gesetzesmaterialien, derer es sich im Rahmen der historischen Auslegung bediente. Es führte unter Verweis auf die Gesetzesbegründung (BT-Drs. 13/7015, 33) aus, dass es dem eindeutigen Willen des Gesetzgebers widersprechen würde, Tiere zur Pelzgewinnung als „landwirtschaftliche Nutztiere" von der Erlaubnispflicht zu befreien. Bereits der Bundesrat habe im Gesetzgebungsverfahren die Zucht und die Haltung unter anderem exotischer Tiere oder Tiere zur Pelzgewinnung angesichts der hierfür erforderlichen Sachkunde als zwingend erlaubnispflichtig angesehen.

IV. Teleologische Auslegung

29 Die teleologische Auslegung fragt nach dem **Sinn und Zweck** (griechisch telos = Sinn, Zweck, Ziel) einer Rechtsvorschrift (lat. = ratio legis).

30 Aufgabe soll es sein, die der Norm zugrundeliegende **Interessen- bzw. Rechtsgüterbewertung** nachzuvollziehen, wobei der von Vorstellungen des historischen

570 S. BVerfG NJW 2018, 2542 (2548). All diese Materialien sind aber nicht etwa Teil der Rechtsvorschrift, vgl. Puppe Jur. Denken S. 125.

571 BVerfG NJW 1974, 1181 (1182, 1183 f.); BVerfGE 11, 126 (130 f.) = NJW 1960, 1563; OVG Lüneburg NVwZ 1993, 592. S. aber insoweit auch BVerwG NVwZ-RR 2005, 399 (400).

572 BVerfGE 1, 299 (312) = NJW 1952, 737 (Ls.). S. aber Wienbracke Methodenlehre Rn. 188 mwN.

573 Vgl. etwa Kohler-Gehrig Einführung S. 66 mwN.

574 BVerwG NVwZ-RR 2005, 399 ff., → § 9 Rn. 16 (Beispielkasten).

Gesetzgebers losgelöste am Wandel der Zeit orientierte – also gegenwärtige – Gesetzeswille erforscht werden soll.[575] Allerdings darf der Rechtsanwender diesen Auslegungsfreiraum nicht dazu nutzen, eigene Vorstellungen als den Leitgedanken des Gesetzgebers auszugeben.[576]

Eigene (subjektive) Zweckvorstellungen dürfen bei der Frage nach dem Sinn und Zweck einer Rechtsvorschrift **keine Rolle** spielen.

Neuere Gesetze sind – angelehnt an die vorangestellten *Erwägungsgründe* europäischer Richtlinien und Verordnungen – unter Umständen mit einer Vorschrift ausgestattet, die Gesetzeszweck oder -ziele näher bezeichnet **(Zweck- bzw. Zielbestimmung)** und die bei der Auslegung der anderen Vorschriften des entsprechenden Gesetzes herangezogen werden kann.[577] Hier steht also der verfolgte Zweck des Regelwerks als erster Schritt bereits fest und muss nicht durch Auslegung ermittelt werden,[578] nicht aber der Zweck der einzelnen im Regelwerk enthaltenen Vorschriften (als Auslegungsgegenstände), deren Auslegung im nächsten Schritt im Lichte des formulierten Regelwerkszwecks zu erfolgen hat. 31

Beispiele für Zweck- und Zielbestimmungen:

- § 1 Abs. 1 SchwarzArbG: „Zweck des Gesetzes ist die Bekämpfung der Schwarzarbeit und illegalen Beschäftigung."
- § 1 AEntG: „Ziele des Gesetzes sind die Schaffung und Durchsetzung angemessener Mindestarbeitsbedingungen für grenzüberschreitend entsandte und für regelmäßig im Inland beschäftigte Arbeitnehmer und Arbeitnehmerinnen sowie die Gewährleistung fairer und funktionierender Wettbewerbsbedingungen durch die Erstreckung der Rechtsnormen von Branchentarifverträgen. Dadurch sollen zugleich sozialversicherungspflichtige Beschäftigung erhalten und die Ordnungs- und Befriedungsfunktion der Tarifautonomie gewahrt werden."
- § 1 Abs. 1 AufenthG: „Das Gesetz dient der Steuerung und Begrenzung des Zuzugs von Ausländern in die Bundesrepublik Deutschland. Es ermöglicht und gestaltet Zuwanderung unter Berücksichtigung der Aufnahme- und Integrationsfähigkeit sowie der wirtschaftlichen und arbeitsmarktpolitischen Interessen der Bundesrepublik Deutschland. Das Gesetz dient zugleich der Erfüllung der humanitären Verpflichtungen der Bundesrepublik Deutschland. Es regelt hierzu die Einreise, den Aufenthalt, die Erwerbstätigkeit und die Integration von Ausländern. Die Regelungen in anderen Gesetzen bleiben unberührt."

575 Vgl. BVerfG NJW 2013, 1058 (1062); 2009, 1469 (1477) abweichende Meinung Voßkuhle, Osterloh, Di Fabio; BVerfGE 34, 269 (288 f.) = NJW 1973, 1221; Beaucamp/Beaucamp Methoden Rn. 193 ff. mwN; Kühl/Reichold/Ronellenfitsch Rechtswissenschaft § 1 Rn. 79; Metz JA 2018, 47 (51); Schönke/Schröder/Hecker StGB § 1 Rn. 43 mwN („Anhand welcher Elemente diese Gegenwartsaufgabe in einem bestimmten Einzelfall zu ermitteln ist, dürfte sich kaum allgemeingültig sagen lassen.").

576 S. Reimer Methodenlehre Rn. 364; Rüthers/Fischer/Birk Rechtstheorie Rn. 821 („Wer vorgibt objektiv auszulegen, betrügt sich selbst und andere, weil er nicht auslegt, sondern das einlegt, was seinen subjektiven Regelungsvorstellungen entspricht"); Muthorst JA 2013, 721 (725).

577 Mann Jur. Arbeitstechnik Rn. 240. S. zu diesem Normtyp auch Beaucamp/Beaucamp Methoden Rn. 108 ff. mwN.

578 Vgl. Schwacke Methodik S. 100; Wienbracke Methodenlehre Rn. 202.

- § 1 SGB I:
  „(1) Das Recht des Sozialgesetzbuchs soll zur Verwirklichung sozialer Gerechtigkeit und sozialer Sicherheit Sozialleistungen einschließlich sozialer und erzieherischer Hilfen gestalten. Es soll dazu beitragen,
  - ein menschenwürdiges Dasein zu sichern,
  - gleiche Voraussetzungen für die freie Entfaltung der Persönlichkeit, insbesondere auch für junge Menschen zu schaffen,
  - die Familie zu schützen und zu fördern,
  - den Erwerb des Lebensunterhalts durch eine frei gewählte Tätigkeit zu ermöglichen und
  - besondere Belastungen des Lebens, auch durch Hilfe zur Selbsthilfe, abzuwenden oder auszugleichen.

  (2) Das Recht des Sozialgesetzbuchs soll auch dazu beitragen, dass die zur Erfüllung der in Absatz 1 genannten Aufgaben erforderlichen sozialen Dienste und Einrichtungen rechtzeitig und ausreichend zur Verfügung stehen."

32 Bei der methodisch anspruchsvollen teleologischen Interpretation sollte der Rechtsanwender auf der Suche nach dem adäquaten Verständnis der Rechtsvorschrift versuchen, so objektiv wie möglich einen allgemeingültigen Grundgedanken der Rechtsvorschrift zu bestimmen und diese **Regelungskonzeption** im Rahmen des konkreten Falles möglichst zuverlässig zur Geltung zu bringen.[579]

33 Relevant werden können hierbei zB folgende Aspekte:

- Inhalt etwaiger Zweck- und Zielbestimmungen (→ § 9 Rn. 31)
- Erkenntnisse, die aus Wortlaut bzw. Wortsinn, Systematik oder Historie der Vorschrift gewonnen werden konnten;[580]
- Rechtliche Konsequenzen (zB Vereinbarkeit des Auslegungsergebnisses mit geltenden Interessen der Rechtssicherheit, Widerspruchsfreiheit und Praktikabilität einer Rechtsvorschrift);[581]
- Tatsächliche Folgen[582], welche ein bestimmtes Auslegungsergebnis bzw. die Bejahung oder Verneinung eines Merkmals verursachen würde (Betrachtung der zu erwartenden Auswirkungen der Auslegungsvarianten auf die soziale Realität – zB unerwünschtes Ergebnis der Kostentragung unbeteiligter Dritter bei Annahme eines bestimmten Auslegungsergebnisses).

! **Merke:** Bedeutung kann hier auch die zur Argumentation einsetzbare Überlegung gewinnen, dass bei Betrachtung der Folgen der Auslegungsvarianten eine solche auszuschließen ist, die nachweislich zu einem nicht hinnehmbaren (unsinnigen;

579 BVerfGE NJW 2013, 1058 (1062); Metz JA 2018, 47 (51). Muthorst Grundlagen § 7 Rn. 16; Wienbracke Methodenlehre Rn. 132, 199. Zur Frage etwaiger Objektivität Beaucamp/Beaucamp Methoden Rn. 198 mwN.

580 Mann Jur. Arbeitstechnik Rn. 240; Metz JA 2018, 47 (51); Wank Auslegung S. 72 auch zum Sinnzusammenhang zwischen Tatbestand und Rechtsfolge.

581 Vgl. BVerwG NVwZ 2012, 1250 (1252); BGH NJW 2009, 765 (767); 1994, 1344 (1345); Kock/Stüwe ÖffR/Kock Rn. 61. S. auch Mann Jur. Arbeitstechnik Rn. 240; Muthorst Grundlagen § 7 Rn. 23 und → § 5 Rn. 72 ff.

582 Beaucamp/Beaucamp Methoden Rn. 197 mwN; Rüthers/Fischer/Birk Rechtstheorie Rn. 396; Wienbracke Methodenlehre Rn. 205 mwN.

absurden; untragbaren) Ergebnis führen würde (**„Begründung unter Hinweis auf unsinnige Folgen“ oder „Schluss vom absurden Ergebnis“**).[583]

Beispiele für die teleologische Auslegung:

- In dem oben bereits mehrfach in Bezug genommenen „Nerz-Urteil“ des BVerwG (→ § 9 Rn. 16) führte dieses zum Begriff **„landwirtschaftliches Nutztier“** weiter aus: „Der Ausnahmecharakter des in Rede stehenden Tatbestandsmerkmals spricht für eine enge Auslegung. Das wird vom Sinn und Zweck des Gesetzes gestützt. Die Erlaubnispflicht soll aus tierschutzrechtlichen Gründen sicherstellen, dass bei der Zucht oder Haltung von Wirbeltieren die erforderliche Sachkunde, Zuverlässigkeit und haltungsangemessene Räumlichkeiten gegeben sind (vgl. § 11 Abs. 2 TierSchG [aF]). Dem dient die Trennung zwischen landwirtschaftlichen und anderen Nutztieren. Zwischen den einzelnen Gruppen bestehen nämlich unterschiedliche Erfahrungswerte, wie unterschiedliche Grade der Anpassung und Domestikation, die sich auf den Umgang mit den Tieren auswirken. Auf diese Weise soll ein Mindeststandard für die artgerechte Haltung neuer Kulturen, über die in Deutschland noch keine oder wenige Erfahrungswerte bestehen, aber auch die Aufsicht und die Überwachung garantiert werden. Im Übrigen ist Sinn und Zweck der zugrunde liegenden Gesetzesänderung, die Anforderungen an das Halten und Züchten von Tieren zu verschärfen. Dieser Tendenz würde es zuwider laufen, die Anforderungen bezüglich der Haltung von Pelztieren, die vor der Gesetzesänderung nicht als landwirtschaftliche Nutztiere angesehen wurden, zu mindern.“
- § 766 S. 1 BGB fordert für die Gültigkeit eines **Bürgschaft**svertrages eine schriftliche Erteilung der Bürgschaftserklärung. In Frage steht, ob eine eigenhändig unterschriebene Blankobürgschaft, in die ein anderer aufgrund mündlicher Ermächtigung eine Summe einsetzt, diesem Erfordernis genügen kann. Da der Sinn des § 766 S. 1 BGB gerade darin besteht, dem Bürgen das übernommene Risiko genau vor Augen zu führen, wurde die Blankobürgschaft, die keinen Betrag ausweist, von der Rechtsprechung als nicht formgerecht (und damit nach § 125 BGB nichtig) bewertet.[584]
- § 20a BORA (Berufsordnung der Rechtsanwälte): „Der Rechtsanwalt trägt vor Gericht als Berufstracht die Robe, soweit das üblich ist. Eine Berufspflicht zum Erscheinen in Robe besteht beim Amtsgericht in Zivilsachen nicht.“ Zur Beantwortung der Frage, ob von einem Rechtsanwalt als **Berufstracht** im Gerichtssaal zu tragende **Anwaltsrobe** einen Werbeaufdruck haben darf, setzte sich der BGH mit dem Leitgedanken der Vorschrift und damit dem Zweck des Tragens einer Anwaltsrobe auseinander:[585] „Es besteht ein erhebliches Interesse der Allgemeinheit daran, dass Gerichtsverhandlungen in guter Ordnung und angemessener Form durchgeführt werden können. Diesem Zweck dient es, wenn auch die an der Verhandlung beteiligten Rechtsanwälte eine Amtstracht tragen (...) Sie werden dadurch aus dem Kreis der übrigen Teilnehmer an der Verhandlung herausgehoben; ihre Stellung als unabhängiges Organ der Rechtspflege (§ 1 BRAO) (...). Darin liegt auch ein zumindest mittelbarer Nutzen für die Rechts- und Wahrheitsfindung im Prozess; denn die Übersicht-

583 S. etwa BVerfGE 1, 415 (417) = NJW 1952, 1210 (Ls.); Puppe Jur. Denken S. 218 f.; Schmidt JuS 2003, 649 (652); Wienbracke Methodenlehre Rn. 208 mwN sowie Beaucamp/Beaucamp Methoden Rn. 348 mit Beispielen.

584 Vgl. BGH NJW 1996, 1467 ff. Beispiel nach Beaucamp/Beaucamp Methoden Rn. 199.

585 BGH NJW 2007, 404 (408 f.).

> lichkeit der Situation im Verhandlungsraum wird gefördert und zugleich ein Beitrag zur Schaffung der Atmosphäre der Ausgeglichenheit und Objektivität geleistet in der allein Rechtsprechung sich in angemessener Form darstellen kann (...) Durch das Anlegen der Robe tritt der Rechtsanwalt mithin als Person hinter seiner Funktion als Prozessbeteiligter zurück. Dieser Zweck der vor Gericht getragenen Anwaltsrobe steht jeglichem Werbeaufdruck auf der Robe entgegen. (...)."

C. Berücksichtigung des höherrangigen Rechts

I. Verfassungskonforme Auslegung

34 Mit der verfassungskonformen Auslegung sollen Rechtsnormen, deren Übereinstimmung mit der Verfassung zweifelhaft ist, **so ausgelegt** werden, dass sie **mit der Verfassung vereinbar** sind.[586]

35 Nach der Rechtsprechung des BVerfG ist „eine gesetzliche Regelung nur dann verfassungswidrig, wenn keine nach anerkannten Auslegungsgrundsätzen zulässige und mit der Verfassung zu vereinbarende Auslegung möglich ist. Lassen der Wortlaut, die Entstehungsgeschichte, der Gesamtzusammenhang der einschlägigen Vorschriften und deren Sinn und Zweck mehrere Deutungen zu, von denen jedenfalls eine zu einem verfassungsgemäßen Ergebnis führt, so ist eine Auslegung geboten, die mit dem Grundgesetz in Einklang steht."[587]

36 Die verfassungskonforme Auslegung soll also etwa dann **Konflikte vermeiden**, wenn ein solcher eines formellen Gesetzes mit der in der Normenhierarchie im Rang höheren Verfassung in Rede steht: Hier ist zunächst zu versuchen, durch verfassungskonforme Auslegung eine Gültigkeit des formellen Gesetzes zu gewährleisten – erst wenn dies nicht gelingt, kann im Anschluss eine Nichtigkeit der rangniederen Vorschrift angenommen werden.[588]

II. Unionsrechtskonforme Auslegung des innerstaatlichen Rechts

37 Die unionsrechtskonforme Auslegung soll die Vereinbarkeit des (nach den anerkannten „Methoden" auszulegenden) innerstaatlichen Rechts mit dem höherrangigen Unionsrecht und hierbei die volle Wirksamkeit des Unionsrechts sicherstellen.[589] Es sollen etwa so schon im Vorfeld eines Anwendungsvorrangs

[586] BVerwG NVwZ 2014, 1671 (1672) („Das Gebot verfassungskonformer Gesetzesauslegung verlangt, von mehreren möglichen Normdeutungen, die teils zu einem verfassungswidrigen, teils zu einem verfassungsmäßigen Ergebnis führen, diejenige vorzuziehen, die mit dem Grundgesetz in Einklang steht"); Mann Jur. Arbeitstechnik Rn. 236 und 289 ff. und Wienbracke Methodenlehre Rn. 166 mit dem Hinweis, dass die verfassungskonforme Auslegung ein Unterfall der systematischen Interpretation sei, da ein Argument aus der Stellung einer Vorschrift in der Normenhierarchie entwickelt werde. S. auch BVerfG NJW 2019, 827 (833). Ferner Jauernig/Mansel, Bürgerliches Gesetzbuch, 18. Aufl. 2021, BGB § 242 Rn. 3 mwN und Manssen StaatsR II Rn. 72 ff. zur verfassungskonformen Auslegung als Ausdruck der objektiven Bedeutung der Grundrechte.

[587] BVerfGE 93, 37 (81) = BeckRS 9998, 170698. S. auch BVerfGE 40, 88 (94) = NJW 1975, 1355 und BVerfG NVwZ 2015, 510 (515) auch zu Grenzen verfassungskonformer Auslegung.

[588] Vgl. Beaucamp/Beaucamp Methoden Rn. 451 mwN. S. aber → § 2 Rn. 68.

[589] BVerfG NVwZ-RR 2018, 169 (171 f.); VGH Mannheim BeckRS 2018, 5147; EuGH NVwZ 2016, 1465 (1467). S. auch Hecker EurStrafR § 10 Rn. 1 und Herresthal/Weiß Fälle Methodenlehre Rn. 216 ff.

(des Unionsrechts gegenüber dem innerstaatlichen Recht) liegende Konflikte zwischen den Rechtskreisen durch Auslegung vermieden werden können.[590]

Als Unterfall der unionsrechtskonformen Auslegung besonders hervorzuheben ist insbesondere die Pflicht, nationales Recht im Lichte europäischer Richtlinien auszulegen (**richtlinienkonforme Auslegung**).[591] 38

Merke: Für die **Auslegung des Unionsrechts** selbst bestehen einige Besonderheiten und Regeln.[592] !

§ 10 Subsumieren und Argumentieren

A. Die Subsumtion

Die Subsumtion (vom lat. sub „unter" und sumere „nehmen" im Sinne von unterstellen, unterziehen) ist der **Kernschritt** juristischer Arbeit. Mit ihr wird die Erkenntnis vorbereitet, ob der konkrete Lebenssachverhalt unter eine bestimmte Rechtsvorschrift fällt. Mit anderen Worten findet man über die Subsumtion heraus, ob der konkrete (Einzel-)Fall (also der Lebenssachverhalt) zur Rechtsvorschrift passt, sich also in ihr verwirklicht. 1

Hinweis: Häufig wird ungeachtet der Bedeutung des Wortes Subsumtion davon gesprochen, dass „der Sachverhalt unter den Tatbestand subsumiert" werde.[593] !

Die Subsumtion ist der (argumentative) **Abgleich** zwischen den abstrakten **Voraussetzungen** der Rechtsvorschrift und der **Wirklichkeit**.[594] Sie ist damit das Bindeglied zwischen der abstrakt-generell formulierten Rechtsvorschrift und dem konkret-individuellen Lebenssachverhalt. 2

Beispiel: Bei einer vollständigen Rechtsvorschrift (= setzt sich aus Tatbestand und Rechtsfolge zusammen) werden die identifizierten Tatbestandsvoraussetzungen der Rechtsvorschrift mit dem Lebenssachverhalt verglichen, um eine Entscheidung darüber treffen zu können, ob die Rechtsfolge im konkreten Fall eintritt oder nicht: Um also etwa in erster Stufe der Strafbarkeitsprüfung herauszufinden, ob jemand wegen einer Körperverletzung nach § 223 Abs. 1 StGB (mit

[590] Stelkens/Bonk/Sachs/Stelkens VwVfG Europäisches Verwaltungsrecht Rn. 53c. S. zur unionsrechtskonformen Auslegung des § 235 Abs. 2 Nr. 2 StGB in Form einer Tatbestandsreduktion, um eine Kollision mit Art. 21 I AEUV zu vermeiden Hecker JuS 2021, 467 (469). Zum Anwendungsvorrang → § 2 Rn. 69.

[591] Vgl. BVerfG NVwZ-RR 2018, 169 (172); Möllers Arbeitstechnik § 3 Rn. 14. Ausführlich zur richtlinienkonformen Auslegung im Strafrecht Hecker JuS 2014, 385 ff., zu einer solchen im Privatrecht Herresthal JuS 2014, 289 ff. und mit entsprechenden Ausführungen zum Öffentlichen Recht Kühling JuS 2014, 481 ff. Zu europäischen Richtlinien → § 2 Rn. 27.

[592] Hierzu EuGH EuZW 2018, 742 ff.; Herdegen EuropaR § 8 Rn. 92 ff.; Kock/Stüwe ÖffR/Kock Rn. 66, 70 ff.; Kühl/Reichold/Ronellenfitsch Rechtswissenschaft § 17 Rn. 6.

[593] BGH NJW 2010, 2894 (2896); → § 12 Rn. 23.

[594] S. Herresthal/Weiß Fälle Methodenlehre Rn. 99, Muthorst Grundlagen § 6 Rn. 1 ff., 11 mwN; Wienbracke Methodenlehre Rn. 77. Vgl. zur Subsumtion auch Bäcker JuS 2019, 321 (324 ff.).

Freiheitsstrafe bis zu fünf Jahren oder mit Geldstrafe) bestraft werden kann, muss das, was in der Lebenswirklichkeit vorgefallen ist (zB A ohrfeigt B), unter anderem die Tatbestandsmerkmale „eine andere Person körperlich misshandelt oder an der Gesundheit schädigt" erfüllen.

Also lautet die Frage, die letztlich durch Subsumtion zu beantworten ist: „Passt der konkrete Fall zum Gesetz?", wobei das Gesetz im Wege der Interpretation zur Beantwortung dieser Frage zuvor aber konkretisiert (definiert) werden muss. Konkreter ausgedrückt zB: „Ist die Ohrfeige eine körperliche Misshandlung iSd § 223 Abs. 1 StGB?" Zur Beantwortung dieser Frage müsste man zunächst wissen, was eine körperliche Misshandlung ist (Definition!?), erst dann können diese gesetzliche Voraussetzung und der konkrete Fall (unter Sammlung von Argumenten) verglichen werden (Subsumtion).

Lebenssachverhalt (= Wirklichkeit)

Voraussetzungen der Rechtsvorschrift

Abb. 27 Subsumtion als Abgleich von Rechtsvorschrift und Wirklichkeit

3 Der Lebenssachverhalt muss bei vollständigen Rechtsvorschriften **alle Tatbestandsmerkmale** der zu prüfenden Rechtsvorschrift erfüllen. Fehlt auch nur ein Element des Tatbestandes, kann die dort formulierte Rechtsfolge nicht eintreten und mithin die jeweilige Rechtsvorschrift (etwa Anspruchs- oder Ermächtigungsgrundlage) nicht herangezogen werden.

4 Daraus folgt, dass insoweit jedes einzelne Tatbestandsmerkmal **Schritt für Schritt** mit dem Lebenssachverhalt abzugleichen ist. Aus diesem Grund ist der Subsumtionsvorgang häufig **mehraktig**, bevor man zur Ergebnisfindung gelangt.[595]

5 Die Subsumtion führt also hin zu einer **logischen Schlussfolgerung bzw. Verknüpfung**, die dann geleistet werden kann und muss, wenn man die konkreten Falltatsachen zu den abstrakten (gesetzlichen) Vorgaben in Bezug gesetzt hat.[596]

6 Damit ist sie nicht nur ein nicht wegzudenkendes Fundament der täglichen Rechtsanwendung und hat herausragende praktische Relevanz, sondern auch (aber eben nicht nur[597]) ein – ebenso zentraler – Prüfungsschritt im Rahmen juristischer Arbeit mit Hilfe des **Gutachtenstils**, der einem Rechtsanwender insbesondere in einer Klausur- bzw. Prüfungssituation begegnet.[598]

595 Vgl. auch Bringewat Methodik Rn. 147.

596 S. auch Herresthal/Weiß Fälle Methodenlehre Rn. 105 ff.; Kock/Stüwe ÖffR/Kock Rn. 99; Mann Jur. Arbeitstechnik Rn. 208, 248; Muthorst Grundlagen § 6 Rn. 11 und 19 f. auch zu unterschiedlichen Verständnissen des Begriffs „Subsumtion"; Möllers Arbeitstechnik § 2 Rn. 28. Zum **juristischen Syllogismus** Früh JuS 2021, 905 (906 f.); Lagodny/Mansdörfer/Putzke ZJS 2014, 157 ff.; Möllers Methodenlehre § 4 Rn. 2 ff.; Rüthers/Fischer/Birk Rechtstheorie Rn. 677 ff.; Schmidt JuS 2003, 649.

597 S. auch Beyerbach JA 2014, 813 (815) („Subsumtion ist keine exklusive Technik des Gutachtens").

598 Weshalb die Gutachtentechnik nachfolgend noch näher in den Blick genommen wird: → § 12 Rn. 1 ff.

B. Ausgewählte juristische Argumentationsfiguren

Rechtsanwendung auf dem Weg zur Rechtsfindung verlangt stets Argumentation.[599] Insoweit können auf dem Weg zur Rechtsfindung verschiedene (häufig wiederkehrende) rechtliche Argumentationsfiguren relevant werden, die in vielen rechtlichen Begründungslagen Verwendung finden und **situationsabhängig** eingesetzt werden können (= natürlich eignen sich nicht immer alle Argumentationsfiguren).[600] 7

Hinweis: Auch unter Zuhilfenahme der korrekt eingesetzten **Auslegungskriterien** lassen sich starke Argumente entwickeln. !

I. Rechtsfortbildung

1. Allgemeines

Hinweis: Von **Rechtsfortbildung** soll insbesondere gesprochen werden, wenn Gerichte bei der Anwendung des Rechts auf einen Sachverhalt lückenhafte Rechtsvorschriften ergänzen – ihr Ziel soll in erster Linie also die **Lückenfüllung** sein.[601] Aus diesem Grund wird die Rechtsfortbildung auch als (produktives) Instrument verstanden, mit dem der Rechtsfortbildende in gewissen Grenzen als **„Ersatzgesetzgeber“** zum Gesetz neue Regelungen hinzufügen könne.[602] !

Die **Rechtsprechung** soll in bestimmten Grenzen die Aufgabe und Befugnis zur Rechtsfortbildung besitzen:[603] 8

„Angesichts des beschleunigten Wandels der gesellschaftlichen Verhältnisse und der begrenzten Reaktionsmöglichkeiten des Gesetzgebers sowie der offenen Formulierung zahlreicher Normen gehört die Anpassung des geltenden Rechts an veränderte Verhältnisse zu den Aufgaben der Dritten Gewalt.“[604] Der **Grundsatz der Gewaltenteilung** „schließt es (…) aus, dass die Gerichte Befugnisse beanspruchen, die von der Verfassung dem Gesetzgeber übertragen worden sind, indem sie sich aus der Rolle des Normanwenders in die einer normsetzenden Instanz begeben und damit der Bindung an Recht und Gesetz entziehen. Richterliche Rechtsfortbildung darf nicht dazu führen, dass der Richter seine eigene materielle Gerechtigkeitsvorstellung an die Stelle derjenigen des Gesetzgebers setzt.“[605]

599 S. Gast Rhetorik Rn. 31, 255 ff., 848 ff. zu Einzelheiten sowie Pilniok JuS 2009, 394 ff. Vgl. auch Kudlich/Christensen JuS 2002, 144 und Meier/Jocham JuS 2015, 490 ff.

600 S. auch Schmidt JuS 2003, 649 (651) („Standardargumente“).

601 Muthorst Grundlagen § 8 Rn. 3. S. auch Rüthers JuS 2011, 865 (868); Wiedemann NJW 2014, 2407 (2410). Terminologisch und inhaltlich ist im Feld der Rechtsfortbildung einiges umstritten, vgl. auch Krüper Grundlagen/Sauer § 10 Rn. 35 ff.

602 Vgl. Muthorst Grundlagen § 8 Rn. 14; Wienbracke Methodenlehre Rn. 233.

603 Vgl. BVerfG NJW 2018, 2542 (2548); NVwZ 2017, 617 ff.; Herresthal/Weiß Fälle Methodenlehre Rn. 169; Krüper Grundlagen/Sauer § 10 Rn. 35. S. zB auch **§ 132 Abs. 4 GVG**. Vgl. auch Beaucamp/Beaucamp Methoden Rn. 288 mwN sowie Weimar DÖV 2009, 932 (936) mwN zur „Rechtsfortbildung“ durch die Verwaltung.

604 BVerfG NJW 2011, 836 (838).

605 BVerfG NJW 2011, 836 (837). S. auch BVerfG NJW-RR 2016, 1366 ff.

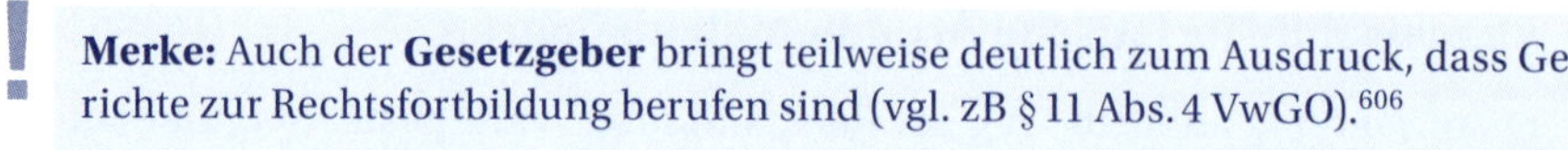

Merke: Auch der **Gesetzgeber** bringt teilweise deutlich zum Ausdruck, dass Gerichte zur Rechtsfortbildung berufen sind (vgl. zB § 11 Abs. 4 VwGO).[606]

9 Die Rechtsfortbildung ist eng mit der oben beschriebenen **Auslegung** verbunden, aber von ihr **abzugrenzen**.[607] Die Grenze zwischen noch vertretbarer extensiver Auslegung und jenseits des Wortlauts einer Vorschrift agierender (verfassungsrechtlich zulässiger) Rechtsfortbildung ist hierbei nicht immer leicht zu bestimmen.[608]

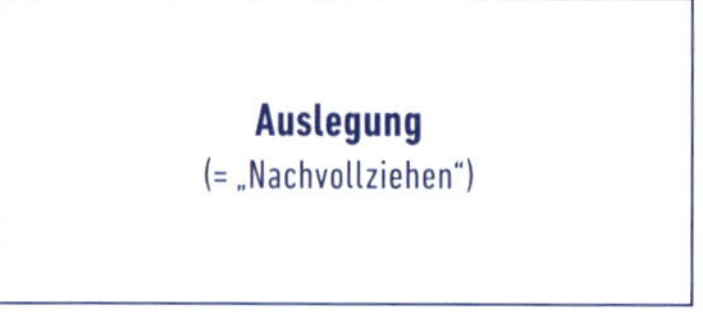

Rechtsfortbildung
(= „Weiter- und Zuendedenken")

Abb. 28 Auslegung vs. Rechtsfortbildung

10 Es ist letztlich – auch in einer Klausursituation – Zurückhaltung hinsichtlich der Annahme einer zunächst durch Auslegung zu ermittelnden Unvollkommenheit einer Rechtsvorschrift geboten, die stets **großen Begründungs- und Argumentationsaufwand** erfordern würde.[609] Die Beantwortung der Frage, ob eine Gesetzeslücke oder eine abschließende Regelung vorliegt, erfordert im gleichen Maße eine **rechtliche Wertung** wie die Lösung des Problems, in welcher Weise die Lücke zu schließen ist.[610]

11 Mithin muss im Umfeld etwaiger Überlegungen im Zusammenhang mit der Rechtsfortbildung immer behutsam, äußerst sorgfältig und voraussetzungsorientiert argumentiert und auch die eigene Befugnis zur Rechtsfortbildung geklärt werden, um insbesondere das im GG verankerte rechtsstaatliche Gefüge nicht ins Wanken zu bringen.

12 Herausragende methodische Mittel der richterlichen Rechtsfortbildung sollen vor allem die *Analogie* und die *teleologische Reduktion* sein.[611]

[606] Vgl. zB auch § 132 Abs. 4 GVG, § 11 Abs. 4 FGO, § 80 Abs. 1 und 2 OWiG.

[607] BVerfG NJW 1990, 1593 (1594); Kock/Stüwe ÖffR/Kock Rn. 68; Meier/Jocham JuS 2016, 392 (393) mwN; Muthorst Grundlagen § 8 Rn. 5 ff. mwN; Krüper Grundlagen/Sauer § 10 Rn. 35; Weimar DÖV 2009, 932 (936). S. aber auch Herresthal/Weiß Fälle Methodenlehre Rn. 171.

[608] Vgl. BVerfG NJW-RR 2016, 1366 ff.; NJW 1990, 1593 (1594); 2011, 836 (838); BVerwG BeckRS 2016, 50717; Beaucamp/Beaucamp Methoden Rn. 283 ff. (auch zur Rechtsschöpfung); Meier/Jocham JuS 2016, 392 (393); Muthorst Grundlagen § 7 Rn. 20; Krüper Grundlagen/Sauer § 10 Rn. 35.

[609] S. hierzu Mann Jur. Arbeitstechnik Rn. 277.

[610] BVerfG NJW 1990, 1593 (1594).

[611] BVerfG NJW 2013, 2775. Zum unterschiedlich verstandenen Begriff der „teleologischen Extension" vgl. BGH NJW 2017, 2123 (2124); BFH DStR 2016, 219 (223); Muthorst Grundlagen § 8 Rn. 27 ff.; Rüthers/Fischer/Birk Rechtstheorie Rn. 888 ff.

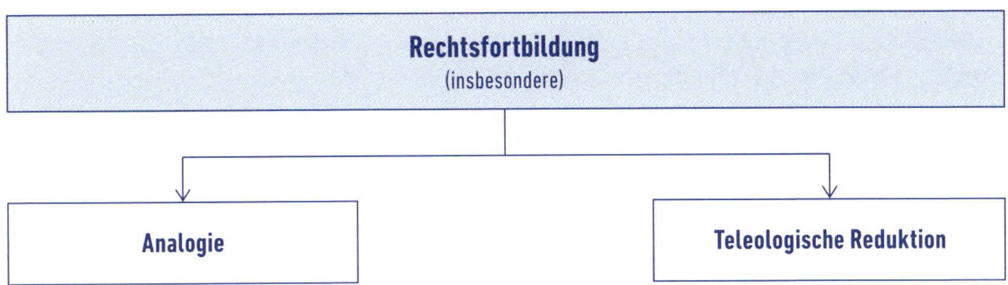

Abb. 29 Wichtige Mittel der Rechtsfortbildung

2. Analogie

Gegebenenfalls ist auch nach gründlicher Anwendung der Auslegungsmethodik die Feststellung erforderlich, dass der Lebenssachverhalt zwar nicht von der Rechtsvorschrift erfasst wird, aber dennoch die Ausdehnung ihrer Rechtsfolge auf den konkreten Lebenssachverhalt geboten erscheint.[612] Dies kann gerade Ausdruck des in Art. 3 Abs. 1 GG verankerten Gleichbehandlungsgebots sein.[613] 13

Liegt eine vom Gesetzgeber ungewollte Regelungslücke im Normgefüge vor (Auslegungsfrage!) – also eine **„Unterregelung“** (= es wurde zu wenig geregelt) –, kann demnach das Bedürfnis nach der Bildung einer Analogie zur Schließung der Regelungslücke bestehen. 14

Wesensmerkmal der Analogie ist es, dass durch sie die von einer Rechtsvorschrift angeordnete **Rechtsfolge auf einen Sachverhalt übertragen** wird, **der nicht dem Tatbestand** der Rechtsvorschrift **unterfällt** (und im Übrigen auch nicht geregelt, nach juristischer Wertung jedoch vergleichbar ist).[614] 15

„Eine Analogie ist zulässig, wenn das Gesetz eine planwidrige Regelungslücke aufweist und der zu beurteilende Sachverhalt in rechtlicher Hinsicht soweit mit dem Tatbestand, den der Gesetzgeber geregelt hat, vergleichbar ist, dass angenommen werden kann, der Gesetzgeber wäre bei einer Interessenabwägung, bei der er sich von den gleichen Grundsätzen hätte leiten lassen wie bei dem Erlass der herangezogenen Gesetzesvorschrift, zu dem gleichen Abwägungsergebnis gekommen. Die Lücke muss sich also aus einem unbeabsichtigten Abweichen des Gesetzgebers von seinem – dem konkreten Gesetzgebungsvorhaben zugrunde liegenden – Regelungsplan ergeben.“[615] 16

Spätestens jetzt dürfte ersichtlich geworden sein, wie schwergewichtig die zu sammelnden Argumente für die Bildung einer Analogie sein müssen. 17

[612] Mann Jur. Arbeitstechnik Rn. 272.

[613] Luther JURA 2013, 449 (451); Wank Methodenlehre § 15 Rn. 111 ff.; Wienbracke Methodenlehre Rn. 234, 246.

[614] BVerwG NVwZ 2019, 568 (569); Muthorst Grundlagen § 8 Rn. 22; Wienbracke Methodenlehre Rn. 246 mwN.

[615] BGH NJW 2018, 2125 f. S. auch BVerwG NVwZ 2019, 568 (569) zur Regelungslücke („Unvollständigkeit des Tatbestandes einer Norm wegen eines versehentlichen, dem Normzweck zuwiderlaufenden Regelungsversäumnisses des Normgebers“).

Merke: Im **Strafrecht** verbietet Art. 103 Abs. 2 GG, Straftatbestände durch Analogie zu begründen oder zu verschärfen.[616]

18 Die Voraussetzungen für die analoge Anwendung einer Rechtsvorschrift sind:[617]

- Kein **Analogieverbot,**[618]
- **Planwidrige Regelungslücke** (= der Gesetzgeber darf den regelungsbedürftigen Fall nicht absichtlich, also planmäßig, ungeregelt gelassen haben), **Vergleichbare Sach- und Interessenlage** (= wesentliche Ähnlichkeit des ungeregelten Falls mit der von einem vorhandenen Tatbestand geregelten Situation).

Beispiele für einen Analogieschluss:

- **Einzelanalogie** (oder „Gesetzesanalogie"), dh auf einen Sachverhalt wird nur eine Norm analog angewandt:
  - § 42 Abs. 2 VwGO wird trotz seines Wortlauts („Klage") sowohl im Widerspruchsverfahren als auch im Verfahren des einstweiligen Rechtsschutzes analog angewandt.[619]
  - § 80 Abs. 2 S. 1 Nr. 2 VwGO analog bei Verkehrszeichen (um zu begründen, dass ein Widerspruch gegen ein Verkehrszeichen keine aufschiebende Wirkung hat).[620]
- **Gesamtanalogie** (oder „Rechtsanalogie"), dh ein gemeinsamer Rechtsgedanke wird aus mehreren (strukturgleichen) Vorschriften entwickelt:
  - Öffentlich-rechtlicher Erstattungsanspruch (= Ausgleich rechtsgrundloser Vermögensverschiebung im öffentlichen Recht), der zB auf der entsprechenden Anwendung der §§ 812 ff. BGB beruhen soll.[621]

3. Teleologische Reduktion

19 Daneben mag es Fälle geben, in denen der Lebenssachverhalt zwar eindeutig von der Rechtsvorschrift erfasst ist, dieser aber sinnvollerweise aus ihrem Regelungskreis ausgenommen sein sollte.[622]

20 Voraussetzung für eine teleologische Reduktion (auch „Reduzierung") ist, dass der **Wortlaut einer Vorschrift zu weit gefasst** ist, diese also auch Fälle umfasst, die der inneren Teleologie (Zielsetzung) des Gesetzes widersprechen.[623] Es liegt also eine **„Überregelung"** im Normgefüge vor (= es wurde zu viel geregelt).

[616] BVerfG NJW 2003, 1030 mwN; Rengier StrafR AT § 4 Rn. 31 ff. (auch zu Analogien zugunsten des Täters); Roxin/Greco StrafR AT I § 5 Rn. 8. **Art. 103 Abs. 2 GG** lautet: **„Eine Tat kann nur bestraft werden, wenn die Strafbarkeit gesetzlich bestimmt war, bevor die Tat begangen wurde."**

[617] Vgl. BGH NJW 2018, 2125 f.; Muthorst Grundlagen § 8 Rn. 24.

[618] ZB Art. 103 Abs. 2 GG, § 1 StGB bzw. § 3 OWiG (betrifft das Ordnungswidrigkeitenrecht). S. etwa auch Roxin/Greco StrafR AT I § 5 Rn. 8; VGH München NVwZ-RR 2016, 779 (780) mwN.

[619] Vgl. VGH München NVwZ 1994, 716 (717); Beaucamp/Beaucamp Methoden Rn. 322 ff.; Sauerland AllgVerwR § 27 Rn. 28. Zum verwaltungsrechtlichen Widerspruch und Widerspruchsverfahren → § 13 Rn. 42. Zum „Eilrechtsschutz" → § 3 Rn. 8.

[620] Vgl. BVerwG NJW 2007, 2867 (2868); 2004, 998; Mann Jur. Arbeitstechnik Rn. 275 mwN. Zum Begriff der aufschiebenden Wirkung → § 3 Rn. 16 (Kasten).

[621] BVerwG NVwZ 2008, 212 (213). Zum Ganzen Detterbeck AllgVerwR Rn. 1238 f.; Mann Jur. Arbeitstechnik Rn. 275.

[622] Rüthers/Fischer/Birk Rechtstheorie Rn. 903 mwN.

[623] BVerwG BeckRS 2016, 50717; SG Landshut BeckRS 2020, 282. S. auch Puppe Jur. Denken S. 150.

Insoweit kann demnach das Bedürfnis bestehen, den **Anwendungsbereich** der Rechtsvorschrift ihrem Normzweck entsprechend im Wege einer teleologischen Reduktion **einzuschränken** (= zu reduzieren). Durch die teleologische Reduktion soll der Wortlaut der Vorschrift korrigiert und die überschießende Regelung auf den ihr nach Sinn und Zweck zugedachten Anwendungsbereich zurückgeführt werden.[624] Hierzu müssen natürlich tragfähige Argumente angesammelt werden. 21

Merke: Von einer **Regelungslücke** wird hier trotzdem aus dem Grund gesprochen, als es der Gesetzgeber planwidrig versäumt hat, eine einschränkende Ausnahmeregelung einzufügen („Ausnahmelücke" oder „verdeckte Regelungslücke").[625]

Beispiele für eine teleologische Reduktion:

- § 12 Abs. 3 Nr. 3 StVO („Das Parken ist unzulässig vor Grundstücksein- und -ausfahrten, auf schmalen Fahrbahnen auch ihnen gegenüber") verfolgt den Zweck, den Grundstückseigentümern bzw. -besitzern die Zufahrt zum Grundstück zu sichern, weshalb die Vorschrift im Wege der teleologischen Reduktion gerade auf diesen Personenkreis keine Anwendung finden soll.[626]
- Teleologische Reduktion, also Nichtanwendung des § 181 BGB, wenn das vom Vertreter (zB Eltern) abgeschlossene In-Sich-Geschäft (zB Schenkung eines Grundstücks) nur Vorteile für den Vertretenen (zB Kind) bringe.[627]

Merke: Vereinfachter Ausgangspunkt einer Analogiebildung ist letztlich also eine „Unterregelung" (= der Gesetzgeber hat zu wenig geregelt), der einer teleologischen Reduktion eine „Überregelung" (= der Gesetzgeber hat zu viel geregelt).

II. Beispiele für besondere juristische Schlussfolgerungen

Zur Begründung und argumentativen Unterfütterung juristischer Ergebnisse wird häufig mit Schlussfolgerungen gearbeitet.[628] Aus der Vielzahl möglicher Argumentationsmuster sind beispielhaft der *Umkehrschluss* und die *Erst-Recht-Schlüsse* hervorzuheben. 22

1. Umkehrschluss

Grundgedanke des Umkehrschlusses ist, dass der Tatbestand einer Rechtsvorschrift gerade festlegt, welche Lebenssachverhalte ihm zugeordnet werden sollen, woraus sich gleichzeitig ergibt, welche Lebenssachverhalte gerade nicht 23

624 BVerwG NVwZ 2014, 1170 (1172).

625 BVerfGE 88, 145 (167) = NJW 1993, 2861; BGH NJW 2009, 427 (429); BSG BeckRS 2016, 119105. Beaucamp/Beaucamp Methoden Rn. 328 mwN; Herresthal/Weiß Fälle Methodenlehre Rn. 200; Meier/Jocham JuS 2016, 392 (393 ff.); Rüthers/Fischer/Birk Rechtstheorie Rn. 903.

626 Röhl/Röhl Rechtslehre S. 621.

627 BGH NJW 1985, 2407 (2408); Beaucamp/Beaucamp Methoden Rn. 331 mwN; Krüper Grundlagen/Sauer § 10 Rn. 36.

628 S. etwa Bitter/Rauhut JuS 2009, 289 (296); Muthorst Grundlagen § 7 Rn. 57 ff. (ab Rn. 74 ff. auch zu Fehlschlüssen). Bereits → § 9 Rn. 33 (Kasten).

unter den Tatbestand fallen sollen.[629] Der **Tatbestand** wird also in einer Weise interpretiert, als ob er abschließend und **„nur" auf den geregelten Sachverhalt anzuwenden** sei.

24 Wenn der Gesetzgeber einen Gesichtspunkt im Gesetz nicht geregelt hat, soll also zunächst im Umkehrschluss davon ausgegangen werden können, dass dieser Gesichtspunkt gerade rechtlich irrelevant sein soll.[630]

25 Der Umkehrschluss agiert damit in **Abgrenzung zur Analogiebildung**, die – erst nach Auslegung – die Rechtsfolge der Vorschrift analog auf den nicht erfassten Fall ausdehnt, wohingegen beim Umkehrschluss die Anwendung des Tatbestandes auf den nicht erfassten Fall gerade unterbleibt.

Beispiele für den Umkehrschluss:

- Nach § 47 VwGO entscheidet das Oberverwaltungsgericht unter anderem über die Gültigkeit von im Rang unter dem Landesgesetz stehenden Rechtsvorschriften, sofern das Landesrecht dies bestimmt (Nr. 2). Kommt das Oberverwaltungsgericht zu der Überzeugung, dass die Rechtsvorschrift ungültig ist, so erklärt es sie für unwirksam; in diesem Fall ist die Entscheidung allgemein verbindlich (§ 47 Abs. 5 S. 2 VwGO). Im Umkehrschluss folgt daraus, dass eine die Gültigkeit bejahende Entscheidung des Oberverwaltungsgericht gerade keine Allgemeinverbindlichkeit hat.
- § 43 Abs. 3 VwVfG bestimmt, dass ein nichtiger Verwaltungsakt unwirksam ist. Im Umkehrschluss ergibt sich daraus, dass ein bloß rechtswidriger Verwaltungsakt wirksam bleibt.[631]
- Nach § 107 BGB bedarf der Minderjährige zu einer Willenserklärung, durch die er nicht lediglich einen rechtlichen Vorteil erlangt, der Einwilligung seines gesetzlichen Vertreters. Im Umkehrschluss kann daraus gefolgert werden, dass Minderjährige Willenserklärungen, die ihnen nur rechtliche Vorteile bringen, ohne Einwilligung ihrer gesetzlichen Vertreter abgeben dürfen.[632]

2. Erst-Recht-Schlüsse

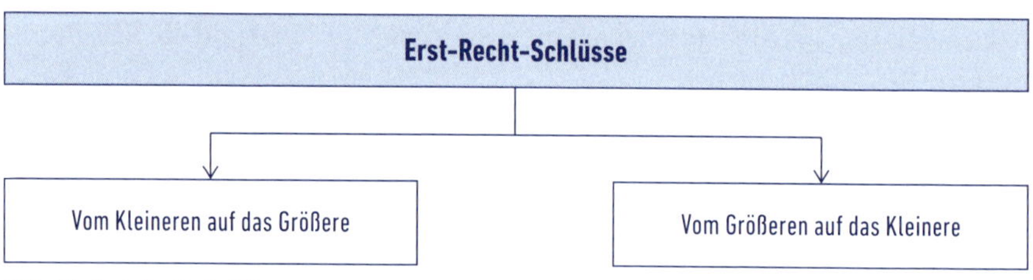

Abb. 30 Erst-Recht-Schlüsse

[629] Beaucamp/Beaucamp Methoden Rn. 339.
[630] Kühl/Reichold/Ronellenfitsch Rechtswissenschaft § 3 Rn. 27 mwN.
[631] Vgl. Beaucamp/Beaucamp Methoden Rn. 341 auch zum nachfolgenden Beispiel.
[632] S. auch Wank Auslegung S. 91.

Bei den Erst-Recht-Schlüssen werden unterschieden[633]: 26

- Der Erst-Recht-Schluss vom **Kleineren auf das Größere** (= Rechtsfolge, die für einen weniger gewichtigen Sachverhalt angeordnet ist, muss umso mehr für einen gewichtigen Sachverhalt gelten)
- Der Erst-Recht-Schluss vom **Größeren auf das Kleinere** (= weitreichendere Regelung umfasst eine weniger weitreichende Regelung mit)

Beide Schlüsse arbeiten also mit einem Vergleich zweier Konstellationen und leiten daraus bei wertungsmäßiger Gleichwertigkeit die Anwendung einer Vorschrift ab. 27

Beispiele:

- Erst-Recht-Schluss **vom Kleineren auf das Größere**:
  - Wenn eine Prüfung nach einer bestimmten Vorschrift der Prüfungsordnung bei einem Täuschungs*versuch* für nicht bestanden erklärt werden kann, dann kann dies *erst recht* bei einer *vollendeten* Täuschung geschehen.[634]
  - Wenn schon der Verstoß eines Arbeitnehmers gegen seine Verpflichtung, die abgeleistete, vom Arbeitgeber sonst kaum sinnvoll kontrollierbare Arbeitszeit korrekt zu stempeln, an sich geeignet ist, einen wichtigen Grund zur außerordentlichen Kündigung im Sinne von § 626 Abs. 1 BGB darzustellen, gilt dies *erst recht* dann, wenn der Arbeitnehmer den Arbeitgeber vorsätzlich dadurch täuscht, dass er einen anderen Arbeitnehmer veranlasst, an seiner Stelle die Stempeluhr zu betätigen.[635]
  - Wenn der Staat gem. Art. 14 Abs. 3 GG schon bei einem *rechtmäßigen* enteignenden Eingriff Entschädigung leisten muss, so ergibt sich diese Verpflichtung *erst recht* bei einem *rechtswidrig* enteignenden (enteignungsgleichen) Eingriff.[636]
- Erst-Recht-Schluss **vom Größeren auf das Kleinere**:
  - Die Verwaltung, die nach ihrem Ermessen über die Ablehnung eines Verwaltungsakts entscheiden darf (= das Größere), darf *erst recht* eine Genehmigung mit Nebenbestimmungen nach § 36 Abs. 2 VwVfG als mildere Maßnahmen (= das Kleinere) auswählen.
  - Wenn eine Vorschrift bei einem schweren Disziplinarverstoß zu einer Streichung von Weihnachtsgeld berechtigt, kann *erst recht* die Kürzung solcher Leistungen ausgesprochen werden.[637]
  - Wenn § 15 Abs. 3 VersG zur (eingriffsintensiven) Auflösung einer Versammlung ermächtigt, dann sollen *erst recht* teilnehmerbezogene Anordnungen getroffen werden können, die als mildere Maßnahmen unterhalb der Schwelle der Auflösung liegen (Minus-Maßnahmen).[638]

633 Adomeit/Hähnchen Rechtstheorie Rn. 35; Rüthers/Fischer/Birk Rechtstheorie Rn. 897; Wank Auslegung S. 90 f. Vgl. zB auch BVerfG NJW 2018, 3171 (3172); BAG NZA 2018, 1489; BVerwG BeckRS 2017, 112645; OVG Lüneburg BeckRS 2011, 55740; ArbG Berlin BeckRS 2016, 71652.

634 Beaucamp/Beaucamp Methoden Rn. 344.

635 BAG NZA 2006, 484.

636 BGH NJW 1984, 1169; Rüthers/Fischer/Birk Rechtstheorie Rn. 898.

637 Rüthers/Fischer/Birk Rechtstheorie Rn. 898.

638 Vgl. zu Einzelheiten Bialon/Springer EingriffsR Kap. 49 Rn. 14 ff. mwN.

§ 11 Wiederholungsfragen 2. Kapitel

1. Bitte ergänzen: Die Fähigkeit zur ... ist der zentrale Aspekt der Rechtsanwendung. (→ § 7 Rn. 9)
2. Was meint „Strukturdenken"? (→ § 8 Rn. 6)
3. Mit dem „Regel-Ausnahme-Verhältnis" ist was konkret angesprochen? (→ § 8 Rn. 8)
4. Aus welchen Gründen sind die „Sprache des Rechts" und die (gebrauchte) Sprache des Rechtsanwenders so bedeutsam? (→ § 8 Rn. 8)
5. Welche sprachlichen Aspekte sind bei der eigenen Rechtsanwendung insbesondere wichtig? (→ § 8 Rn. 25)
6. Welche Gesichtspunkte sind beim „Zerlegen" vollständiger Rechtsvorschriften zu beachten? (→ § 8 Rn. 26 ff.)
7. Was bedeutet „Auslegung"? (→ § 9 Rn. 2)
8. Was kann „Auslegungsgegenstand" sein? (→ § 9 Rn. 1)
9. Warum bedarf es der „Auslegungsmethodik"? (→ § 9 Rn. 8 f.)
10. Welche klassischen Auslegungskriterien werden unterschieden? (→ § 9 Rn. 10)
11. In welchem Verhältnis stehen diese Auslegungskriterien zueinander? (→ § 9 Rn. 10 – Kasten)
12. Welche Aspekte nehmen diese klassischen Auslegungskriterien jeweils in den Blick? (→ § 9 Rn. 11 ff., 17 ff., 26 ff., 29 ff.)
13. Welche Rolle spielen
    - Verfassungskonforme Auslegung? (→ § 9 Rn. 34 ff.)
    - Unionsrechtskonforme Auslegung? (→ § 9 Rn. 37 f.)
14. Was bedeutet subsumieren? (→ § 10 Rn. 1)
15. Was meint der Begriff „Rechtsfortbildung"? (→ § 10 Rn. 7)
16. Was ist das Ziel der Rechtsfortbildung? (→ § 10 Rn. 7)
17. Was ist der Unterschied zwischen einer „Analogie" und einer „teleologischen Reduktion"? (→ § 10 Rn. 13 ff., 19 ff.)
18. Wo wird der „Schluss vom absurden Ergebnis" insbesondere relevant? (→ § 9 Rn. 33)
19. Wie funktioniert ein Umkehrschluss? (→ § 10 Rn. 23 ff.)
20. Welche Erst-Recht-Schlüsse werden unterschieden? (→ § 10 Rn. 26)

3. KAPITEL. Fallbearbeitung und Klausurtechnik

§ 12 Grundlagen der Gutachtentechnik

Juristische Aufgabenstellungen setzen sich regelmäßig aus einem Sachverhalt (= Erzählung einer bestimmten Lebenssituation; auch → § 13 Rn. 6 ff.) und einer darauf bezogenen konkreten Aufgabe zusammen. 1

Als Aufgabe wünschen Klausuren regelmäßig die rechtliche **Bewertung eines Sachverhalts** (auch schlicht „Fall“ genannt) in Gestalt eines zu fertigenden **Rechtsgutachtens**. Ein solches Rechtsgutachten ist meist komplex und verlangt nicht nur Rechtswissen sowie die Beschäftigung mit einer Vielzahl unterschiedlicher Rechtsvorschriften, es folgt im Kern auch eigenen methodischen Aufbau- und Sprachregeln. 2

> **Hinweis:** Auch die Einhaltung formaler Aspekte fließt in die Prüfungsbewertung ein. Umso mehr wird auch hier wieder deutlich, dass insbesondere in einer Prüfungssituation „der Weg das Ziel“ ist (bereits → § 7 Rn. 10).

Die Fertigung eines solchen Rechtsgutachtens wird geprägt durch den juristischen **Gutachtenstil**, der als zentral zu verwendende und handlungslenkende Denk- und Redeweise zu verstehen ist.[639] Von diesem abzugrenzen ist der **Urteilsstil**, wobei sich Gutachten- und Urteilsstil innerhalb eines Gutachtens mitsamt der **schlichten Feststellung** vereinzelt durchaus auch sinnvoll ergänzen können.[640] 3

Letztlich entspricht die zumindest gedankliche Erstellung eines Gutachtens auch dem Regelfall juristischer Praxistätigkeit. 4

> **Merke:** Fallbearbeitungen im Zivilrecht, Öffentlichen Recht und Strafrecht operieren alle zentral mit dem Gutachtenstil. Die Klausuren aus diesen Rechtsgebieten unterscheiden sich aber nicht nur inhaltlich, sondern stellen in aller Regel unterschiedliche Anforderungen an Herangehensweise und Aufbau der Fallbearbeitung (→ § 13 Rn. 36 ff.).

[639] Vgl. Stuckenberg ZDRW 2019, 323 ff. auch zur Geschichte und Bedeutung des Gutachtenstils, zudem Bringewat Methodik Rn. 203; Gußen Wissenschaft. Arbeiten Jura S. 25. S. aber Reimer Methodenlehre Rn. 710.

[640] Zum Ganzen auch Beyerbach JA 2014, 813 (815); Möllers Arbeitstechnik § 2 Rn. 71; Valerius Gutachtenstil S. 26 ff.

A. Sinn und Zweck eines juristischen Gutachtens

5 Ein juristisches Gutachten folgt zur Beantwortung einer bestimmten (aus der Aufgabe abzuleitenden) **Ausgangsfrage** einer speziellen wertungsfreien Methodik.

6 Einer **rechtsstaatlichen Unvoreingenommenheit** in der Rechtsanwendung entspricht es, dass man sich der juristischen Aufbereitung eines Sachverhalts mit Hilfe eines Gutachtens **ergebnisoffen und neutral** nähert und hierbei alle denkbaren (zweckmäßigen) rechtlichen Perspektiven einnimmt. Damit zwingt ein juristisches Gutachten Rechtsanwendende, sich nicht zu rasch auf ein bestimmtes Ergebnis festzulegen.

7 Die **Antwort** auf eine konkrete Ausgangsfrage (zB Hat A gegen B einen Anspruch auf Schadensersatz? Ist das Betreten der Gaststätte des X von § 3 SchwarzArbG gedeckt? Hat sich L gem. § 263 Abs. 1 StGB strafbar gemacht?) gibt man in einem juristischen Gutachten daher erst ganz zum Schluss, als **logisch hergeleitetes Ergebnis**. Aus diesem Grund muss ein solches Rechtsgutachten auch entsprechend **widerspruchsfrei** sein, weshalb es etwa zur Unschlüssig- und damit Fehlerhaftigkeit desselben führen würde, wenn man innerhalb eines solchen ein bestimmtes Tatbestandsmerkmal zunächst bejaht und es an anderer Stelle gänzlich anders würdigt oder gar verneint.[641]

> (Ein leider nicht theoretisches) **Beispiel:** Nicht schlüssig wäre es, das Tatbestandsmerkmal des Arbeitgebers im Rahmen der Prüfung des § 266a Abs. 1 StGB zunächst wie folgt mit einer Schlussfolgerung zu versehen: „Arbeitgeber ist und bleibt damit zwar die Y-GmbH, X ist aber tauglicher Täter des § 266a Abs. 1 StGB", um es an anderer Stelle des Rechtsgutachtens sodann gänzlich anders und im Widerspruch hierzu zu erörtern („Arbeitgeber iS des § 266a Abs. 2 StGB ist X").

8 Das angesprochene Neutralitätsgebot meint auch, dass die **„Ich-Form"** im weiteren Sinne in einem juristischen Gutachten **nicht** auftaucht (zB sollte nicht formuliert werden: „Ich gehe davon aus, dass..." oder „Aus meiner Sicht...").[642]

9 Ein juristisches Gutachten erfüllt zudem die Funktion der **Ökonomie**, dh die Verfasserin bzw. der Verfasser wird durch dieses diszipliniert, wirklich nur das zu Papier zu bringen, was der Beantwortung der Ausgangsfrage dient.[643] Unnötige Wiederholungen (zB ganzer Sachverhaltspassagen) sind daher unbedingt zu vermeiden. Der juristische Stil ist letztlich stets der Knappheit verpflichtet.[644]

B. Schritte des Gutachtenstils

10 Der Gutachtenstil orientiert sich an einer **festgelegten Vorgehensweise**.[645] Die einzelnen Schritte sollten in der Regel durchweg eingehalten werden, um aus-

[641] S. Beaucamp JA 2018. 757 (759).

[642] Vgl. auch Hildebrand Gutachtenstil S. 2.

[643] S. auch Bialluch/Wernert JuS 2018, 326 ff.; Wieduwilt JuS 2010, 288 (289).

[644] Beaucamp JA 2018, 757 (759) mwN. S. auch die Formulierungen des § 313 Abs. 2 und 3 ZPO, welche dies eindeutig belegen.

[645] Die in der Ausbildungsliteratur für diese Schritte verwendeten **Begriffe sind nicht einheitlich**. Wichtig ist in der Klausur aber auch nur der transportierte Inhalt des jeweiligen Denk- und Arbeitsschritts, seine Bezeichnung spielt hier keine Rolle.

gehend von einer Fragestellung anhand eines durchgängigen Gedankenganges **Schritt für Schritt** ein logisches Ergebnis als Antwort auf die Ausgangsfragestellung herleiten zu können.[646] Die Erfahrung zeigt, dass der Gutachtenstil von Studierenden gerade zu Beginn des Studiums als eher formalistisch und sprachlich unnatürlich wahrgenommen wird, was aber vor allem in der anfänglichen Nutzung kurzer, simpler Übungsfälle begründet sein dürfte, deren (juristisches) Ergebnis deutlich auf der Hand zu liegen scheint.[647] In der Sache ist aber der Gutachtenstil bei komplexen juristischen Fallbearbeitungen, die eben eine tiefergehende Begutachtung verlangen, jedenfalls im Ausgangspunkt das notwendige Mittel der Wahl, um dem oben beschriebenen Sinn und Zweck eines juristischen Gutachtens Rechnung zu tragen.

Merke: Die einzelnen Schritte dürfen in einer Klausurlösung nicht gesondert durch Überschriften oder Ähnliches kenntlich gemacht werden. !

Die **vier Schritte**[648] des Gutachtenstils sind:

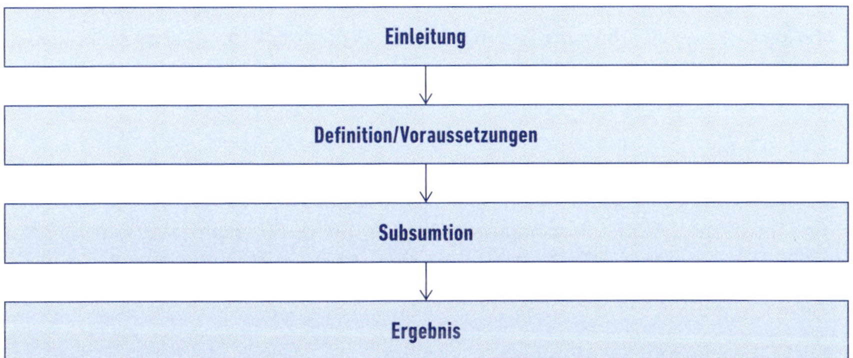

Abb. 31 Vier Schritte des Gutachtenstils

Die vierstufige Vorgehensweise von der Frage zur Antwort muss nicht nur insgesamt, dh für die Fertigung eines großen juristischen **Gesamtgutachtens** (von der Fallfrage zu deren Beantwortung) beachtet werden, sondern auch bei jedem einzelnen Aspekt, der in diesem Zwischenraum näherer rechtlicher Erörterung bedarf. Ein juristisches Gesamtgutachten besteht in aller Regel also aus einer Vielzahl kleinerer **Einzel- oder Untergutachten**. Man kann insoweit auch von einer „Schachtelprüfung“ sprechen.[649] Der (innere) Aufbau eines juristischen Gutachtens muss niemals begründet werden, sondern sollte aus sich selbst her- 11

646 Zur Bedeutung des „syllogistischen Schlusses“ als logisches Schlussverfahren (als ein Grund der zuvor angesprochenen abweichenden Terminologie) Hildebrand Gutachtenstil S. 5 ff.; Hoheisel-Gruler PSP 2019, 44 f.; Putzke Jur. Arbeiten Rn. 105; Reimer Methodenlehre Rn. 40; Rüthers/Fischer/Birk Rechtstheorie Rn. 677 ff.; Valerius Gutachtenstil S. 16. S. auch Biallluch/Wernert JuS 2018, 326 (327). Zum Zusammenwirken des Gutachtenstils mit Urteilsstil und Feststellungen → § 13 Rn. 27 ff.

647 So auch Gußen Wissenschaft. Arbeiten Jura S. 47.

648 Zum Teil wird der Gutachtenstil (angelehnt an den juristischen Syllogismus) auch dreistufig dargestellt, vgl. zB Beyerbach JA 2014, 813 (814); Lagodny/Mansdörfer/Putzke ZJS 2014, 157.

649 Vgl. auch Gußen Wissenschaft. Arbeiten Jura S. 37 f.; Haug Fallbearbeitung Rn. 81; Hoheisel-Gruler PSP 2019, 44 (45); Muthorst Grundlagen § 6 Rn. 23. Zur **Fallfrage** → § 13 Rn. 6 ff.

aus schlüssig und stringent sein, also für sich selbst sprechen; ein ungeordneter Fließtext ohne erkennbaren Aufbau wird daher nicht den Anforderungen genügen können.[650]

12 Die angesprochene Verschachtelung wird insbesondere deutlich an der Überlegung, dass man zB zur Beantwortung der strafrechtlichen Fallfrage, ob etwa *A sich gem. § 263 Abs. 1 StGB strafbar gemacht hat* (er also letztlich bestraft werden kann) unter anderem mehrere Tatbestandsmerkmale dieses Straftatbestandes zu prüfen hat (und nicht nur eines).

13 Hier würde man im Rahmen der Einleitung einen **eröffnenden Einleitungssatz** (zum Teil auch als „Ober-Obersatz"[651] betitelt) als Start in das Gesamtgutachten (als große Schachtel) zur Frage der Strafbarkeit aufwerfen (zB „A könnte sich gem. § 263 Abs. 1 StGB strafbar gemacht haben, indem...") und müsste im weiteren Verlauf jedes sorgfältig herausgearbeitete einzelne Tatbestandsmerkmal mit einem neuen **eingeordneten Einleitungssatz** (auch als „Obersatz" bezeichnet) – als eigene kleine Schachtel in der großen Schachtel – zur Prüfung stellen.

! **Merke:** Der Begriff **Obersatz** ist ein solcher aus der Logik, der insbesondere aufgrund der logisch-entwickelnden und schlussfolgernden Herangehensweise des Gutachtenstils vielfach auch in dessen Umfeld verwendet wird.[652]

14 Erst wenn alle Tatbestandsmerkmale des Straftatbestandes und die weiteren Voraussetzungen (→ § 13 Rn. 44) positiv vorliegen würden (festzustellen durch einen jeweiligen Abgleich mit dem konkreten Lebenssachverhalt), könnte man die Frage des eröffnenden Einleitungssatzes nach der Strafbarkeit des A gem. § 263 Abs. 1 StGB abschließend mit *Ja* oder *Nein* beantworten.

Abstraktes Strukturbeispiel:[653]

- Eröffnender Einleitungssatz
- Voraussetzungen der Vorschrift
- Subsumtion
  - Tatbestandsmerkmal 1
    - Eingeordneter Einleitungssatz
    - Definition/Voraussetzungen
    - Subsumtion
    - (Zwischen-)Ergebnis
  - Tatbestandsmerkmal 2
    - Eingeordneter Einleitungssatz
    - Definition/Voraussetzungen
    - Subsumtion

650 S. Beaucamp JA 2018, 757 (759). Zur Gliederung der Lösung → § 13 Rn. 20 ff.

651 S. Nolden/Palkovits/Dittert/Pichocki StrafR 10. Teil Rn. 6 ff. Hildebrand Gutachtenstil S. 12 ff. („Norm-Obersatz" und „Tatbestandsmerkmal-Obersatz").

652 Hierzu Adomeit/Hähnchen Rechtstheorie Rn. 47 ff.; Bäcker JuS 2019, 321 (324); Beyerbach JA 2014, 813 (814); Engisch Einführung S. 101 ff.; Lagodny/Mansdörfer/Putzke ZJS 2014, 157 (158); Putzke Jur. Arbeiten Rn. 101; Wilduweit JuS 2010, 288 (289 f.). S. aber auch Kock/Stüwe ÖffR/Kock Rn. 106. Vgl. auch die Nachweise in → § 12 Rn. 15 (Fn. 654).

653 Konkrete Beispiele → § 12 Rn. 28 (und nachfolgend unter C.).

- (Zwischen-)Ergebnis
- Tatbestandsmerkmal 3
  - Eingeordneter Einleitungssatz
  - Definition/Voraussetzungen
  - Subsumtion
  - (Zwischen-)Ergebnis
- Ergebnissatz

I. Einleitung (Schritt 1)

Arbeitet man mit dem Gutachtenstil, wird zunächst ein **Einleitungssatz** formuliert, der häufig auch „Obersatz" genannt wird.[654] Der Einleitungssatz stellt orientierend klar, was im Folgenden überhaupt geprüft wird, zB welche Ermächtigungsgrundlage, Anspruchsgrundlage oder welcher Straftatbestand bzw. welches Tatbestandsmerkmal der Ermächtigungsgrundlage, der Anspruchsgrundlage oder des Straftatbestandes. 15

Er ist als **Hypothese** (= unbewiesene Annahme) zu formulieren. Dies hängt damit zusammen, dass das juristische Gutachten – als Hilfsmittel rechtswissenschaftlicher Erkenntnis – nur die Niederschrift eines mehrschrittig zu entwickelnden, schlussfolgernden Gedankenganges auf dem Weg von der Ausgangsfrage zum Ergebnis ist. Das Ergebnis steht also an dieser (erst einleitenden) Stelle noch nicht fest. 16

Die **Ergebnisoffenheit** (also fehlende Gewissheit) muss sprachlich zu erkennen sein. Aus diesem Grund verwendet man hier zB 17

- den Konjunktiv (insbesondere „Könnte-Satz") oder
- den Indikativ mit „Möglichkeitsworten" (zB „Fraglich ist, ob ..."; „Möglicherweise"),

um zu verdeutlichen, dass eine **Antwort** auf die vorangestellte rechtliche Frage **noch nicht gefunden**, sondern **gerade gesucht** wird.[655] Hierbei wird eine **indirekte Frage** – und niemals eine direkte (zB nicht: „Hat A einen Anspruch?", sondern „A könnte einen Anspruch haben.") – in den Raum gestellt, die es dann in den weiteren Schritten zu überprüfen und letztlich zu bejahen oder zu verneinen gilt.

Merke: In einer Klausursituation kann man sich häufig für die **Einstiegsformulierung in das Rechtsgutachten** an der Fall- bzw. Klausurfrage orientieren.[656]

654 Vgl. etwa Beyerbach JA 2014, 813 (815); Gußen Wissenschaft. Arbeiten Jura S. 27; Hildebrand Gutachtenstil S. 5 ff.; Hunecke/Wiese in Brenneisen/Staack/Hunecke/Kischewski, Methdodik, 2. Aufl. 2018, 84; Kock/Stüwe ÖffR/Kock Rn. 106; Nolden/Palkovits/Dittert/Pichocki StrafR 10. Teil Rn. 6 ff.; Möllers Arbeitstechnik § 2 Rn. 40, 53, 69; Muthorst Grundlagen § 6 Rn. 22; Reimer Methodenlehre Rn. 723 ff.; Rengier StrafR AT § 11 Rn. 2; Krüper Grundlagen/Thiel § 13 Rn. 31. Kritisch Lagodny/Mansdörfer/Putzke ZJS 2014, 157 (158); Putzke Jur. Arbeiten Rn. 101.

655 Hierzu auch Hohoisel-Gruler PSP 2019, 44 (45); Wörlen/Metzler-Müller BGB AT Rn. 135. Der Konjunktiv wird auch als „Möglichkeitsform", der Indikativ als „Wirklichkeitsform" bezeichnet.

656 S. auch Kock/Stüwe ÖffR/Kock Rn. 106; Muthorst Grundlagen § 6 Rn. 22.

Beispiele:
- **Eröffnender Einleitungssatz**
  - M könnte einen Anspruch gegen L auf Übergabe und Übereignung des Bademantels gem. § 433 Abs. 1 S. 1 BGB haben.
  - X könnte sich nach § 266a Abs. 1 StGB strafbar gemacht haben, indem er...
- Manchmal bietet es sich an, auf die Nutzung eines „Könnte-Satzes" zu verzichten und eine **konditionale Verknüpfung** zu formulieren, die sogar im Einleitungssatz schon einzelne Voraussetzungen benennen kann.
  - Beispiel: „Der Widerspruch hat [*dann*] Erfolg, wenn (oder „soweit") er zulässig und begründet ist." Beachte: Von der Formulierung „Der Widerspruch *könnte* Erfolg haben, wenn er zulässig und begründet ist" sollte besser Abstand genommen werden, da dieser Formulierung die Aussage unterstellt werden könnte, hier sei auch bei Vorliegen aller rechtlichen Voraussetzungen möglicherweise noch immer zweifelhaft und von irgendeiner zusätzlichen Frage oder Instanz abhängig, ob der Widerspruch Erfolg habe.
- **Eingeordneter Einleitungssatz bei der Prüfung eines einzelnen Tatbestandsmerkmals**
  - Zu prüfen ist weiter, ob P das Tatbestandsmerkmal der körperlichen Misshandlung verwirklicht hat. (Alternativ: P könnte den R körperlich misshandelt haben; *alternativ*: Fraglich ist, ob das Abschneiden der Haare des R durch P eine körperliche Misshandlung im Sinne des § 223 Abs. 1 StGB darstellt).
  - Y könnte/müsste den A aber/zudem getäuscht haben.
  - Überdies dürfte Z auch die erforderliche Zuverlässigkeit im Sinne des § 17 Abs. 1 BJagdG nicht besitzen.
  - X und Y müssten zunächst einen wirksamen Vertrag geschlossen haben.

II. Definition/Voraussetzungen (Schritt 2)

18 Was im zweiten Schritt beschrieben bzw. definiert werden muss, orientiert sich an der Fragestellung des (somit gedanklich verknüpften) vorangegangenen Einleitungssatzes.

19 So können an dieser Stelle etwa die zu prüfenden **Voraussetzungen** (insbesondere einer Rechtsvorschrift zum Eintritt ihrer Rechtsfolge) zu nennen sein.

Beispiel:
- *Eröffnender Einleitungssatz: A könnte einen Anspruch gegen B auf Herausgabe des Fahrrads gem. § 985 BGB haben.*
- **Definition/Voraussetzungen**: Dies setzt voraus, dass es sich bei dem Fahrrad um eine Sache handelt (1), der A Eigentümer (2) und B Besitzer (3) ohne Recht zum Besitz (4) ist.
- Diese vier (Tatbestands-)Voraussetzungen müssten bei strenger Beachtung des Gutachtenstils nun in einem nächsten Schritt 3 (bei der Subsumtion) im Einzelnen ebenfalls im Gutachtenstil im Rahmen von vier Einzel- oder Untergutachten in sinnvoller Reihenfolge geprüft werden.[657] Hierbei ist wiederum jeweils, dh für jede (Tatbestands-)Voraussetzung einzeln, die bekannte Struktur (*Einleitung, Definition/Voraussetzungen, Subsumtion, Ergebnis*) zu wählen.

[657] Zum Ganzen auch Mann Jur. Arbeitstechnik Rn. 206 ff.

Eine **Definition** im engeren Sinne wird regelmäßig erforderlich, wenn man unter strenger Beachtung des Gutachtenstils bereits tiefer in die „Schachtelprüfung" eingedrungen ist und Tatbestandsmerkmale einer Rechtsvorschrift geprüft werden.[658] Die Definition eines hier auftauchenden Rechtsbegriffs (im Sinne einer Erschließung seines Sinngehalts) ermöglicht erst die Anwendung der abstrakten Rechtsvorschrift auf den konkreten Fall. Die Rechtsvorschrift wird durch die Definition also handhabbar gemacht: Es muss die abstrakte Vorschrift, dh der enthaltene Rechtsbegriff, als abstrakter Maßstab mit abstrakten Inhalten genereller Gültigkeit „gefüllt" werden, um die Rechtsvorschrift (bzw. ihre einzelnen Tatbestandsmerkmale) im nächsten Schritt 3 überhaupt mit dem konkreten Lebenssachverhalt abgleichen zu können. Elemente des Lebenssachverhalts tauchen folglich in der Definition nicht auf.[659] 20

Merke: Definitionen müssen abstrakt (= vom Sachverhalt losgelöst) sein. 

Solche **abstrakten Definitionen** entnimmt man 21

- dem Gesetz (= Legaldefinitionen),
- gegebenenfalls vorhandenen Dienstvorschriften,
- der gefestigten Rechtsprechung,
- dem anerkannten juristischen Schrifttum,
- der eigenen Auslegungsarbeit (zur Auslegung → § 9 Rn. 1 ff.).

In der genannten **Reihenfolge** sollte bei der Suche nach einer Definition auch vorgegangen werden, um das höchste Maß an Rechtssicherheit und Einheitlichkeit bei der Rechtsfindung zu gewährleisten. Hierbei gilt, dass Legaldefinitionen immer vorrangig und am besten wörtlich (unter Nennung des Paragrafen) in das Rechtsgutachten zu übernehmen sind.[660] 22

Beispiel:

- *Eingeordneter Einleitungssatz: Als weitere Tatbestandsvoraussetzung ist erforderlich, dass der A als Anspruchssteller auch Eigentümer des Fahrrads ist.*
- **Definition/Voraussetzungen**: Eigentümer ist, wer die rechtliche Herrschaftsmacht über eine Sache besitzt (vgl. § 903 BGB), mithin wem die Sache gehört.

Weiteres Beispiel:

- *Eingeordneter Einleitungssatz: A könnte durch seine wiederholten Telefonanrufe aber die Gesundheit der F gem. § 223 Abs. 1 Var. 2 StGB geschädigt haben.*
- **Definition/Voraussetzungen**: Unter einer Gesundheitsschädigung im Sinne des § 223 Abs. 1 Var. 2 StGB versteht man das Hervorrufen oder Steigern eines krankhaften Zustandes.

658 Vgl. hierzu aber auch Hildebrand Gutachtenstil S. 18 f.
659 S. auch Bialluch/Wernert JuS 2018, 326 (327); Valerius Gutachtenstil S. 18.
660 Zu Legaldefinitionen → § 5 Rn. 55. Vgl. auch → § 16 Rn. 9.

III. Subsumtion (Schritt 3)

23 Im Schritt der Subsumtion werden – im Lichte des Schrittes 2 – die abstrakten Voraussetzungen (insbesondere einer Rechtsvorschrift) bzw. Tatbestandsmerkmale (einzeln) mit dem konkreten Lebenssachverhalt **abgeglichen**.[661] Der Sachverhalt wird „unter die Norm gezogen".[662] Zwangsläufig sollte daher eng am und mit dem – in Klausuren gerade hierfür geschneiderten und daher informationsreichen – Sachverhalt (→ § 13 Rn. 36 ff.) gearbeitet werden. Auch hier ist regelmäßig Argumentationsvermögen und sprachliches Geschick gefragt.

! **Merke:** Eine **ausdrückliche Bezugnahme auf den Sachverhalt** durch Worte und Formulierungen wie „Vorliegend", „Hier" oder „Laut Sachverhalt" etc kann in der Klausursituation **unterbleiben**, da zwangsläufig nur dieser eine Fall zur Verfügung steht und begutachtet wird.[663] Formulierungen des Sachverhalts selbst können indes wortwörtlich übernommen werden. Überdies **verbieten sich** – und dies sei aus gegebenem Anlass deutlich betont – solche **Ausführungen** in der Niederschrift (→ § 13 Rn. 20 ff.), die eine Subsumtion (und häufig auch das gesamte Einzel- oder Untergutachten) als zu bewertende Prüfungsleistung durch schlichte Behauptungen unter pauschaler, unspezifischer Inbezugnahme des Sachverhalts (→ § 13 Rn. 6 ff.) **ohne jedwede rechtliche Würdigung** ersetzen (zB „L müsste vorsätzlich gehandelt haben. Dies ist laut Sachverhalt der Fall.", wenn im Sachverhalt nur die Angaben für die zu leistende Subsumtion hinsichtlich des Vorsatzes der Person L gegeben werden und gerade nicht im Sachverhalt mitgeteilt wird, L habe insoweit vorsätzlich gehandelt; → § 13 Rn. 34.). Auch allgemeine Ausführungen ohne **Bezug zu konkreten Rechtsvorschriften** sind in einem Rechtsgutachten unzulässig.[664]

24 Letztlich ist es die eigentliche Schwierigkeit des Rechtsgutachtens, den konkreten Lebenssachverhalt auf die abstrakte Rechtsvorschrift zu übertragen. Diese – unbedingt zu trainierende – Herausforderung hat aber schlicht betrachtet einen wesentlichen Vorteil: Dieser Schritt, der keinesfalls ausgelassen werden darf, sei er noch so trivial, kennt nur zwei Ergebnisse, entweder es passt oder es passt nicht.[665]

Beispiele für eine Subsumtion eines Tatbestandsmerkmals:

Beispiel 1:

- *Eingeordneter Einleitungssatz: Die vier Jahre alte P könnte geschäftsunfähig sein.*
- *Definition/Voraussetzungen: Nach § 104 Nr. 1 BGB ist geschäftsunfähig, wer nicht das siebente Lebensjahr vollendet hat.*
- **Subsumtion**: P ist ein vierjähriges Kind und befindet sich damit in ihrem fünften Lebensjahr, womit sie das siebente Lebensjahr noch nicht vollendet hat.

Beispiel 2:

- *Eingeordneter Einleitungssatz: A könnte durch seine wiederholten Telefonanrufe aber die Gesundheit der F gem. § 223 Abs. 1 Var. 2 StGB geschädigt haben.*

[661] Vgl. Bäcker JuS 2019, 321 (324) („Die Subsumtion bewirkt die Verbindung der Lebenswirklichkeit mit der Welt der Rechtsregeln"). S. hierzu auch Kock/Stüwe ÖffR/Kock Rn. 108 und → § 10 Rn. 1 ff.
[662] Möllers Methodenlehre § 4 Rn. 5; Wilduweit JuS 2010, 288 (291).
[663] Vgl. auch Wieduwilt JuS 2010, 288 (290).
[664] S. auch Beaucamp JA 2018, 757 (758).
[665] Vgl. Hoheisel-Gruler PSP 2019, 44 (46); Puppe Jur. Denken S. 95; Schwacke Methodik S. 184.

- *Definition/Voraussetzungen: Unter einer Gesundheitsschädigung im Sinne des § 223 Abs. 1 Var. 2 StGB versteht man das Hervorrufen oder Steigern eines krankhaften Zustandes.*
- **Subsumtion:** „A hat durch seine wiederholten nächtlichen Telefonanrufe zwar erreicht, dass F am nächsten Morgen nur unausgeschlafen zur Arbeit gehen konnte. Müdigkeit allein ist aber noch kein krankhafter Zustand. Auch ergeben sich keine Anhaltspunkte dafür, dass sich die Anrufe des A in sonstiger Weise auf die Gesundheit der F ausgewirkt haben, wie dies etwa bei einem dauerhaften Schlafentzug denkbar wäre".[666]

Terminologie: Das Verb zur Subsumtion lautet *subsumieren*.

IV. Ergebnis (Schritt 4)

In einem vierten Schritt muss ein **Schlusssatz** (Ergebnissatz) formuliert werden, der die im Einleitungssatz aufgeworfene Frage beantwortet und somit einen Rahmen bildet. 25

Hierbei wird im Lichte der Ausführungen des vorherigen Schritts 3 auf ein (Zwischen-)Ergebnis, dh das Vorliegen der Voraussetzungen etwa zum Eintritt einer Rechtsfolge oder eines einzelnen Tatbestandsmerkmals **geschlussfolgert**.[667] 26

Für die Formulierung des Schlusssatzes, der immer Sachverhaltsbezug aufweisen sollte, kann man sich immer **sprachlich am Einleitungssatz orientieren**. Zudem wird durch die Verwendung von Worten wie „mithin", „folglich", „demnach", „somit" etc. zum Ausdruck gebracht, dass der Satz eine **logische Schlussfolgerung** aus dem vorher Gesagten ist. 27

So banal der Ergebnissatz auch zu sein scheint, so wichtig ist er für das Rechtsgutachten. Er darf daher **keinesfalls vergessen werden oder ausbleiben**, da erst hier die ermittelte Erkenntnis präsentiert wird und der Gedankengang andernfalls unvollendet bleibt. Zudem muss das Ergebnis als Rahmenschluss eindeutig formuliert und sollte keinesfalls offengelassen werden (zB nicht: „.. dürfte vorliegen ..", „.. liegt wohl/wahrscheinlich vor ..".[668] 28

Es gilt: Eine gedankliche oder sprachliche „Gutachtenschublade", die aufgezogen wird, muss auch stets wieder geschlossen werden.

Beispiel 1:
- *Eingeordneter Einleitungssatz: Die vier Jahre alte P könnte geschäftsunfähig sein.*
- *Definition/Voraussetzungen: Nach § 104 Nr. 1 BGB ist geschäftsunfähig, wer nicht das siebente Lebensjahr vollendet hat.*
- *Subsumtion: P ist ein vierjähriges Kind und befindet sich damit in ihrem fünften Lebensjahr, womit sie das siebente Lebensjahr noch nicht vollendet hat.*
- **Ergebnis***:* Mithin ist die vier Jahre alte P geschäftsunfähig.

666 Valerius Gutachtenstil S. 19.

667 S. auch Haug Fallbearbeitung Rn. 81; Hildebrand Gutachtenstil S. 34 f.; Hunecke/Wiese in Brenneisen/Staack/Hunecke/Kischewski, Methodik, 2. Aufl. 2018, S. 85.

668 Vgl. Beaucamp JA 2018, 757 (759).

Beispiel 2:
- *Eingeordneter Einleitungssatz: A könnte sich durch seine wiederholten nächtlichen Telefonanrufe aber die Gesundheit der F gem. § 223 Abs. 1 Var. 2 StGB geschädigt haben.*
- *Definition/Voraussetzungen: Unter einer Gesundheitsschädigung im Sinne des § 223 Abs. 1 Var. 2 StGB versteht man das Hervorrufen oder Steigern eines krankhaften Zustandes.*
- *Subsumtion: A hat durch seine wiederholten nächtlichen Telefonanrufe zwar erreicht, dass F am nächsten Morgen nur unausgeschlafen zur Arbeit gehen konnte. Müdigkeit allein ist aber noch kein krankhafter Zustand. Auch ergeben sich keine Anhaltspunkte dafür, dass sich die Anrufe des A in sonstiger Weise auf die Gesundheit der F ausgewirkt haben, wie dies etwa bei einem dauerhaften Schlafentzug denkbar wäre.*
- **Ergebnis**: Folglich hat A durch seine wiederholten nächtlichen Telefonanrufe nicht die Gesundheit der F im Sinne des § 223 Abs. 1 Var. 2 StGB geschädigt.[669]

Beispiel 3:
- Sind nach einem Abgleich der Rechtsvorschrift mit dem Sachverhalt alle einzelnen Tatbestandsmerkmale beispielsweise einer Anspruchsgrundlage erfüllt, bleibt als logische Schlussfolgerung nur ein Ergebnis, zB „M hat einen Anspruch gegen L auf Übergabe und Übereignung des Bademantels gem. § 433 Abs. 1 S. 1 BGB."

C. Beispiel Gutachtenstil

Merke: Die Begrifflichkeiten vor den ausformulierten Sätzen tauchen im juristischen Gutachten **nicht** auf und dienen hier nur zur Orientierung und (in Anlehnung an vorstehende Ausführungen) der Schaffung von Klarheit.

Überdies handelt es sich um einen **sehr einfach gelagerten Fall**, der nur zum Zwecke der Veranschaulichung so kleinteilig im Gutachtenstil dargestellt wird und zudem (unvollständig) nur nach dem objektiven Tatbestand fragt.[670]

Sachverhalt:

B ist sauer auf seinen besten Freund F und zerschmettert das im Eigentum des F stehende Smartphone, das in seine Einzelteile zerspringt.

Fallfrage: Hat B den (objektiven) Tatbestand des § 303 Abs. 1 StGB erfüllt?

Gesetzestext: § 303 Abs. 1 StGB – „Wer rechtswidrig eine fremde Sache beschädigt oder zerstört, wird mit Freiheitsstrafe bis zu zwei Jahren oder mit Geldstrafe bestraft."

Gutachten

Eröffnender Einleitungssatz: B könnte durch das Zerschmettern des Smartphones den (objektiven) Tatbestand der Sachbeschädigung nach § 303 Abs. 1 StGB erfüllt haben.

669 Valerius Gutachtenstil S. 20.

670 Zur Frage, wie tief im Einzelnen im Rahmen der Subsumtion zu problematisieren ist vgl. etwa Bäcker JuS 2019, 321 (324 f.). Zur Differenzierung von objektivem und subjektivem Tatbestand → § 5 Rn. 22, 46. Vgl. zudem → § 13 Rn. 27, 29.

Definition/Voraussetzungen: Nach dieser Vorschrift macht sich strafbar, wer rechtswidrig eine fremde Sache beschädigt oder zerstört.

Subsumtion:

1. Tatbestandsmerkmal: „Sache"
- **Eingeordneter Einleitungssatz:** Zu prüfen ist daher zunächst, ob das Smartphone eine Sache im Sinne des § 303 Abs. 1 StGB ist.
- **Definition/Voraussetzungen:** Unter einer Sache im Sinne des § 303 Abs. 1 StGB versteht man jeden körperlichen Gegenstand. Körperlich ist ein Gegenstand, wenn er abgegrenzt und fassbar ist.[671]
- **Subsumtion:** Bei dem etwaigen Tatobjekt handelt es sich um ein Smartphone. Als solches ist es ein Gegenstand.[672] Auch ist das Smartphone ein abgrenzbares sowie greifbares Objekt und damit körperlich.
- **Zwischenergebnissatz:** Folglich handelt es sich bei dem Smartphone um eine Sache im Sinne des § 303 Abs. 1 StGB.

2. Tatbestandsmerkmal: „Fremdheit"
- **Eingeordneter Einleitungssatz:** Fraglich ist weiter, ob das Smartphone für B „fremd" im Sinne des § 303 Abs. 1 StGB war.
- **Definition/Voraussetzungen:** Fremd ist eine Sache, wenn sie zumindest auch im Eigentum eines anderen steht.
- **Subsumtion:** Eigentümer des Smartphones ist F.
- **Zwischenergebnissatz:** Das Smartphone des F als Sache ist demnach für B auch fremd im Sinne des § 303 Abs. 1 StGB.

3. Tatbestandsmerkmal: „Beschädigung oder Zerstörung"
- **Eingeordneter Einleitungssatz:** Darüber hinaus ist zu untersuchen, ob der B das Smartphone als für ihn fremde Sache beschädigt oder zerstört hat.[673]
- **Definition/Voraussetzungen:** Eine Beschädigung ist jede körperliche Einwirkung auf eine Sache, die ihre Substanz verletzt oder ihre bestimmungsgemäße Brauchbarkeit nicht nur geringfügig beeinträchtigt. Zerstört ist eine Sache, wenn sie infolge der körperlichen Einwirkung vernichtet oder so wesentlich beschädigt wird, dass sie ihre bestimmungsgemäße Brauchbarkeit völlig verliert.
- **Subsumtion:** B hat das Smartphone zerschmettert. Ein hierdurch in seine Einzelteile zersprungenes Smartphone ist einerseits in seiner stofflichen Zusammensetzung verletzt und andererseits auch in seiner bestimmungsge-

[671] An dieser Stelle wird die Definition weiter aufgefächert, um eine hinreichende Arbeitsgrundlage für die folgende Subsumtion zu schaffen. Da eine strafrechtliche Legaldefinition der „Sache" nicht existiert, kann (soweit keine Dienstvorschrift mit entsprechendem Inhalt vorhanden ist) auf das Begriffsverständnis von Rechtsprechung und Literatur (das natürlich bekannt, dh gelernt sein müsste), ansonsten auf die eigene Auslegung zurückgegriffen werden (dies gilt auch für die folgenden Tatbestandsmerkmale).

[672] Der Begriff des Gegenstandes muss hier nicht weiter durch Eröffnung eines weiteren Einzel- oder Untergutachtens („Fraglich ist, ob es sich bei dem Smartphone um einen Gegenstand handelt. Unter einem Gegenstand versteht man...") erörtert werden, es genügt die schlichte Feststellung. Gleiches gilt für „abgegrenzt und fassbar".

[673] Hier werden beide Tathandlungen in einem Einzel- oder Untergutachten behandelt, um die Prüfung zu straffen. Streng am Gutachtenstil orientiert hätte für jedes der (alternativen) Tatbestandsmerkmale auch eine isolierte Prüfung erfolgen können.

mäßen Brauchbarkeit mehr als nur geringfügig beeinträchtigt. Allerdings ist durch das Zerschmettern des hierdurch in Teile zersprungenen Smartphones dessen Brauchbarkeit vor allem für Telefonie, Verfassen von Textnachrichten und Internetzugang sogar gänzlich aufgehoben, weshalb das Smartphone nicht nur beschädigt, sondern sogar durch B zerstört wurde.

- **Zwischenergebnissatz:** Folglich hat der B das Smartphone durch das Zerschmettern im Sinne des § 303 Abs. 1 StGB zerstört.

Ergebnissatz: (Demnach liegen alle Voraussetzungen des (objektiven) Tatbestandes des § 303 Abs. 1 StGB vor.) Folglich hat B den (objektiven) Tatbestand des § 303 Abs. 1 StGB erfüllt.

Hinweis: Das Merkmal **„rechtswidrig"** ist kein Bestandteil des Tatbestandes, sondern gehört zu einer besonderen Stufe der Prüfung einer Strafbarkeit. Deshalb ist es hier auch nicht berücksichtigt worden.

D. Abgrenzung des Gutachtenstils zum Urteilsstil

29 Bei der Abfassung eines **Urteils** (richterliche Entscheidung) oder **Bescheids** (behördliche Entscheidung) wird in der Regel anders als beim juristischen Gutachten gedacht und gearbeitet:

30 Ausgehend vom Ergebnis (= Entscheidung), folgt dessen Begründung erst anschließend.[674]

31 Insoweit werden die Sätze in eine **bestimmte inhaltliche Reihenfolge** gebracht, in der das feststehende Ergebnis in Teilschritten weiter begründet wird. Regelmäßig werden dabei einzelne Begründungsstränge so aufgebaut, dass sich die Sätze (gedanklich) mit dem Wort „denn" verbinden lassen.

Beispiele für den Urteilsstil:

- A hat gegen B einen Anspruch auf Herausgabe der Gitarre gem. § 985 BGB. A ist Eigentümer der Gitarre, B ist Besitzer ohne Recht zum Besitz. A ist durch die rechtsgeschäftliche Übertragung des Eigentums Eigentümer der Gitarre geworden. Am 8.7.2022 hat der ursprüngliche Eigentümer B [...]
- L hat sich gem. § 267 Abs. 1 Var. 1 StGB strafbar gemacht, da sie zur Täuschung im Rechtsverkehr eine unechte Urkunde hergestellt hat. [...]

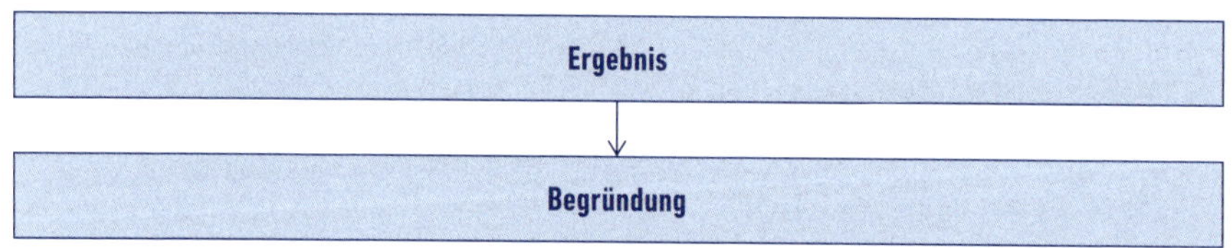

Abb. 32 Urteilsstil

[674] Vgl. auch Beyerbach JA 2014, 813 (814); Gußen Wissenschaft. Arbeiten Jura S. 48; Mann Jur. Arbeitstechnik Rn. 204; Möllers Arbeitstechnik § 2 Rn. 70; Oberheim ZivilProzR Rn. 399 ff.; Wieduwilt JuS 2010, 288 (290). Zum Bescheid etwa Doumet JA 2009, 892 ff. (896).

Muss ein juristisches Klausurgutachten gefertigt werden, wird vielfach geraten, **urteilsstiltypische Wörter** wie „da, weil, denn, nämlich" im gesamten Rechtsgutachten zu vermeiden, da diese möglicherweise reflexartige Kritik des Korrektors auslösen könnten.[675] Ihnen soll nämlich die Andeutung anhaften, dass erst das Ergebnis und dann dessen Grundlage als Begründung genannt wird, anstatt – wie vom Gutachtenstil gefordert – richtigerweise eine Frage bzw. Hypothese aufzuwerfen und diese dann durch logische Schlussfolgerung zu beantworten. 32

Merke: Im Rechtsgutachten wird geschlussfolgert, im Urteil begründet.[676]

Allerdings ist zu sehen, dass der Urteilsstil (neben schlichten Feststellungen) ohnehin auch in der Prüfung insbesondere dann in sinnvoller Ergänzung des Gutachtenstils Bedeutung erlangt, wenn in der Klausur ein Rechtsgutachten abzufassen ist und man eine gelungene Schwerpunktsetzung demonstrieren muss und möchte.[677] 33

E. Denkanstöße für Formulierungen

Die nachfolgenden **beispielhaften Formulierungsdenkanstöße** sind nicht abschließend und wollen es auch nicht sein.[678] Da man im Klausurgutachten – im Rahmen seiner formalen und formellen Vorgaben – doch eine gewisse sprachliche Freiheit genießt, sollen hier nur Denkanstöße gegeben und Worte vorgestellt werden, die häufig Verwendung finden. Jeder Textbaustein muss angesichts der Vielgestaltigkeit und Mehrschichtigkeit einer gutachtlichen Prüfung natürlich vor Nutzung immer daraufhin geprüft werden, ob er sinnvollerweise an dieser Stelle, auf dieser Ebene des Klausurgutachtens eingebracht werden kann und sollte **nicht ungeprüft übernommen** werden. Die Denkanstöße mögen letztlich nur dabei behilflich sein, ein Klausurgutachten sinnvollerweise möglichst sprachlich abwechslungsreich zu gestalten.[679] 34

1. Einleitungssatz (= Aufwerfen einer Frage)
- „Der/die/das könnte..."
- „Zu prüfen ist, ob..."
- „Des Weiteren müsste (Nennung Tatbestandsmerkmal) vorliegen..."
- „Zu untersuchen ist, ob..."
- „Es stellt sich die Frage, ob..."
- „Fraglich ist, ob..." (= nur, wenn wirklich etwas in Frage steht)
- „Problematisch ist..." (= zB zum sprachlichen Anzeigen eines Schwerpunkts)
- „Überdies müsste..."
- „Zudem könnte..."

675 Zu dieser Problematik Lagodny/Mansdörfer/Putzke ZJS 2014, 157 (160); Wieduwilt JuS 2010, 288 (290). Ebenso Beyerbach JA 2014, 813 (814 f.).

676 Vgl. auch Hoheisel-Gruler PSP 2019, 44 (46). Ferner Hildebrand Gutachtenstil S. 37 f.

677 → § 13 Rn. 27. S. auch Möllers Arbeitstechnik § 2 Rn. 71 („Mischformen zwischen Gutachten- und Urteilsstil").

678 Zur (sprachlichen) Darstellungsweise in Klausuren s. etwa Mann Jur. Arbeitstechnik Rn. 211 ff.; Putzke Jur. Arbeiten Rn. 87 ff. sowie zur Sprache des Rechtsanwenders bereits → § 8 Rn. 20 ff.

679 Zu dieser Anforderung auch Bringewat Methodik Rn. 211; Mann Jur. Arbeitstechnik Rn. 215.

- „Es fragt sich…"
- „Weiter ist zu überlegen…"
- „Schließlich müsste…"
- „Zu erwägen ist…"

2. Definition/Voraussetzungen
- „Das setzt voraus, dass…"
- „Das ist der Fall, wenn…"
- „Dieses Tatbestandsmerkmal ist erfüllt, wenn…"
- „Diese Voraussetzung ist erfüllt, sofern…"
- „Dies soll dann der Fall sein, wenn…"
- „Dazu müsste…"
- „Unter … versteht man…"
- „…wird definiert als…"
- „Hierunter versteht man…"

3. Subsumtion
- „In Anbetracht der Tatsache…"
- „Zwar…, aber…"
- „Angesichts des…"
- „Dadurch…"
- „Aufgrund des Umstandes…"
- „Vor dem Hintergrund…"

4. Ergebnissatz = Schlusssatz (Darstellung der Schlussfolgerung)
- „Folglich…"
- „Demnach…"
- „Somit…"
- „Mithin…"
- „Infolgedessen…"
- „Demgemäß…"
- „Demzufolge…"

§ 13 Klausurstrategie

A. Allgemeines

1 Wie oben bereits beschrieben, verlangen juristische Klausuren in aller Regel schwerpunktmäßig die Erstellung eines Rechtsgutachtens im Sinne einer rechtlichen Begutachtung eines Lebenssachverhalts.

2 **Bevor** (!) man sich in die zu Beginn durchaus als komplex empfundene Klausursituation begibt, sollte man nicht nur (zwangsläufig notwendiges) Rechtswissen angesammelt, sondern auch ein paar strategische Überlegungen angestellt haben.[680] Es ist mehr als nur hilfreich, sich einerseits mit einer **Vorstellung** davon, was einen erwartet und andererseits mit einem darauf ausgelegten **Konzept** in die Prüfung zu begeben.

[680] Vgl. zum Ganzen etwa Beaucamp/Beaucamp Methoden Rn. 460 ff.; Bringewat Methodik Rn. 40 ff.; Kock/Stüwe ÖffR/Kock Rn. 92 ff.; Mann Jur. Arbeitstechnik Rn. 153 ff.; Möllers Arbeitstechnik § 2 Rn. 1 ff.; Putzke Jur. Arbeiten Rn. 8 ff.

Bestandteil eines solchen Klausurkonzepts sollte ganz sicher eine **sinnvolle Zeiteinteilung** sein, deren Gestalt (als Plan) man sich durch Ausprobieren erarbeiten muss und mithin vor und nicht in der entscheidenden Klausur zurechtgelegt haben sollte. 3

Merke: Zeitplan **vor** der entscheidenden Klausur entwickeln!

Orientiert an den **individuellen Fähigkeiten** sollte genügend Zeit eingeplant werden für 4

- das Lesen und Erfassen der Aufgabe,
- das prüfende, gewichtende und abwägende Bearbeiten der Aufgabe (Lösungsskizze) und
- das darstellende Beantworten der Aufgabe in Reinschrift (= abzugebende Klausurlösung).

Nachfolgend sollen einige **Anregungen** gegeben werden, die bei der Erstellung der eigenen Strategie und des eigenen Klausurkonzepts behilflich sein können. Freilich zählen in der Fallbearbeitung (neben dem Rechtswissen) die eigenen Erfahrungen sowie Routine, weshalb – auch wenn dies vielfach als abgedroschener Ratschlag empfunden wird – nur das Trainieren der Fallbearbeitung und Simulieren der Klausursituation ans Herz gelegt werden kann.[681] 5

B. Sachverhalt, Fallfrage und Hinweise

In Klausursituationen wird in der Regel ein ausgedruckter Sachverhalt („Fall“) ausgeteilt. Dieses Papier enthält neben einer geschichtlichen Darstellung einer Situation auch eine Aufgabenstellung und gegebenenfalls weitere Hinweise und Hilfsmittel. 6

Beispiele für Aufgabenstellungen (Fallfragen[682]):

- Prüfen Sie gutachtlich, ob die Maßnahme des HZA Musterstadt rechtmäßig war. (Öffentliches Recht)
- Hat sich X strafbar gemacht? (Strafrecht)
- Welche Ansprüche hat Y gegen Z? (Zivilrecht)

Selbst wenn eine Aufgabenstellung nicht explizit eine gutachtliche Prüfung oder den Gutachtenstil fordert, wird regelmäßig trotzdem **ein Rechtsgutachten verlangt**, das den üblichen Stilvorgaben, also insbesondere dem Gutachtenstil, entspricht. 7

Abgedruckte **Anmerkungen** enthalten zudem häufig auch wichtige Zusatzhinweise für die Klausurerstellung (zB auch was nicht zu prüfen ist), die keinesfalls übersehen werden sollten. Denn: 8

681 Geübt werden kann anhand kleinerer Übungsfälle oder Beispielklausuren (zu finden in offiziellen Fallsammlungen, Klausursammlungen, Ausbildungsliteratur, dh zB (Anfänger-)Fallbüchern, Zeitschriftenbeiträgen, Lehrbüchern und „Grundrissen“ etc).

682 S. hierzu auch Gußen Wissenschaft. Arbeiten Jura S. 139 ff.

9 Wenn in einer Klausur nach einem bestimmten **Aspekt** durch Ausschluss **nicht gefragt** ist, ist er folglich auch nicht zu prüfen. Prüft man ihn trotzdem, demonstriert man mit dieser offensichtlichen **Missachtung der Aufgabe** nicht nur, dass man den Text nicht vollständig gelesen oder erfasst hat, sondern man verliert auch wichtige Zeit, die durch einen Ausschluss im Zweifel gerade bewusst für andere wichtige Teile der Bearbeitung gewährt werden sollte.[683]

> **Merke: Zuerst** sollte die konkrete Aufgabenstellung oder **Fallfrage** sowie zusätzliche **Hinweise** aufmerksam gelesen werden. Nur so kann
>
> - einerseits identifizieren werden, was konkret vom Bearbeiter verlangt wird und
> - 10 andererseits der Sachverhalt im Anschluss mit der richtigen „Brille", also lösungsökonomisch und -orientiert betrachtet werden.

Mit dieser „Fallfragen- und Hinweis-Brille" sollte sodann gründlich der Sachverhalt gelesen werden.

11 Es empfiehlt sich, dies **zumindest zweimal** zu tun.

Abb. 33 Mehrfaches Lesen des Sachverhalts

12 Unbedingt sollte der Sachverhalt vollständig ausgewertet werden, denn in der Regel haben nur wenige Angaben im Sachverhalt für den konkreten Fall und dessen Bearbeitung keine Bedeutung. So können beispielsweise Rechtsansichten, die von Beteiligten geäußert werden, versteckte Hinweise auf im Rechtsgutachten kritisch zu würdigende Rechtsprobleme enthalten.[684] Es sind regelmäßig also fast **alle Informationen** relevant. Hierbei gilt, dass alle Sachverhaltsangaben als **korrekt, unstreitig** und **vollständig** anzusehen sind.[685] Wahrhaftige Lücken im Sachverhalt sind aufgrund verschiedener Überprüfungsebenen absolut selten, weshalb bei vermeintlichen Unvollständigkeiten oder fehlenden Angaben im Sachverhalt zunächst der eigene Lösungsweg überdacht werden sollte.[686] Keinesfalls dürfen die Angaben des Sachverhalts eigenmächtig erweitert, vereinfacht oder anderweitig verändert bzw. der Bearbeitung Unterstellungen zugrunde gelegt werden (**„Sachverhaltsquetsche"**), etwa um eine dem Bearbeiter oder der Bearbeiterin bekannte und leichter von der Hand gehende rechtliche Lösung auf das Papier bringen zu können.[687]

> **Merke:** Letztlich bieten sich auch **Perspektivwechsel** an, bei denen man die Sicht des Klausurerstellers einnimmt und einzelne Angaben sowie Informationen des gezielt konstruierten Sachverhalts mit Blick auf ihre beabsichtigte Relevanz be-

683 Als „gravierenden Fehler" bezeichnen dies Er/Erler/Kreutz JA 2014, 749 (751).
684 S. auch Beaucamp JA 2018, 757; Mann Jur. Arbeitstechnik Rn. 164; Valerius Gutachtenstil S. 50.
685 Vgl. auch Kock/Stüwe ÖffR/Kock Rn. 93; Mann Jur. Arbeitstechnik Rn. 156 f.
686 Beaucamp/Beaucamp Methoden Rn. 479.
687 Mann Jur. Arbeitstechnik Rn. 156. S. auch Beaucamp JA 2018, 757 (758).

leuchtet, um Hinweise für die eigene Klausurlösung und ggf. eine gewünschte Schwerpunktsetzung gewinnen zu können.[688]

Daneben werden mit dem Sachverhalt gegebenenfalls auch weitere **Hilfsmittel** zur Verfügung gestellt, die klausurtaktisch betrachtet bereits erste Schlüsse zulassen (zB abgedruckte Gesetzestexte[689] oder Kalender[690]).[691] 13

Merke: Gegenstand einer Klausuraufgabe kann aber auch eine **Zusatzfrage** im Sinne einer Wissensfrage sein, die regelmäßig nicht im Gutachtenstil abgehandelt werden muss. Insoweit sollte aber unbedingt auf die konkrete Formulierung der Aufgabe geachtet werden. !

C. Die „richtige" Rechtsvorschrift

Ob eine Rechtsvorschrift „richtig" – dh für die rechtliche Begutachtung eines Sachverhalts im Sinne einer Lösung zielführend – ist, bestimmt sich nach den Angaben im Sachverhalt, der Aufgabenstellung und den sonstigen offiziellen Hinweisen. Freilich ist dabei auch stets auf die verschiedenen Geltungsbereiche einer Rechtsvorschrift oder etwaige inhaltliche Vorgaben bzw. Einschränkungen der rechtlichen Regelung zu achten (→ § 2 Rn. 71 ff.). 14

Sind danach mehrere Rechtsvorschriften in Betracht zu ziehen, sollten insbesondere nur diejenigen geprüft werden, deren Anwendung unter dem Aspekt der Fallrelevanz **zweckmäßig** erscheint.[692] 15

Merke: Prüfungsrelevanz einer Vorschrift: Zweckmäßigkeit vs. Abwegigkeit !

Beispiel: Es wäre **abwegig** und nicht zweckmäßig, über den Straftatbestand des Diebstahls (§ 242 StGB) zu sprechen, wenn ein Beteiligter als Ausländer ohne einen erforderlichen Aufenthaltstitel eingereist ist (§ 95 Abs. 1 Nr. 3 AufenthG).

Letztlich sollten lieber zu viele Vorschriften angesprochen werden, als zu wenig; denn man hat in diesem Klausurgutachten nur diese eine Möglichkeit zu überzeugen. Denkt man schon über eine bestimmte Vorschrift nach, sollte man sie im Zweifel anbringen (sei es auch nur kurz). Gefordert ist nämlich ein Klausurgutachten, das orientiert an der Fallfrage **alle denkbaren Vorschriften (mitsamt Varianten)** abzuhandeln hat, die **von ihrer Rechtsfolge her** zu deren Klärung beitragen könnten (→ § 8 Rn. 1 ff., 31 ff.). 16

Mit Blick auf eine Prüfungsreihenfolge wird regelmäßig die spezielle Rechtsvorschrift vor der allgemeinen geprüft.[693] 17

688 S. hierzu Gußen Wissenschaft. Arbeiten Jura S. 56 f.

689 Wenn diese Vorschriften schon abgedruckt sind, spricht viel dafür, sich in der Klausur auch mit diesen auseinanderzusetzen.

690 Es könnte um die Berechnung einer Frist gehen.

691 Zu „Sachverhaltsgeschenken" → § 13 Rn. 32.

692 Vgl. Kock/Stüwe ÖffR/Kock Rn. 97; Mann Jur. Arbeitstechnik Rn. 192. S. auch Zippelius Methodenlehre S. 72 f.; → § 8 Rn. 1 ff.

693 Kock/Stüwe ÖffR/Kock Rn. 98 und Gußen Wissenschaft. Arbeiten Jura S. 108.

Beispiel: § 4 AÜG geht als Sonderregelung über die Rücknahme rechtswidriger Erlaubnisse zur Arbeitnehmerüberlassung der allgemeinen Rücknahmevorschrift des § 48 VwVfG (Rücknahme eines rechtswidrigen Verwaltungsakts) vor.

D. Lösungsskizze

18 Weiter zeigt die Erfahrung, dass es sich empfiehlt, vor dem „Losschreiben" zunächst eine Lösungsskizze zu erstellen, die dann als **Leitfaden** für die abzugebende Reinschrift der Klausurlösung dienen kann.[694] Wenn nötig, können Sachverhaltsangaben hierbei auch mit Hilfe eines (Personen-)**Diagramms** oder **Zeitstrahls für Daten bzw. Zeitangaben** geordnet werden.

Merke: Eine Lösungsskizze ist eine Art strukturgebender und vorarbeitender **Strukturzettel** (manchmal auch „Schmierzettel"), der sinnvollerweise vor der Anfertigung der eigentlichen Reinschrift gefertigt wird (in aller Regel aber nicht in die Klausurbewertung einfließt) und etwa das Vorliegen einzelner Tatbestandsmerkmale verschiedener Rechtsvorschriften sowie weitere zu prüfende Punkte überblicksartig, aber sinnvollerweise vollständig, anhand der Sachverhaltsangaben betrachtet.

19 Der Vorteil einer Lösungsskizze liegt darin, dass man sich vorab (also vor Abfassen des Textes, der als Klausurleistung abgegeben wird) ein ausführliches Bild vom gesamten Klausurgutachten mitsamt der rechtlichen Aspekte machen und so eine sinnvolle Gliederung mit zielführender, schwerpunktorientierter Darstellungskonzeption für die anschließende Niederschrift erarbeiten kann. Dies erleichtert nicht nur das Niederschreiben der bereits durchdachten (geordneten) Lösung mit Hilfe eines Leitfadens, sondern unterstützt auch das **Zeitmanagement** (selbst, wenn Zeit für die Erstellung aufgewendet wird, muss später nur noch „runtergeschrieben" werden – das beruhigt!). Zudem schlägt sich die gedankliche Vorarbeit sicher auch auf **Flüssigkeit** und **Optik** der niederzuschreibenden Reinschrift nieder.

Merke: In Lösungsskizzen oder entsprechenden Darstellungen wird aus Gründen der Zeitersparnis häufig „(+)" (= liegt vor) und „(-)" (= liegt nicht vor) hinter einem Prüfungspunkt oder einer zu prüfenden Ebene vermerkt.

E. Die Niederschrift

I. Gliederung der Lösung

20 Eine gedankliche und sodann auf einer Lösungsskizze fixierte Lösung verlangt an unterschiedlichen Stellen ein verschieden tiefes Abtauchen in Gedankenstrukturen.

21 Diese Denkweise – die so ähnlich aussehen könnte, wie das Inhaltsverzeichnis eines Buches – sollte zur Gewinnung von Struktur und Übersichtlichkeit sinnvollerweise in der Klausurlösung abgebildet werden.

[694] S. auch Putzke Jur. Arbeiten Rn. 12 ff.

In einem Klausurgutachten als Klausurleistung sind hierbei die **Bildung und Verwendung von Überschriften** regelmäßig nicht zwingend vorgeschrieben. Soweit man sich aber für Überschriften entscheiden sollte, müssen diese unbedingt **vollständig** und **selbsterklärend** sein, dh den nachfolgenden und ihnen untergeordneten Text treffend abbilden.[695] 22

Außerdem gilt: 23

Überschriften dürfen keine Einleitungssätze des Gutachtenstils ersetzen!

Jedenfalls die **numerische** und **optische Gliederung** eines Klausurgutachtens ist unbedingt zu empfehlen, da sie die Lesbar- und Nachvollziehbarkeit der eigenen Ausführungen erhöht. 24

Merke: Ein juristisches Gutachten kann und sollte durch die Bildung von Absätzen in ausreichender Zahl auch bereits **optisch gegliedert** werden. !

Für klare und einheitliche Systematik als Gewinn für zeitschonende und nachvollziehbare Lösungswege empfiehlt es sich darüber hinaus, **Lösungsskizze** und **Rechtsgutachten** nach dem **identischen Gliederungsaufbau** zu erarbeiten. 25

Eine **numerische Gliederung** des Gutachtentextes folgt festen Regeln, die – falls man sich sinnvollerweise für eine Gliederung entscheidet – auf jeden Fall berücksichtigt werden sollten.[696] Diese Gliederung des Rechtsgutachtens sollte etwa wie folgt aussehen: 26

A.
  I.
    1.
      a)
      b)
        aa)
        bb)
          (1)
          (2)
    2.
  II.
B.
(...)

Abb. 34 Alpha-numerische Gliederung

[695] Vgl. auch Möllers Arbeitstechnik § 2 Rn. 75 und § 7 Rn. 49.

[696] Vgl. Kock/Stüwe ÖffR/Kock Rn. 110. Zum Ganzen auch Möllers Arbeitstechnik § 2 Rn. 75 und § 7 Rn. 46 ff.

Merke: Wenn eine Gliederungsebene eröffnet wird, muss sich dort wenigstens ein zweiter Gliederungspunkt finden.[697] Mit anderen Worten: „**Wer A. sagt, muss auch B. sagen**. Wer I. sagt, muss auch II. sagen. Wer 1. sagt, muss auch 2. sagen etc.“[698]

II. Gutachten- und/oder Urteilsstil sowie Feststellungen

27 Regelmäßig stellt sich bei der Fallbearbeitung die Frage, wann der Gutachtenstil verwendet werden muss und wann der (teilweise als bequemer empfundene) Urteilsstil (der aber eine Begründung verlangt) oder gar schlichte Feststellungen[699] genügen.

Merke: Das OVG Münster ist richtigerweise der Ansicht: „Im Gutachten müssen eindeutige Fragen und Nebensächlichkeiten nicht im Gutachtenstil abgehandelt werden.“[700]

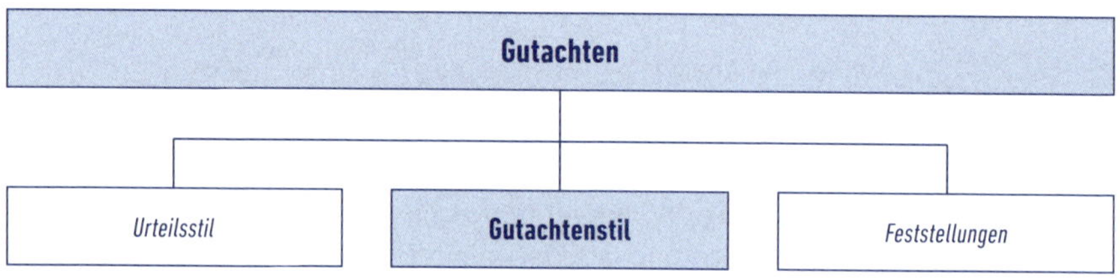

Abb. 35 Gutachtenstil als Basis, flankiert von Urteilsstil und Feststellungen

28 Der **Gutachtenstil** muss immer Basis und (auch formulierter) **Ausgangs- und Endpunkt der Gesamtbearbeitung** sein, da die Aufgabe ja gerade in aller Regel darin besteht, ein Rechtsgutachten abzufassen. Nur Aspekte, die wenig oder keinen Argumentationsaufwand erfordern (eindeutige Fragen und Nebensächlichkeiten), können im Urteilsstil (Ergebnis und nachfolgende Begründung) behandelt bzw. weniger ausführlich schlicht festgestellt werden.[701]

Merke: Der Gutachtenstil ist und bleibt das Fundament des Rechtsgutachtens.

29 Dies birgt aber die Schwierigkeit zu erkennen, an welcher Stelle nun eindeutige Fragen und Nebensächlichkeiten vorliegen und der Argumentationsaufwand bzw. das Maß der Ausführlichkeit entsprechend verringert sein soll.[702] Dies zu identifizieren – und damit auch eine nachvollziehbare Schwerpunktsetzung zu demonstrieren – ist eine Frage der Erfahrung und hängt auch vom Einzelfall ab.

[697] Vgl. Möllers Arbeitstechnik § 2 Rn. 75 und § 7 Rn. 53; Schmidt JuS 2003, 551 f.
[698] Kock/Stüwe ÖffR/Kock Rn. 110.
[699] Beispielsweise in Anlehnung an das Beispiel zum Gutachtenstil (→ § 12 Rn. 28) beim Tatbestandsmerkmal 1 schlicht feststellen: „Das Smartphone ist eine Sache iSd § 303 Abs. 1 StGB“.
[700] OVG Münster BeckRS 2010, 45569.
[701] S. auch Beyerbach JA 2014, 813 (816); Mann Jur. Arbeitstechnik Rn. 210; Putzke Jur. Arbeiten Rn. 109. Vgl. zu Beispielen Ransiek JA 2018, 481 (486).
[702] Hierzu Konertz JuS 2020, 297; Lagodny/Mansdörfer/Putzke ZJS 2014, 157 ff. S. auch Gußen Wissenschaft. Arbeiten Jura S. 59 ff.

Beispiel: Im obigen Beispiel zum Gutachtenstil (→ § 12 Rn. 28) würde die Ausarbeitung zu den Tatbestandsmerkmalen „Sache" und „Fremd" (und auch zu „Beschädigen oder Zerstören") als Klausurlösung in Anbetracht der Eindeutigkeit dieser Punkte wohl bereits als zu langatmig empfunden. Hier könnte man zB bei der Subsumtion der Tatbestandsmerkmale 1 und 2 straffer formulieren: „Das Smartphone ist eine für B fremde Sache." Möchte man inhaltlich-begründende Aspekte einfließen lassen, könnte es zB heißen: „Das im Eigentum des F stehende Smartphone ist als körperlicher Gegenstand eine für B fremde Sache im Sinne des § 303 StGB."

Die Schwierigkeit liegt hierbei also insbesondere darin, dass die erforderliche Beurteilung, was eindeutig und nebensächlich ist, allein der eigenen **Wertung** entspringen muss. Die Fähigkeit zu dieser Wertungsleistung wird vor allem durch **Übung** der Rechtsanwendung in der Klausur[703] sowie den Aufbau von **Fachwissen** ausgebildet und geschult sowie gerade zu Beginn gegebenenfalls von einer Portion **Mut** zur Reduktion gestützt. Gleichwohl ist aber zu beachten, dass umgekehrt die für die jeweiligen (auch speziellen) Rechtsfächer typischen Rechtsprobleme, die besonders in den Fokus zu rücken sind, regelmäßig im **vorherigen Studium** ausdrücklich erörtert werden. Lässt man insoweit die Gelegenheit vorbeiziehen, diese Inhalte mit- und aufzunehmen (und schaltet auf „Durchzug"), wird man es natürlich in der Klausursituation nicht leicht haben, Rechtsprobleme zu identifizieren, korrekt zu gewichten und dies entsprechend sprachlich kenntlich zu machen.[704] 30

Soll – als kürzeste Vorgehensweise – **schlicht** (ohne Begründung) **festgestellt** werden, ist zusätzliche Vorsicht geboten. Es ist in vielerlei Hinsicht unglücklich und nicht stilkonform, wenn anstatt einer schlichten Feststellung mit „Scheinsubsumtionen" der Gutachtenstil imitiert wird.[705] 31

Beispiele:

- **Feststellen:** „M handelte schuldhaft" oder „Entschuldigungs- und Schuldausschließungsgründe sind nicht ersichtlich. M handelte demnach schuldhaft."
- **„Scheinsubsumtion" als Negativbeispiel** (also bitte nicht): „M müsste schuldhaft gehandelt haben. Das ist hier der Fall." oder „M müsste schuldhaft gehandelt haben. Davon kann nach dem Sachverhalt ausgegangen werden."

In einer guten Klausurlösung, die eine souveräne Schwerpunktsetzung demonstrieren will, können (soweit möglich) der Urteilsstil und schlichte Feststellungen folglich den Gutachtenstil **ergänzen** – ein gemischter Stil kann unter Umständen also das zielführende Ergebnis sein.[706] 32

[703] Dies kann zB geschehen durch die Bearbeitung von Beispielklausuren bzw. kleineren Fällen aus Fallsammlungen oder Klausursammlungen (die unter Umständen von der Studieneinrichtung zur Verfügung gestellt werden) oder Fällen aus einschlägiger Ausbildungsliteratur (dh auch Zeitschriften).

[704] Vgl. auch Beaucamp JA 2018, 757 (758).

[705] S. zum Begriff und weiteren Aspekten Beyerbach JA 2014, 813 (816) mwN.

[706] Möllers Arbeitstechnik § 2 Rn. 71 („Im Fall eines völlig klaren Sachverhalts entstehen Mischformen zwischen Gutachten- und Urteilsstil").

Sachverhaltsgeschenk

Jedenfalls kann unter Umständen in solchen Fällen auf eine kleinteilige Darstellung im Gutachtenstil verzichtet werden, in welchen der Sachverhalt – der Tatbestandsmerkmale sonst gerade zu umschreiben versucht, um eine Subsumtion zu ermöglichen – bereits ein Tatbestandsmerkmal explizit (wortwörtlich) benennt und damit ein **„Sachverhaltsgeschenk"** zu überreichen versucht. Diese Hilfestellung ist in aller Regel bewusst platziert, um Prüflingen etwa eine Erleichterung oder Zeitersparnis zu gewähren, und sollte deshalb auch angenommen werden. Dabei ist aber unbedingt darauf zu achten, dass auch ein gänzlich **eindeutiges Tatbestandsmerkmal** in der Niederschrift darzulegen ist und **nicht** etwa **weggelassen werden darf,** da die rechtliche Prüfung sonst unvollständig, ein schlüssiges Ergebnis nicht zu finden wäre.[707]

Beispiel: Taucht bei einer im Klausurgutachten zu leistenden Prüfung, ob S nach § 4 Abs. 1 S. 1 AufenthG eines Aufenthaltstitels bedarf, im Sachverhalt der Hinweis auf, dass S „Ausländer" sei, ist in der Niederschrift regelmäßig keine ausführlich-strenge Ausbreitung dieses Merkmals im Gutachtenstil vonnöten. Obwohl es in diesem konkreten Fall damit zwar erkennbar und problemfrei vorliegt, entbindet dies hingegen nicht von der elementaren **Verpflichtung, das Merkmal** „Ausländer" als Bestandteil eines juristischen Gesamtgutachtens in der Niederschrift (kurz) **darzulegen**.[708]

33 Im Zweifel ist der **Gutachtenstil** – mag man ihn sich in seiner Reinform auch häufig ersparen können – im Rechtsgutachten **nie falsch**, auch wenn er dann vielleicht bei der Behandlung von Selbstverständlichkeiten und Randfragen an manchen Klausurstellen sehr förmlich und künstlich wirken mag, zeitraubend ist und aus der Sicht vereinzelter Korrektoren an der jeweiligen Stelle einer Klausur auch nicht zweckmäßig sein könnte.[709]

III. Weitere Gesichtspunkte und Empfehlungen

34 Die theoretische Prüfungssituation, in der ja der Ernstfall simuliert wird, darf nicht zu rechtlichen bzw. sprachlichen Nachlässigkeiten in der Niederschrift verleiten, sodass die abgegebene Prüfungsleistung keinesfalls den **Eindruck von Gleichgültigkeit** erwecken sollte. Denn in einer Praxislage würde auch keinesfalls rechtlich vorschnell, unachtsam, unpräzise oder teilnahmslos agiert werden, ist beispielsweise eine rechtliche Prüfung etwa im Rahmen eines gegen einen Bürger geführten Strafverfahrens zu leisten, bei der für den Beschuldigten sehr viel auf dem Spiel steht.[710]

[707] → § 5 Rn. 25 („Die Rechtsfolge einer Vorschrift kann nur eintreten, wenn alle deren Tatbestandsvoraussetzungen vorliegen").

[708] Zum Begriff des Ausländers → § 5 Rn. 55, zum Gesamtgutachten → § 12 Rn. 11.

[709] Hingegen meint Beaucamp JA 2018, 757 (758), es lasse sich als Fehler bei der Arbeit mit dem Gesetz bewerten, wenn völlig unproblematische Tatbestandsmerkmale ausführlich im Gutachtenstil subsumiert werden.

[710] → § 12 Rn. 23 (Kasten).

Ausdrucksweise in der Niederschrift

Zur Sprache des Rechtsanwenders wurde bereits an anderer Stelle ausgeführt.[711] Diese Aspekte gelten natürlich ebenso für die Klausursituation, wie die anderen bereits dargestellten Zusammenhänge der Rechtsanwendung. Es versteht sich darüber hinaus eigentlich von selbst, dass die **Verwendung umgangssprachlicher Worte** oder Formulierungen die in der Niederschrift anzustrebende juristische Präzision beeinträchtigt.[712] Als sprachlich fehlerhaft könnte es zudem gewertet werden, wenn der **Übertreibung** zuzuordnende Worte (zB „zweifellos"; „ohne jeden Zweifel") Eingang in die Niederschrift finden, die ebenso wenig Argumente ersetzen oder verstärken können, wie die **schlichte Behauptung**, zB ein Tatbestandsmerkmal liege „problemlos", „selbstverständlich" oder „zweifelsfrei" etc. vor, eine notwendige rechtliche Würdigung ersetzt.[713]

Zur Erinnerung: „Zur Rechtsanwendung gehört auch die Fähigkeit, sich bei Falllösungen wie überhaupt bei Rechtsausführungen grammatikalisch korrekt, in verständlicher Sprache und in einem sachangemessenen Stil in Wort und Schrift auszudrücken."[714]

Letztlich sollen mit Blick auf die abzugebende Reinschrift einer Klausurbearbeitung über die bereits genannten Aspekte hinaus noch weitere Empfehlungen (in der gebotenen Kürze zusammengefasst) besonders herausgestellt werden: 35

- Leserlich und übersichtlich schreiben!
- Querverweise und (Sternchen-)Fußnoten im Rechtsgutachten vermeiden!
- „Gesetz" lesen, es ist häufig der beste Ratgeber!
- Rechtsvorschriften immer vollständig lesen!
- Rechtsvorschriften exakt zitieren! (→ § 5 Rn. 2 ff.)
- Argumentieren, nicht behaupten![715]
- (Auslegungs-)Methodik nutzen!
- Nicht mit „Scheuklappen an Aufbauschemata klammern", sondern die Situation des konkreten Falles und seiner rechtlichen Zusammenhänge kritisch betrachten![716]

Hilfsgutachten

Nicht einheitlich beurteilt wird die Bedeutung und Erforderlichkeit von Hilfsgutachten (im Sinne einer *hilfsweisen*, dh behelfenden Darstellung einer alternativen Lösung), weshalb es sich empfiehlt, bereits vor Klausursituationen mit den jeweiligen offiziellen Vertretern des Prüfungsfachs der Studieneinrichtung Rücksprache hierzu zu halten.[717]

[711] Insbes. → § 8 Rn. 20 ff.

[712] S. Mann Jur. Arbeitstechnik Rn. 217. Zu Ebenen der Präzision in juristischen Prüfungsarbeiten Halkenhäuser/Blum JuS 2021, 297 ff.

[713] Vgl. Beaucamp JA 2018, 757 (759).

[714] OVG Münster NVwZ 1995, 800 (803).

[715] Ein schlichter Verweis auf die (vermeintlich) „herrschende Meinung" oder die „Rechtsprechung" ist für sich genommen kein Argument. Hierzu auch Muthorst Grundlagen § 7 Rn. 75.

[716] Vgl. zum Für und Wider von Aufbauschemata Rosenkranz JuS 2016, 294 ff.; Schwerdtfeger/Schwerdtfeger ÖffR Rn. 10 ff. S. auch Puppe Jur. Denken S. 310 ff.

[717] Zu Hilfsgutachten auch Beaucamp/Beaucamp Methoden Rn. 531 f.; Beyerbach JA 2014, 813 (818); Mann Jur. Arbeitstechnik Rn. 176 und 224 f.; Schwerdtfeger/Schwerdtfeger ÖffR Rn. 832 f.

F. Rechtsgebietstypische Fragen und Überlegungen

36 Klausursachverhalte versuchen zumeist ein Abbild der Wirklichkeit zu sein und den **praktischen Ernstfall** zu **simulieren**. Hierbei werfen die unterschiedlichen Rechtsgebiete jeweils einen anderen Blick auf die Fallkonstellation und verlangen unterschiedliche Herangehensweisen in der Fallbearbeitung. Einzelheiten und spezifische Besonderheiten setzen (teils vertieftes) Fachwissen voraus und werden daher im Laufe des Studiums jeweils kennengelernt und schrittweise erarbeitet. Zum Einstieg seien aber einige wenige grundlegende Ordnungsgedanken der rechtsgebietsspezifischen Fallbearbeitung genannt.

37 Während typische Fragestellungen aus dem

- **Privatrecht** regelmäßig die Prüfung von Ansprüchen verlangen,
- erfordern **öffentliche-rechtliche** Klausuren in erster Linie die Überprüfung der Rechtmäßigkeit staatlichen Handelns (oder gegebenenfalls die Prüfung öffentlich-rechtlicher Ansprüche),
- wohingegen der Blick der Klausur aus dem Feld des **Strafrechts** im engeren Sinne sich in aller Regel auf die Prüfung der Strafbarkeit einer Person nach einer bestimmten Strafvorschrift richtet.

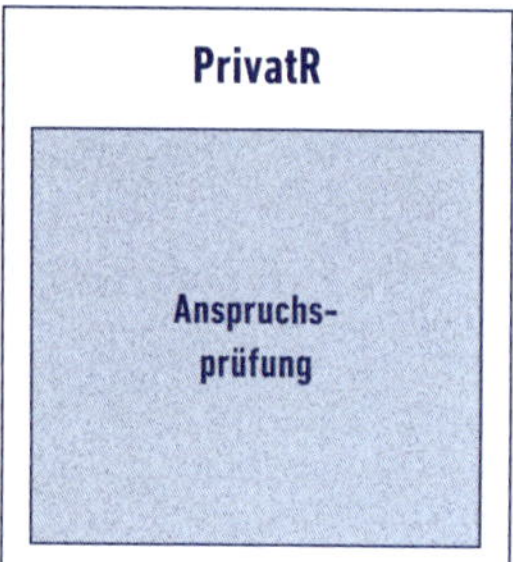

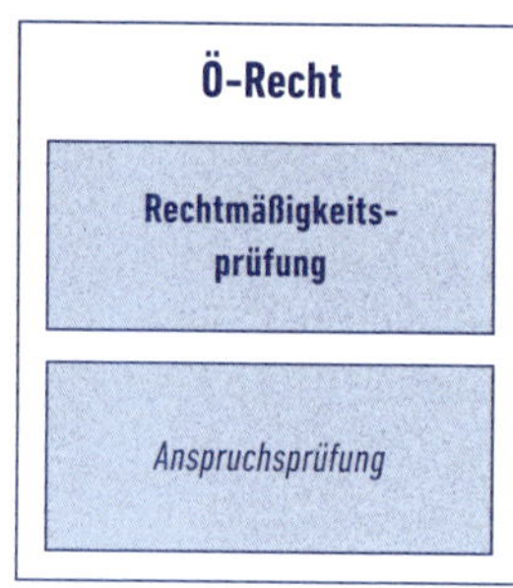

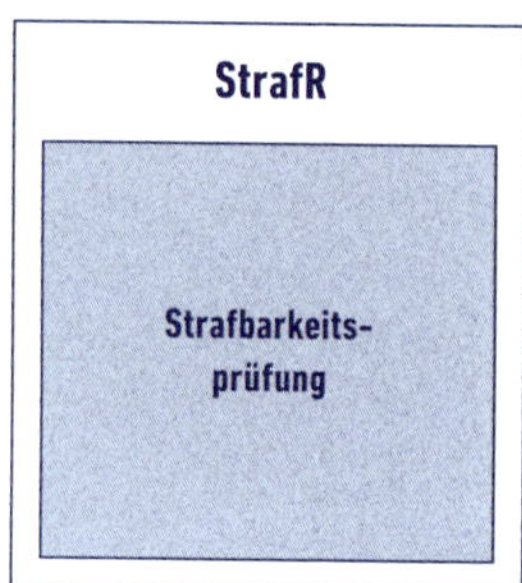

Abb. 36 Fallbearbeitung nach Rechtsgebieten (Typische Anforderungen)

I. Privatrecht

38 Im Privatrecht begegnet man in erster Linie **Anspruchsklausuren**, in welchen zB das Bestehen von Ansprüchen auf Schadensersatz, Herausgabe, Lieferung etc zu erörtern ist.[718] Hierbei sind regelmäßig auch Konstellationen zu würdigen, die mehr als zwei beteiligte Personen betreffen (unter Umständen bietet sich die Zeichnung einer Personenskizze an[719]).

39 Um in einer Anspruchsklausursituation ausgehend von der Fallfrage der Rechtsfindung näher zu kommen, kann zum gedanklichen Einstieg in die Fallbearbeitung auf eine Hilfestellung zur Ordnung der Beteiligten und ihrer Begehren zurückgegriffen werden, die es erleichtert, eine möglicherweise einschlägige Anspruchsgrundlage zu ermitteln.[720]

[718] Zu anderen Konstellationen Medicus/Petersen BürgerlR Rn. 17 ff. S. auch Fleck/Arnold JuS 2009, 881. Zum Ganzen auch mit Fällen Valerius Gutachtenstil S. 65 ff.

[719] Hierzu Gußen Wissenschaft. Arbeiten Jura S. 77.

[720] Mann Jur. Arbeitstechnik Rn. 185; Möllers Arbeitstechnik § 2 Rn. 13 ff. mit Einzelheiten und einer Übersicht zum bürgerlich-rechtlichen Anspruchssystem (Rn. 33 f.).

Hilfestellung: „Wer will was von wem woraus?“

- Wer (= Anspruchsteller)
- will was (= Anspruchsziel)
- vom wem (= Anspruchsgegner)
- woraus (= zu dem Vorstehenden aufgrund des **Rechtsfolgenausspruchs** „passende“ Anspruchsgrundlage)?

Beispiel: Für das Anspruchsziel Zahlung des Kaufpreises würde sich von der Rechtsfolgenseite § 433 Abs. 2 BGB als Anspruchsgrundlage eignen, für das Begehren von Herausgabe zB die §§ 667, 985, 861, 1007 oder 812 BGB.

Kommen mehrere Anspruchsgrundlagen für das Begehren in Betracht und müssen geprüft werden, ist im Privatrecht eine bestimmte **Prüfungsreihenfolge** einzuhalten, auf die an dieser Stelle – da sie weitergehendes Fachwissen verlangt und daher eine vertieftere Darstellung erforderte – nur hingewiesen werden soll.[721] 40

Bei der Herausarbeitung der einzelnen Anspruchsvoraussetzungen (= rechtliche Voraussetzungen, von denen das Bestehen des Anspruchs abhängt) sollte überdies im Blick behalten werden, dass es **unterschiedliche Gruppen von Anspruchsvoraussetzungen** gibt:[722] 41

- Positive Entstehungsvoraussetzungen und Wirksamkeitshindernisse (**Anspruch entstanden?** – zB Tatbestandsmerkmal Rechtsgutsverletzung als positive Entstehungsvoraussetzung bei § 823 Abs. 1 BGB; fehlende Geschäftsfähigkeit als Wirksamkeitshindernis, §§ 104 ff. BGB),
- Erlöschensgründe (**Anspruch nicht wieder untergegangen?** – zB Erfüllung, § 362 Abs. 1 BGB) und
- Gründe für die Hemmung eines Anspruchs (**Anspruch durchsetzbar?** – zB Verjährung, § 214 Abs. 1 BGB).

II. Öffentliches Recht

Merke: In Klausuren des Öffentlichen Rechts können regelmäßig Fragen des **Prozessrechts** eine Rolle spielen. So wird häufig nach dem Erfolg eines (verwaltungsrechtlichen) Widerspruchs oder eine Klage gefragt, die Prüfung des materiellen Rechts ist demnach in diesen verfahrens- bzw. prozessrechtlichen Rahmen eingebettet.[723] Insoweit wären die **„Zulässigkeit“** (= Zulässigkeitsvoraussetzungen)

[721] Medicus/Petersen BürgerlR Rn. 7 ff.; Möllers Arbeitstechnik § 2 Rn. 18 jeweils mwN und Einzelheiten.

[722] Vgl. Möllers Arbeitstechnik § 2 Rn. 25 ff. S. auch Kühl/Reichold/Ronellenfitsch Rechtswissenschaft § 3 Rn. 9. S. auch Brox/Walker BGB AT § 38 Rn. 23 ff.

[723] Einzelheiten bei Detterbeck AllgVerwR Rn. 1316 ff.; Sauerland AllgVerwR § 25 Rn. 1 ff.; Kock/Stüwe ÖffR/Stüwe Rn. 1305 ff. Der **Widerspruch** ist ein außergerichtlicher Rechtsbehelf, mit dem gegen einen belastenden Verwaltungsakt vorgegangen, also dessen Aufhebung bzw. der Erlass eines abgelehnten begünstigenden Verwaltungsakts begehrt wird. Zum Widerspruchsverfahren (– in der Sache ein behördliches Verwaltungsverfahren, vgl. aber § 79 Hs. 1 VwVfG) s. die §§ 68 ff. VwGO – zu seiner Entbehrlichkeit und Ausnahmen zB in NRW s. § 110 JustG NRW, hingegen aber auch § 126 Abs. 2 BBG. Zum Einspruch s. zudem die §§ 347 ff. AO.

und die **„Begründetheit“** (= Entscheidung in der Sache) des Widerspruchs bzw. der Klage zu prüfen.[724] Prüfungsgegenstand können aber auch Aufgabenstellungen sein, die allein auf die **Würdigung der materiellen Rechtslage** gerichtet sind.

42 Klausurkonstellationen aus dem Öffentlichen Recht betreffen insbesondere das **Verwaltungsrecht im weiteren Sinne** sowie das **Staats- und Verfassungsrecht** und wünschen, inhaltsentsprechend (sowohl im Hinblick auf den formellen als auch den materiellen Klausurgegenstand) anhand eines jeweils spezifischen Prüfungsaufbaus im Lichte einer bestimmten Systematik bearbeitet zu werden.[725]

Beispiele für Aufgabenstellungen:

- Ist der Widerspruch des X gegen den Bescheid zulässig und begründet?
- Prüfen Sie gutachtlich die Rechtmäßigkeit des Aufenthaltsverbots.
- Es ist ein Gutachten zu der Frage zu fertigen, ob die Behörde Herrn X durch ihr Vorgehen in seinen Grundrechten verletzt hat.

43 In öffentlich-rechtlichen Klausuren typisch ist die **Rechtmäßigkeitsprüfung staatlichen Handelns** („Ist das Gesetz bzw. das Verwaltungshandeln formell und materiell rechtmäßig?“).[726] Sie können aber auch (wie im Privatrecht) als **Anspruchsklausuren** entworfen sein.[727]

Beispiele für Fallfragen einer Anspruchsklausur:

- Hat A einen Anspruch auf Erlass des begehrten Verwaltungsakts?
- Hat B Ansprüche gegen die Gemeinde M?

! **Merke:** Zudem werden regelmäßig **Zusatzfragen** gestellt, zB als Fragen zur – gegebenenfalls auch vom konkreten Fall losgelösten – reinen Wissensüberprüfung oder auch als Aufforderung zur Berechnung einer Frist (zB „Erfolgte die Einlegung des Widerspruchs fristgerecht?“).[728]

III. Strafrecht

44 Strafrechtliche Klausuren fragen nach der Strafbarkeit einer oder mehrerer Personen. Es ist also ein Lebenssachverhalt nach den Maßstäben des Strafrechts zu begutachten.[729] Aufgabe ist hierbei in erster Linie die Prüfung, ob jemand

[724] Hierzu Sauerland AllgVerwR § 25 Rn. 7; Schwerdtfeger/Schwerdtfeger ÖffR Rn. 6 ff.

[725] Zum Ganzen etwa Bartmeier/Holzberg/Nibbeling/Smoydzin StaatsR Kap. 3 Rn. 43 ff. und Kap. 5 Rn. 1 ff.; Bringewat Methodik Rn. 576 ff.; Haug Fallbearbeitung Rn. 93 ff.; Schwerdtfeger/Schwerdtfeger ÖffR Rn. 1 ff.; Valerius Gutachtenstil S. 177 ff. S. auch Krüger JuS 2014, 790 ff. (Verfassungsbeschwerde) und Leisner-Egensperger JA 2019, 841 ff.

[726] Kühl/Reichold/Ronellenfitsch Rechtswissenschaft § 3 Rn. 8. Zur Prüfung der Rechtmäßigkeit einer behördlichen Maßnahme auch Schwerdtfeger/Schwerdtfeger ÖffR Rn. 9 und 57 ff.

[727] Klausurfall mit erklärender Lösung unter Verwendung der Gutachtentechnik bei Kock/Stüwe ÖffR/Stüwe Rn. 1400 ff.

[728] S. auch Bartmeier/Holzberg/Nibbeling/Smoydzin StaatsR Kap. 5 Rn. 2 ff.

[729] Vgl. Murmann JA 2012, 728 ff. Zur strafrechtlichen Fallbearbeitung zB auch Er/Erler/Kreutz JA 2014, 749 ff.; Kampf JuS 2012, 309 ff.; Ransiek JA 2018, 481 ff.; Valerius Gutachtenstil S. 117 ff. und die Nachweise bei Rengier StrafR AT § 11 Rn. 43 ff.

- (Stufe 1) **tatbestandsmäßig** (= Erfüllung des objektiven und subjektiven Tatbestandes einer Strafvorschrift),
- (Stufe 2) **rechtswidrig** sowie
- (Stufe 3) **schuldhaft** gehandelt hat

(dreistufiger Verbrechensaufbau).[730] Liegen diese Strafbarkeitsvoraussetzungen vollständig vor, ist die Strafbarkeit zu bejahen, falls nicht, ist sie zu verneinen.

Merke: Die drei Stufen (Tatbestandsmäßigkeit, Rechtswidrigkeit und Schuld) sind in der Fallbearbeitung **bei jeder Prüfung einer Strafvorschrift** anzusprechen, wenn man die Prüfung nicht schon auf Stufe 1 oder 2 wegen Fehlens der Voraussetzungen vorzeitig abbricht und folgerichtig die Strafbarkeit verneint. !

Auf der Suche nach einer in Betracht kommenden Strafvorschrift durchforstet man **ausgehend vom Handeln des vermeintlichen Täters** im Sachverhalt das Kern- und Nebenstrafrecht (→ § 2 Rn. 96 f.) nach möglicherweise einschlägigen Rechtsvorschriften, die vom auf der Tatbestandsseite beschriebenen strafbaren (Fehl-)Verhalten her zu eben diesem Handeln passen könnten. 45

Um der gedanklichen und sodann niedergeschriebenen Lösung eine gewisse Struktur zu verleihen, bietet sich bei umfangreichen und informationsreichen strafrechtlichen Sachverhalten häufig die Bildung mehrerer **Tatkomplexe** an, die als sinnvolle Handlungsabschnitte die Sammlung der Personen und möglichen Straftatbestände erleichtern.[731] 46

In einem strafrechtlichen Gutachten müssen bei der Frage nach der Strafbarkeit immer 47

- alle potentiell einschlägigen **Straftatbestände**
- mit allen möglicherweise eingreifenden **Tatbestandsvarianten** (alternative Tatbestandsmerkmale)

geprüft werden.

Merke: In strafrechtlichen Klausuren – wie natürlich in allen anderen Klausuren auch – ist auf etwaige **Zusatzhinweise** (isoliert oder auch in der Fallfrage) zu achten, ob bestimmte Straftatbestände von der Prüfung ausgenommen sein sollen und die Klausurlösung damit begrenzen (zB „Straftatbestände der AO sind nicht zu prüfen" oder „Es sind nur Strafvorschriften des StGB zu prüfen" bzw. Fallfrage: „Prüfen Sie in einem Gutachten die Strafbarkeit des X nach § 266a StGB".) !

Darüber hinaus sollte auch die **Reihenfolge** der einzelnen Strafbarkeitsprüfungen (innerhalb der Tatkomplexe) einer gewissen Logik folgen, die zB neben Handlungen, Zusammenhängen zwischen beteiligten Personen, Stadium der 48

[730] Vgl. Rengier StrafR AT § 11 Rn. 11 ff., § 12 Rn. 1 und zu Einzelheiten Roxin/Greco StrafR AT I § 10 Rn. 16 ff.; → § 5 Rn. 22, 43 ff.

[731] Vgl. zur Vorgehensweise auch Bringewat Methodik Rn. 451 ff.; Nimtz StrafR I Rn. 71; Murmann JA 2012, 728 (730).

Deliktsverwirklichung auch die Höhe der angedrohten Strafe berücksichtigen kann.[732]

49 Zur **Art oder Höhe** einer etwaigen **Strafe** (Geldstrafe oder Freiheitsstrafe) oder zu weiteren Rechtsfolgen einer Straftat sind im Rechtsgutachten aber regelmäßig keine Ausführungen zu machen, wenngleich die Rechtsfolgenseite in der Fallbearbeitung aber durchaus eine Rolle spielen kann.[733]

> **!** **Merke:** Gegenstand strafrechtlicher Klausuren können neben der Begutachtung der Strafbarkeit aber auch **(strafverfahrensrechtliche) Zusatzfragen** als Wissensabfrage sein.

G. Fachrechts- und Rechtsmethodenkompetenz

50 Klausuren mit juristischen Anforderungen sind (wie anhand der vorstehenden Ausführungen gesehen) auf etlichen Ebenen fehleranfällig. So lassen sich auch verschiedene mehrschichtige **Fehlerquellen** kategorisieren, innerhalb derer Klausurfehler unterlaufen können.[734]

51 Aus Prüfersicht sind natürlich alle Fehler von Bedeutung, auch wenn ihnen unterschiedliches Gewicht beizumessen ist. Ein zentraler Bereich im Rahmen der Klausurfertigung sei aber kurz erwähnt, um für die eigene Vorbereitung und den Ernstfall Klausur zu **sensibilisieren** (selbst wenn es auf den ersten Blick banal scheinen mag):

52 Als **Kardinalfehler** in ihrer Negativwirkung folgenschwer für ein Rechtsgutachten sind:

- Anwendung der falschen Rechtsvorschrift
- Missverstehen (sprachlich und inhaltlich) bzw. unpräzises Anwenden der richtigen Rechtsvorschrift (einschl. Auslassen einzelner Tatbestandsmerkmale)
- Übersehen weiterer für die Lösung bedeutsamer Rechtsvorschriften[735].

53 Es vereinen sich hier also Anforderungen der rechtsmethodischen mit solchen der **rechtsfachinhaltlichen Dimension**, wobei auch die letztgenannte schon zu Beginn des Studiums in den Blick der Lernenden rücken muss, rechtsmethodische Fragen hierbei aber keinesfalls verdrängen darf. Einführungsveranstaltungen zum Umgang mit dem Recht werden zwar regelmäßig angeboten, aber meist unmittelbar mit Veranstaltungen zu den eigentlichen Rechtsfächern flankiert, die ihrerseits spezielle rechtsmethodische Eigenheiten beinhalten können, in jedem Fall aber Fachrechtswissen vermitteln sollen. Ohne dieses **spezifisch-inhaltliche Fachrechtswissen** (zB aus dem Zollrecht, dem Beamtenrecht, dem

[732] Im Einzelnen Wohlers/Schuhr/Kudlich, Klausuren und Hausarbeiten im Strafrecht, 6. Aufl. 2020, 44 ff.

[733] S. hierzu Rengier StrafR AT § 1 Rn. 3 und § 2 Rn. 5 ff.

[734] Zum Ganzen Beaucamp JA 2018, 757 (758 ff.) auch mit Beispielen. S. auch Christensen/Pötters JA 2010, 566 ff. sowie Zwickel/Lohse/Schmid, Kompetenztraining Jura – Leitfaden für eine juristische Kompetenz- und Fehlerlehre, 1. Aufl. 2014. Zur Prüfersicht ferner Putzke Jur. Arbeiten Rn. 2 ff.

[735] Zum Beispiel Gegennormen → § 5 Rn. 47 ff. und Legaldefinitionen → § 5 Rn. 55 ff.

Verfassungsrecht, dem Strafrecht etc.), welches man also ebenfalls zu erlernen hat, wird eine Klausur im jeweiligen Fach nicht gelingen und die zuvor genannten Kardinalfehler sind unabwendbar.

Für die Vorbereitung auf eine Klausur aus einem spezifischen Rechtsfach könnte also gelten: Die systematische Aneignung universeller rechtsmethodischer Kompetenzen sollte stets den zwingenden Rahmen des eigenen Lernantriebs und-plans bilden, der aber zwingend mit spezifisch-inhaltlichem Fachrechtswissen (nebst Eigenheiten der Rechtsmethodik) und dem Erwerb entsprechender Kompetenzen angereichert werden muss (durch Lernen und Üben!), sodass man unter Stärkung der eigenen Resilienz gerade nachhaltig (dh auch für die Praxis) befähigt wird, auch unbekannte juristische Anforderungen mit dem korrekten **methodischen „Handwerkszeug“** (auch → § 7 Rn. 1 ff.) selbstständig sowie besonnen einer vertretbaren und rechtssicheren Lösung zuzuführen. 54

Merke: Es gilt, selbst wenn man die Gutachtentechnik virtuos beherrschen sollte: „Ohne Kenntnisse von Rechtsnormen, Definitionen häufig vorkommender Tatbestandsmerkmale, Rechtsinstituten und typischen Zusammenhängen in den einzelnen Rechtsgebieten wird man in Klausuren keinen Erfolg haben.“[736]

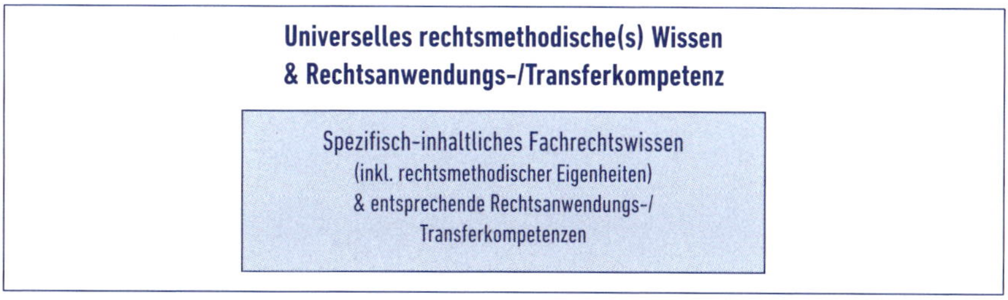

Universelles rechtsmethodische(s) Wissen & Rechtsanwendungs-/Transferkompetenz

Spezifisch-inhaltliches Fachrechtswissen (inkl. rechtsmethodischer Eigenheiten) & entsprechende Rechtsanwendungs-/ Transferkompetenzen

Abb. 37 Erlernen universellen rechtsmethodischen Wissens und entsprechender Kompetenzerwerb als Rahmen

§ 14 Wiederholungsfragen 3. Kapitel

1. Welchem Zweck dient die Abfassung eines Rechtsgutachtens? (→ § 12 Rn. 5 ff.)
2. Bitte ergänzen: In einer juristischen Klausur ist … das Ziel. (→ § 12 Rn. 2)
3. Welchen Schritten folgt der Gutachtenstil? (→ § 12 Rn. 10)
4. Was ist mit dem Begriff „Einzel- oder Untergutachten“ angesprochen? (→ § 12 Rn. 11)
5. Was ist die Vorgehensweise des Urteilsstils? (→ § 12 Rn. 29 ff.)
6. Kann man in einem juristischen Gutachten auch mit schlichten Feststellungen arbeiten? (→ § 12 Rn. 33, § 13 Rn. 27 ff.)
7. Welche Stilart verlangt ein Rechtsgutachten? (→ § 13 Rn. 28)
8. Was sollte in einer Klausursituation sinnvollerweise zuerst gelesen werden (nachdem der Aufgabentext ausgeteilt worden ist)? (→ § 13 Rn. 9 ff.)

[736] Beaucamp JA 2018, 757 (760).

9. Welche Regeln gelten für alle Sachverhaltsinformationen? (→ § 13 Rn. 12)
10. Welche Rechtsvorschriften sind in einer Klausur die „richtigen“? (→ § 13 Rn. 14 ff.)
11. Wie kann eine Klausurniederschrift sinnvoll gegliedert werden? (→ § 13 Rn. 20 ff.)
12. Bitte ergänzen: In einer Klausur muss man ... und nicht behaupten. (→ § 13 Rn. 35)
13. Was wird typischerweise geprüft in Klausuren des
    - Privatrechts? (→ § 13 Rn. 38 ff.)
    - Öffentlichen Rechts? (→ § 13 Rn. 42 ff.)
    - Strafrechts? (→ § 13 Rn. 44 ff.)
14. Welche Kardinalfehler sollten in einer Klausur unbedingt unterbleiben und wie kann man ihnen entgegenwirken? (→ § 13 Rn. 50 ff.)

4. KAPITEL. Juristische Recherche

§ 15 Recherche von Rechtsvorschriften

A. Allgemeines und Klausursituation

Zu den Hauptbestandteilen juristischer Tätigkeit gehört die Arbeit mit und an der Rechtsvorschrift. Insoweit wird im Hinblick auf das **Auffinden einer *inhaltlich einschlägigen* Rechtsvorschrift** zur juristischen Bearbeitung auf die obigen Ausführungen verwiesen (→ § 8 Rn. 1 ff.). Wichtig ist aber natürlich auch die diesem Prozess vorgeschaltete Frage, **wo** man überhaupt **Rechtsvorschriften sucht und findet**. 1

Praktische Suche nach Rechtsvorschriften

Rechtsvorschriften können beispielsweise aufgefunden werden in

- **Einzelausgaben** (zB Beck-Texte im dtv)
- **Gesetzessammlungen** (zB Schönfelder, Sartorius)
- (teils im Internet zugänglichen) **amtlichen Verkündungsblättern**[737] (etwa BGBl., Gesetz- und Verordnungsblätter der Länder, Amtsblätter der Kommunen, Amtsblatt der Europäischen Union)
- **Internetportalen** (zB www.gesetze-im-internet.de für Bundesgesetze und -rechtsverordnungen; www.verwaltungs-vorschriften-im-internet.de für Verwaltungsvorschriften des Bundes; www.recht.nrw.de für Gesetze, Verordnungen, Erlasse und Bekanntmachungen des Landes NRW)
- oder gegebenenfalls im **Intranet** (zB E-VSF)

In einer Klausur- und/oder Prüfungssituation wird in den meisten Fällen ausschließlich der **Gesetzestext** im weiteren Sinne (zB elektronisch mittels E-VSF oder in abgedruckter Form als zugelassene Sammlung) verfügbar sein. Da bei klassischen Klausur- und Prüfungsformaten **weitere Hilfsmittel** in der Regel nicht zugelassen sind, stehen auch über den Wortlaut einer Vorschrift hinausgehende Recherchemöglichkeiten zur Rechtsfindung im Rahmen der Aufgabenerledigung grundsätzlich nicht zur Verfügung. Anders ist dies bei **„Open-Book-Klausuren"** (auch „Kofferklausuren"). Hierunter werden regelmäßig solche (ohne Aufsicht geschriebenen) schriftlichen Klausuren verstanden, welche die (uneingeschränkte) Verwendung von Hilfsmitteln (zB eigene Aufzeichnungen, Skripte, Fachliteratur etc.) erlauben.[738] Entsprechende Klausuren stellen be- 2

[737] S. zur Verkündung → § 2 Rn. 74.

[738] OVG Schleswig NJW 2021, 1407 Rn. 49; VG Frankfurt (Oder) BeckRS 2021, 11914 Rn. 2, 29; VG München BeckRS 2021, 19880; BeckRS 2021, 19854. S. auch Dieterich NVwZ 2021, 511 (514 f.). Je nach Studieneinrichtung können sich die Rahmenvorgaben für solche Klausuren unterscheiden,

sondere Anforderungen an Prüflinge, die insbesondere den Bereich der oben angesprochenen elementar wichtigen Rechtsanwendungs- und Transferkompetenz betreffen.[739]

B. Praxissituation

3 Naturgemäß von der Prüfungssituation abweichend gestaltet sich die Sachlage im alltäglichen praktischen Geschäft. Hier können (und sollten) als Basismaterial für die juristische Arbeit neben dem (stets als Ausgangspunkt dienenden) Text der Rechtsvorschrift natürlich auch andere Erkenntnisquellen zur Rechtsfindung herangezogen werden.[740] Diese weitergehenden Erkenntnisquellen sind insbesondere auch dann von (potentieller) Relevanz, wenn man sich **wissenschaftlich-juristisch** mit einer Thematik auseinandersetzen möchte oder muss. Sie sollen daher im Folgenden kurz im Überblick unter „Praktische Recherche zur Rechtsfindung" dargestellt werden.

4 Insgesamt ist aber zu beachten, dass ein souveräner Umgang mit Rechtsvorschriften und anderen Erkenntnisquellen alleiniges Resultat von Übung und (sich dann im Laufe der Zeit einstellender) Routine ist. Aus diesem Grund sollte das Hauptaugenmerk tatsächlich beim „Ausprobieren" liegen, um zügig fruchtbare Fortschritte für die eigene Rechtsanwendung generieren zu können.

§ 16 Praktische Recherche zur Rechtsfindung

1 Soweit man juristischen Themen praktisch und/oder wissenschaftlich auf den Grund gehen möchte oder soll, ist es zielführend, sich zuvor zwei aufeinander aufbauende Kernfragen zu stellen:[741]

- 1. **Was** suche ich?
- 2. **Wo** suche ich das mit Frage 1 Identifizierte?

A. Arten von Erkenntnisquellen („Was")

2 Die Frage *„Was suche ich?"* betrifft verschiedene Arten juristischer Erkenntnisquellen, zB

- Rechtsvorschriften des Bundes- und Landesrechts (als Ausgangspunkt)
- Dienstvorschriften (= Verwaltungsvorschriften)
- Rechtsprechung (= Gerichtsentscheidungen)
- Schrifttum (auch „Literatur" genannt)
- Parlamentarische Dokumente (= Gesetzesmaterialien, zB Drucksachen des Bundestags, Drucksachen des Bundesrats oder Landtagsdrucksachen)

weshalb es sich unbedingt empfiehlt, auf die Informationen des jeweils zuständigen Prüfungsamtes zurückzugreifen bzw. bei Unklarheiten entsprechend Rücksprache zu halten.

[739] → § 13 Rn. 50 ff.

[740] Ausführlich zur Nutzung des Gesetzes, Rechtsprechung und Literatur Mann Jur. Arbeitstechnik Rn. 57–149 und zur juristischen Recherche auch Möllers Arbeitstechnik § 4.

[741] Vgl. auch Nolden/Palkovits/Dittert/Pichocki Grundstudium StrafR 10. Teil Rn. 19.

B. Auffindbarkeit der Erkenntnisquellen („Wo")

Die Frage *„Wo suche ich das mit Frage 1 Identifizierte?"* hat die Auffindbarkeit der beispielhaft angesprochenen Erkenntnisquellen im Blick. Als Orte der Recherche bieten sich zB an: 3

- **Printmedien** (dh Druckmedien, zu finden zB in einer Fachbibliothek),
- **Internet,**
- **Intranet** (soweit vorhanden).

Hierbei sind natürlich die individuellen (technischen) Gegebenheiten und Möglichkeiten zu berücksichtigen, dh es ist zu prüfen, ob überhaupt Anwendungen und Recherchemöglichkeiten (zB in einem Intranet) zur Verfügung stehen. 4

(Nicht frei zugängliche) Juristische Online-Datenbanken

Juristische (Online-)Datenbanken sind – sofern sie Fachinhalte umfassen – regelmäßig nicht frei zugänglich und kostenpflichtig, womöglich besteht aber auch die Option für Studierende, sich über Bibliotheken (mit beantragten Zugangsdaten über das **Internet** oder Verlinkungen innerhalb des **Intranets**) Zugriff auf diese zu verschaffen. Beispielsweise sind in der kostenpflichtigen Rechts-Datenbank **„beck-online"** des Verlages C.H.Beck neben Vorschriftentexten zB auch die Inhalte von Fachzeitschriften (= insbesondere Fachaufsätze), Kommentaren (= umfangreiche an den einzelnen Paragrafen oder Artikeln orientierte Erläuterungen eines Regelwerks) und Handbuchliteratur sowie Gerichtsentscheidungen abrufbar.

Die juristischen Datenbanken dienen also dazu, Fachinhalte (die meist auch in gedruckter Form vorliegen und als Fachliteratur verwendet werden) gezielt elektronisch mit der Suchfunktion zu identifizieren und (falls vorgesehen) direkt für den Abruf zugänglich zu machen.

5 Zur **beispielhaften** Veranschaulichung verschiedener Recherchemöglichkeiten mag folgende Übersicht dienen:

	Print	Internet	(ggf.) Intranet
Recht-sprechung	▪ Amtliche Sammlungen (zB BVerfGE, BVerwGE, BGHZ, BGHSt) ▪ Fachzeitschriften (zB NJW, JuS, JA, NStZ)	▪ Datenbanken (zB beck-online, Juris, Jurion) ▪ Volldatenbanken der Gerichte (zB BVerfG, BGH, BVerwG) ▪ www.openjur.de ▪ Fachzeitschriften (zB ZJS, ZIS, KriPoZ, www.hrr-strafrecht.de)	▪ Datenbanken (zB beck-online, Juris) ▪ Dienstvorschriften ▪ EVSF (vereinzelt)
Schrifttum	▪ Lehrbücher ▪ Kommentare ▪ Handbücher ▪ Fachzeitschriften	▪ Datenbanken (zB beck-online, Juris, Jurion) ▪ Fachzeitschriften (zB ZJS, ZIS, KriPoZ, www.hrr-strafrecht.de) ▪ Buchhandel ▪ Kataloge (OPAC Bibliothek, OPAC KVK[742])	▪ Datenbanken (zB beck-online, Juris, Jurion) ▪ Kataloge (OPAC der Bibliothek)
Parlamen-tarische Dokumente	▪ Bundestagsdrucksachen (BT-Drs.) ▪ Bundesratsdrucksachen (BR-Drs.)	▪ Bibliothek des BGH (Online-Zugriff) ▪ Bundesanzeiger Verlag (BGBl. Archiv) ▪ ggf. Website des Landtags	▪ Vereinzelt
Dienstvor-schriften	Insbesondere EVSF oder Zugang über das Intranet		

Abb. 38 Recherchemöglichkeiten

C. Zur Nutzung der Erkenntnisquellen

I. Allgemeine Hinweise

6 Die genannten – den Rechtsvorschriften nachfolgenden – Erkenntnisquellen **können** bei der Rechtsfindung unterstützen, müssen dies aber nicht immer zwingend. Letztlich kann es sich von Fall zu Fall unterscheiden, ob eine Erkenntnisquelle zielführend ist oder eben nicht, weshalb mehrere zu Rate gezogen werden müssen, um Erkenntnisgewinn zu stiften. Folglich ist der Prozess der sorgfältigen Recherche meist zeitaufwändig.

7 Selbst wenn zügig eine gewünschte Information gewonnen werden konnte, sollte immer kritisch abgewogen werden, ob die **Recherche beendet oder fortgeführt** wird. Ihr Fortführen dient etwa dazu, die bereits gewonnene Information durch die ebenso erkenntnisbringende Heranziehung weiterer Erkenntnisquellen zu

742 Karlsruher Virtueller Katalog (= „Buch-Suchmaschine zum Nachweis von mehreren hundert Millionen Medien in Katalogen weltweit").

bestätigen. Umgekehrt kann gegebenenfalls auch erst bei weiterer Recherche beurteilt werden, ob die zuvor gewonnene Erkenntnis womöglich auch **in einem anderen Licht betrachtet** werden kann (oder muss). Denn nicht selten sind verschiedene Aspekte (auch in der Rechtsprechung) umstritten.[743]

Selbstredend ist, dass bei Rechtsanwendung und -findung die einschlägige **Fachliteratur** herangezogen werden kann und sollte, wobei für Studierende insbesondere didaktisch gestaltete Lehrbücher zu verschiedenen Rechtsfächern eine herausragende Rolle spielen, die Rechtsthemen und -gebiete strukturell, systematisch und zielgruppenorientiert aufbereiten.[744] 8

Wie oben bereits ausgeführt, besitzen auch **Gerichtsentscheidungen** eine erhebliche praktische Bedeutung gegebenenfalls als Leitbilder und Orientierung zur Erlangung eines gewissen Grades an Rechtssicherheit (→ § 2 Rn. 55 (Kasten) und → § 3 Rn. 22). 9

Hinweis: Fragt man sich also zB im Rahmen einer zu leistenden **Auslegung**, ob die Rechtsprechung möglicherweise eine anerkannte Definition zu einem unbestimmten Rechtsbegriff entwickelt hat, sucht man (außerhalb der Klausursituation) zur raschen Ergebnisfindung in (juristischen Datenbanken und den dort enthaltenen) einschlägigen Kommentaren zu dem Gesetzeswerk – oder einschlägigen Lehrbüchern oder sonstiger Fachliteratur – nach der einzelnen Definition, die einem Gerichtsurteil (auf das verwiesen wird) entstammt, um anschließend die Gerichtsentscheidung zu sichten (die zB in amtlichen Entscheidungssammlungen oder Fachzeitschriften zu finden ist).

Für Studierende bietet diese Rechtsprechung daneben gutes **Anschauungsmaterial für juristische Methodik** (wobei der Stil mitunter nicht dem in einer Klausursituation von Studierenden erwarteten Gutachtenstil entspricht). 10

II. Internet

Das Internet beinhaltet eine Vielzahl von Quellen mit (teils auch nur vermeintlichen) juristischen Inhalten und ermöglicht aufgrund der fortschreitenden Technisierung und Digitalisierung den meisten Menschen schnellen Zugriff auf diese. 11

Aus diesem Grund sollte man sich aber nicht eingeladen fühlen, **frei zugängliche Informationen** völlig uneingeschränkt für die eigene Rechtsanwendung und -findung zu übernehmen.[745] 12

Merke: Es existieren aber zB die frei zugänglichen anerkannten **Online-Fachzeitschriften** ZJS, ZIS und KriPoZ, deren **Fachinhalte** bei der Rechtsanwendung und -findung ohne Einschränkung hilfreich sein können.

743 Die Behandlung wissenschaftlicher Streitfragen wird zB dargestellt bei Mann Jur. Arbeitstechnik Rn. 299 ff. und Valerius Gutachtenstil S. 30 ff.

744 Zu Lehrbüchern, deren Auswahl und Fachtextarten („Textsorten") s. etwa Gußen Wissenschaft. Arbeiten Jura S. 68 ff., 85 ff.

745 Vgl. auch Möllers Arbeitstechnik § 4 Rn. 21 ff. und § 5 Rn. 24 und 92 ff. zur Zitierfähigkeit und dem Zitieren von Texten aus dem Internet; Mann Jur. Arbeitstechnik Rn. 40 ff. („Vorsicht bei Internetseiten") zur ganzen Thematik.

13 Vielmehr bedarf es zur Beurteilung der Seriosität und damit der Nutzbarkeit einer Internet-Information für die Rechtsanwendung und -findung

- neben der primären **kritischen Sichtung des Inhalts**
- stets einer genauen Betrachtung insbesondere des **Inhabers der Website** und – falls dies auseinanderfällt – des **Urhebers** der auf ihr enthaltenen Information

gerade im Lichte notwendiger (nicht nur behaupteter) **Fachnähe**.

14 So macht es einen großen Unterschied, ob Informationen „etwa von einer amtlichen Stelle ins Netz gestellt worden sind oder auf dem Sammlungs- und Kommentierungstrieb eines juristischen Laien beruhen".[746] Es ist also nicht nur stets Vorsicht geboten, auch ein gewisses Restrisiko verbleibt beim Internetnutzer (da unter Umständen keine fachliche Qualitätsprüfung der Inhalte, mangelnde Nachvollziehbarkeit und Transparenz, Anonymität, Flüchtigkeit etc).

! **Merke:** In **Wikipedia**[747] (= *freie* Online-Enzyklopädie) veröffentlichte Informationen sollten stets einer kritischen Prüfung unterzogen werden – auch anhand weiterer, ggf. und seriöserweise dort angegebener (Fach-)Quellen. Zur blinden und uneingeschränkten Übernahme dort zur Verfügung gestellter **juristischer Inhalte** ohne eine entsprechende Prüfung kann jedenfalls nicht aufgefordert werden, da ein solches Format – ungeachtet der Qualität eines Textes – vielfach auch von Hochschulen schon nicht den (rechts-)wissenschaftlichen Quellen zugeordnet wird, mit welchen rechtswissenschaftliche Äußerungen und Standpunkte belegt werden können.[748]

15 Darüber hinaus sollte man hinsichtlich der Konsultation des Internets im Zusammenhang mit **juristischen Fallbearbeitungen** jedenfalls eines beachten:

16 Die online erlangten Informationen hätten – die Frage nach ihrer fachlichen Brauchbarkeit ausgeblendet – ohnehin in der Regel allenfalls überhaupt nur fragmentarischen Charakter, da es nur um den Versuch der Klärung bestimmter Einzelfragen eines komplexen juristischen Bearbeitungsprozesses gehen könnte. Eine ganze juristische Bearbeitung oder Lösung der exakt vorliegenden Sachverhaltskonstellation wird man eh nie finden, denn:

Jeder Fall ist individuell!

[746] Mann Jur. Arbeitstechnik Rn. 41. Zum Ganzen auch Bringewat Methodik Rn. 234 ff.

[747] www.wikipedia.org.

[748] Vgl. Gußen Wissenschaft. Arbeiten Jura S. 170. S. auch Möllers Arbeitstechnik § 5 Rn. 97 und Mann Jur. Arbeitstechnik Rn. 48. Rückgriff auf Wikipedia zB durch OLG Hamm NJW 2020, 351 zur Frage der Schrittgeschwindigkeit (Stichwort „Gehen"); BFH DStRE 2010, 222 (223) zur Bestimmung der Kernbereiche des Ingenieurberufs (Stichwort: „Ingenieur"); FG Hamburg BeckRS 2013, 96507 (zur „Elektrolyse" wird auf elektronik-kompendium.de und wikipedia.de Bezug genommen).

Sachverzeichnis